Christian Flick
Mathias Weber

Der Best-Practice-Ratgeber für betriebliche Verbesserungsvorschläge

Mit Umsetzungskonzepten zur direkten Kostensenkung und Effizienzverbesserung in Unternehmen

Diplomica Verlag GmbH

Flick, Christian, Weber, Mathias: Der Best-Practice-Ratgeber für betriebliche Verbesserungsvorschläge. Mit Umsetzungskonzepten zur direkten Kostensenkung und Effizienzverbesserung in Unternehmen, Hamburg, Diplomica Verlag GmbH 2016

Buch-ISBN: 978-3-95934-970-3
PDF-eBook-ISBN: 978-3-95934-470-8
Druck/Herstellung: Diplomica® Verlag GmbH, Hamburg, 2016
Covermotiv: © kantver – Fotolia.com
Abbildungen (S. 47, 67, 131, 163, 199, 267, 283, 319, 353): © Trueffelpix – Fotolia.com

Bibliografische Information der Deutschen Nationalbibliothek:
Die Deutsche Nationalbibliothek verzeichnet diese Publikation in der Deutschen Nationalbibliografie; detaillierte bibliografische Daten sind im Internet über http://dnb.d-nb.de abrufbar.

Das Werk einschließlich aller seiner Teile ist urheberrechtlich geschützt. Jede Verwertung außerhalb der Grenzen des Urheberrechtsgesetzes ist ohne Zustimmung des Verlages unzulässig und strafbar. Dies gilt insbesondere für Vervielfältigungen, Übersetzungen, Mikroverfilmungen und die Einspeicherung und Bearbeitung in elektronischen Systemen.

Die Wiedergabe von Gebrauchsnamen, Handelsnamen, Warenbezeichnungen usw. in diesem Werk berechtigt auch ohne besondere Kennzeichnung nicht zu der Annahme, dass solche Namen im Sinne der Warenzeichen- und Markenschutz-Gesetzgebung als frei zu betrachten wären und daher von jedermann benutzt werden dürften.

Die Informationen in diesem Werk wurden mit Sorgfalt erarbeitet. Dennoch können Fehler nicht vollständig ausgeschlossen werden und die Diplomica Verlag GmbH, die Autoren oder Übersetzer übernehmen keine juristische Verantwortung oder irgendeine Haftung für evtl. verbliebene fehlerhafte Angaben und deren Folgen.

Alle Rechte vorbehalten

© Diplomica Verlag GmbH
Hermannstal 119k, 22119 Hamburg
http://www.diplomica-verlag.de, Hamburg 2016
Printed in Germany

Vorwort

„Das haben wir schon immer so gemacht!"

Sicherlich kennt jeder leitende oder ausführende Mitarbeiter, auch jeder Unternehmensinhaber, diesen Satz. Was jahre- oder sogar jahrzehntelang gut in einem Unternehmen funktioniert hat, muss auch weiterhin so funktionieren.

Das allerdings ist ein Trugschluss. Wirtschaftliche, besonders industrielle, produktionstechnische und betriebswirtschaftliche Prozesse sind einem immer schneller vonstattengehenden Wandel unterworfen. Digitale Errungenschaften erobern, nach ihrem rasanten Einzug in den Konsumentensektor, sukzessive die Industrie.

In diesem Kontext ist es ratsam, sämtliche betrieblichen Abläufe im Unternehmen einer kritischen Prüfung zu unterziehen, Prozesse und Methoden zu reflektieren und die „Augen offen zu halten", wo Optimierungspotential besteht.

Dieses Buch soll Ihnen dabei ein hilfreicher und praxisorientierter Ratgeber sein. Es richtet sich sowohl an Firmeninhaber als auch an Mitarbeiter, die aufgrund ihres Verantwortungsbereiches und Engagements im Selbstantrieb konkrete Impulse für betriebliche Verbesserungen und Ideen für das Betriebliche Vorschlagswesen suchen. Des Weiteren sind bestehende KVP-Teams eine wichtige Zielgruppe.

Die Autoren dieses Buches besitzen langjährige Erfahrung in mittelständischen deutschen Unternehmen und haben ein umfangreiches Paket zu den Themen Betriebliches Vorschlagswesen (BVW) und Kontinuierliche Verbesserungsprozesse (KVP) zusammengestellt.

Neben einer allgemeinen Betrachtung von BVW und KVP, praktischen Hinweisen zur Einführung dieser Programme im Unternehmen und unterstützenden Musterformularen enthält dieses Buch 123 konkrete Umsetzungskonzepte aus folgenden fachlichen Rubriken:

- Energieeffizienz
  Strom- und Heizeinsparungen, Technologieerneuerung, Materialeinsparung

- Einkauf / Kostenmanagement
  Rahmenverträge, Benchmarking, Verhandlungsansätze, Outsourcing

- IT-Prozesse / Technologie
  Software-Lösungen, IT-unterstützte Workflows, IT-Automatisierung
- Projektmanagement
  Qualitätsmanagement, Projektführung, Struktur, PM-Werkzeuge/-Methoden
- Personalmanagement
  Personalführung, Mitarbeitermotivation, Anerkennungsmodelle
- Außendarstellung
  Marketing, Werbung, Reputation
- Weitere Themen
  Sachthemen, die inhaltlich nicht in die vorstehenden Rubriken gefasst werden können

Diese Best Practice Beispiele (=erfolgreich erprobte Methoden) können durch Sie sowohl nach den genannten Rubriken, nach alphabetischer Reihenfolge und auch nach ihrem Komplexitätsgrad recherchiert werden.

Aus der Erfahrung der Autoren heraus ergaben sich diverse Projekterfahrungen und Beispielprojekte, die in diesem Buch anteilig wiederzufinden sind. Diese dienen zwar grundsätzlich einer konkreten und machbaren Umsetzung, sollen allerdings auch als Anreiz für Kreativität und Offenheit im Bereich KVP und BVW verstanden werden. Es gibt thematisch viele weitere Ansätze und Projekte, die jeder Leser und Interessent mit Eigeninitiative individuell und maßgeschneidert auf das eigene Unternehmen vorschlagen und umsetzen könnte.

Das Ziel der Autoren ist es, Sie in ihrem jeweiligen Unternehmen mit Hilfe der vorgeschlagenen Aspekte zu einem erfolgreicheren und wettbewerbsfähigen Wirken anzuleiten. Der Inhalt des Buches soll Ihnen als Motivator dienen, kreative Umsetzungskonzepte als Anreiz aufzeigen und den Impuls in sich tragen, dass es Freude machen kann, sich einzubringen und gemeinsam im Team erfolgreich zu sein.

Viel Freude beim Lesen und vielen Dank, dass Sie sich für unser Werk entschieden haben.

Christian Flick   Mathias Weber

Inhaltsverzeichnis

Vorwort V

Inhaltsverzeichnis VII

Inhaltsverzeichnis nach Komplexitätsgrad / Einführungszeitraum XII

Inhaltsverzeichnis Umsetzungskonzepte A-Z XVII

Abbildungsverzeichnis XXI

Abkürzungsverzeichnis XXIII

Symbolerklärungen XXV

Betriebliches Vorschlagswesen (BVW) 27

Kontinuierliche Verbesserungsprozesse (KVP) 30

Einführung im Unternehmen 34
    Betriebliches Vorschlagswesen (BVW) 34
    Kontinuierliche Verbesserungsprozesse (KVP) 37

Musterformular Betriebliches Vorschlagswesen 40
    Formular 40
    IT-Unterstützung 43

Autorenprofile 44
    Christian Flick 44
    Mathias Weber 45

Hinweis auf Internet-Blogs 46
    betrieblichesvorschlagswesen.de 46
    verbesserungsvorschlag24.com 46

Energieeffizienz 47
    Bewegungsmelder in Waschräumen und Fluren integrieren 48
    Elektroautos als Firmenwagenalternative anbieten 49
    E-Mobilität für Mitarbeiter im Unternehmen aktiv fördern 51
    Energiemanagement-Steuerung für Pausenzeiten aktivieren 53
    Hallen- und Bürobeleuchtung auf LED-Technik umstellen 55
    Heizungserneuerung im Unternehmen inkl. moderner Brenner- und Hitzestrahlertechnik 57
    Optimiertes Ausdruckverhalten 59
    Steuerbare elektronische Thermostate im Unternehmen verwenden 61

Stromerzeugung durch eigene PV-Anlage im Unternehmen 63
Warmluftrückführung durch Industrieventilatoren 65

Einkauf / Kostenmanagement 67

Abfallverdichtungskonzepte bewerten und im Unternehmen nutzen 68
Alternativen Briefzustelldienst nutzen, um Briefversandkosten im Unternehmen zu senken ... 70
Automat für persönliche Schutzausrüstung (PSA) im Betrieb integrieren 72
Bauteileprüfungen in Unternehmen vollautomatisch durchführen 74
Business-Reisebüros für Geschäftsreisen nutzen 76
C-Teile über Kanban-Systeme steuern 78
Einkaufspool-Netzwerk nutzen, um Kostensenkungen aktiv zu beschleunigen........................ 80
Externe Aktenarchivierung einführen 88
Fluidmanagement im Unternehmen integrieren 90
Frachtkosten Benchmarking im Unternehmen betreiben 92
Herstellungsumstellung von Drehteilen auf Tiefziehteile 95
KfW-Förderkredite nutzen und Subventionen beantragen 100
Konsignationslager im Unternehmen einführen und einrichten 102
Kunststoffpaletten, Mehrwegboxen und Mehrwegsysteme nutzen 104
Lager- und Logistikoutsourcing an Dienstleister 106
Maschinen leihen statt kaufen 108
Mietwagen nutzen statt hohen Bestand an eigenen Fahrzeugen führen 110
Outsourcing unrentabler Bereiche im Unternehmen 112
Quick-Win-Themen als Einkaufsprojekt nutzen 114
RFID-Werkzeugverwaltung 116
Rückmietverkauf bei der Anschaffung von Maschinen verwenden 118
Stromkosten optimieren durch Kontrolle der Mengen- und Marktbewegungen 120
Telefonkosten im Unternehmen optimieren 123
Verkauf von Kunststoff-Recyclingwertstoffen 125
Wartungsvertrag in Firmen-Leasingverträge für Fahrzeuge integrieren 127
Werbemitteloutsourcing 128
Werkskurier zwischen mehreren Werken auslagern 129

IT-Prozesse / Technologie 131

Betriebsanleitungen für Maschinen und technische Anlagen digital verfügbar machen 132
Eigener Onlineshop trotz Händlernetz 134
Einführung einer Wettbewerbsprodukte-Datenbank 136
Einführung IT-gestützter Workflows 138

Einführung von Dokumenten-Management 140
Einsatz von EDI für Key Accounts 144
Einsatz von Product Information Management (PIM) 146
IT-gestützte Konfiguratoren im vertrieblichen Einsatz.. 150
Nutzung einer Vertragsdatenbank 153
Onlineconferencing - Videokonferenzen im Unternehmen nutzen.. 156
QR-Codes auf Produkten 158
Schulungsserver im Unternehmen integrieren 160

Projektmanagement 163

Besprechungen mit einem klaren Regelwerk strukturieren.. 164
Einführung von Projektmanagement... 166
Einsatz eines strukturierten Problemlösungsprozesses 169
Einsatz von Kreativtechniken 172
Einsatz von Quality Gates in der Produktion 175
Kalkulationsfehler vermeiden.. 177
Kommunikation fördern 179
Nutzung von SWOT Analysen im Unternehmen 181
Risiken analysieren und überwachen 183
Schnellere Entscheidungen durch Management Summary 185
Umsetzung eines konsequenten Change Request Managements in Aufträgen 187
Verantwortlichkeiten klar definieren... 190
Vertragsstruktur für das Unternehmen aufbauen 192
Verzögerungen durch fehlerhafte Fertigstellungsgrade vermeiden...................................... 194
Ziele SMART formulieren 196

Personalmanagement 199

Aktive Förderung von sportlichem Ausgleich der Belegschaft.. 200
Aktive Talentförderung durch Mentoren 202
Attraktive und erholsame Aufenthaltsräume schaffen 204
Auslobung zum Mitarbeiter des Monats 206
Azubi-Patenschaften entwickeln und Gruppendynamik nutzen.. 208
Besprechungen im Stehen führen 210
Betriebliche Zutrittskontrolle durch Transpondertechnik... 212
Betriebsärztliche Vorsorge und Impfmaßnahmen organisieren 214
Betriebszeitung digital zur Verfügung stellen 216
Dienst-E-Bikes als win/win nutzen 217

Digitale Kommunikation in betrieblichen Lärmumgebungen 219
Digitale Zeiterfassungssysteme sinnvoll nutzen 221
Einführung einer Qualifikationsdatenbank 223
Einführung eines Unternehmensleitfadens 225
Einkaufsbündelungen für Mitarbeiter arrangieren 227
Employer Branding aktiv betreiben 229
Erste Hilfe-Kästen im Unternehmen professionalisieren 231
Gutscheine als Leistungsprämie für Mitarbeiter 233
Individuelle Teamförderung durch Team-Building-Maßnahmen 235
Individuellen Büromöbelkatalog für ein Unternehmen festlegen 237
Kontrollinstanz schaffen durch Scannen der einzelnen Fertigungsschritte 239
KVP- und BVW-Reporting an Mitarbeiter 241
Lean Board für Schichtwechseldatenaustausch nutzen 243
Maschinenpaten für Maschinen ernennen und Verantwortung definieren 245
Mitarbeitergespräche mit Zielvereinbarungen führen 247
Mitarbeiter-Ideen aufgreifen für individuelle Schulungen 249
Mitarbeitermotivation in der Produktion 251
Rekrutierungsprämie einführen 253
Rentner als Minijobber-Aushilfe im Unternehmen beschäftigen 255
Selbstleuchtende Flucht- und Notausgangsschilder 257
Täglicher Cateringwagen als Ersatz für Werkskantine 258
Unternehmensleitbild entwickeln und festlegen 260
Warn- und Sicherheitsaufsteller bei Bauarbeiten im Betrieb nutzen 262
Wie man Mitarbeiter zur Mitwirkung aktiviert 263

Außendarstellung 267

Einführung eines einheitlichen und hochwertigen Corporate Designs 268
Kennzeichenhalter mit Firmenwerbung 271
Microsites als obligatorische Komponente bei Anzeigenkampagnen 273
Roll-Ups als kostengünstiger Werbeträger im mobilen Einsatz 276
Social Media als gewichtiger Baustein von Marketing und Kundenkommunikation 278
Wikipedia Unternehmenseintrag erzeugen 282

Weitere Themen 283

Anschaffung von Kaffee- und Snackautomaten für Mitarbeiter und Kunden/Lieferanten 284
Begrüßungsmonitor im Eingang- und Empfangsbereich installieren 286
Besucherführungssysteme und Besucherausweise verwenden 288

Einsatz von Stoßschutzkanten 290
Fachbüchersammlung und Firmenbibliothek im Unternehmen 291
Feinstaubfilter für Drucksysteme 293
Feuerlöscher zielgerichtet warten und verwalten 294
Fußmattenmietservice im Unternehmen integrieren 296
Hygienekonzept und Schädlingsabwehrplan für Unternehmen erstellen 298
Inventaretiketten für Maschinen und Anlagegüter... 300
Maschinenbelegungspläne und Effizienzstatistiken 302
Mehrwegputztücher mit Rückholservice verwenden 304
Nachbarschaftswache mit Prämie... 306
Patentverwaltung durchführen 308
Soundsystem in Aufenthaltsraum und/oder Kantine integrieren.. 309
Trockenmittelbeutel zum Metallwarenschutz am Lager nutzen... 311
Vernichtungs- und Sammelboxen für sensible Dokumente 313
Wartungs- und Reinigungspläne für Maschinen.. 315
youneo initiative als Wissensplattform im Unternehmen nutzen... 317

Interviews 319

Interview mit „onepower – Der Einkaufspool" 320
Interview mit „VEA - Bundesverband der Energie-Abnehmer e. V." 326
Interview mit „Hubert Niewels GmbH"... 331
Interview mit „SDS Transport & Logistik" 335
Interview mit „youneo initiative" 339
Interview mit „Effizienz-Agentur NRW (EFA)" 343
Interview mit „Carl Nolte Technik GmbH" 348
Lieferantenempfehlung MB | ConsultMe 351

Fazit 353

Hinweis

Aus Gründen der besseren Lesbarkeit wird auf die gleichzeitige Verwendung männlicher und weiblicher Sprachformen verzichtet. Sämtliche Personenbezeichnungen gelten gleichwohl für beide Geschlechter.

Inhaltsverzeichnis nach Komplexitätsgrad / Einführungszeitraum

niedrig

Abfallverdichtungskonzepte bewerten und im Unternehmen nutzen 68

Aktive Förderung von sportlichem Ausgleich der Belegschaft 200

Alternativen Briefzustelldienst nutzen, um Briefversandkosten im Unternehmen zu senken. 70

Attraktive und erholsame Aufenthaltsräume schaffen 204

Auslobung zum Mitarbeiter des Monats 206

Azubi-Patenschaften entwickeln und Gruppendynamik nutzen 208

Begrüßungsmonitor im Eingang- und Empfangsbereich installieren 286

Besprechungen im Stehen führen 210

Besprechungen mit einem klaren Regelwerk strukturieren 164

Besucherführungssysteme und Besucherausweise verwenden 288

Betriebsanleitungen für Maschinen und technische Anlagen digital verfügbar machen 132

Betriebsärztliche Vorsorge und Impfmaßnahmen organisieren 214

Betriebszeitung digital zur Verfügung stellen 216

Bewegungsmelder in Waschräumen und Fluren integrieren 48

Business-Reisebüros für Geschäftsreisen nutzen 76

C-Teile über Kanban-Systeme steuern 78

Digitale Zeiterfassungssysteme sinnvoll nutzen 221

Einkaufspool-Netzwerk nutzen, um Kostensenkungen aktiv zu beschleunigen 80

Einsatz eines strukturierten Problemlösungsprozesses 169

Einsatz von Kreativtechniken 172

Einsatz von Stoßschutzkanten 290

Energiemanagement-Steuerung für Pausenzeiten aktivieren 53

Erste Hilfe-Kästen im Unternehmen professionalisieren 231

Externe Aktenarchivierung einführen 88

Fachbüchersammlung und Firmenbibliothek im Unternehmen 291

Feinstaubfilter für Drucksysteme 293

Feuerlöscher zielgerichtet warten und verwalten 294

Fluidmanagement im Unternehmen integrieren 90

Fußmattenmietservice im Unternehmen integrieren 296

Gutscheine als Leistungsprämie für Mitarbeiter	233
Hygienekonzept und Schädlingsabwehrplan für Unternehmen erstellen	298
Individuelle Teamförderung durch Team-Building-Maßnahmen	235
Individuellen Büromöbelkatalog für ein Unternehmen festlegen	237
Inventaretiketten für Maschinen und Anlagegüter	300
Kalkulationsfehler vermeiden	177
Kennzeichenhalter mit Firmenwerbung	271
Konsignationslager im Unternehmen einführen und einrichten	102
KVP- und BVW-Reporting an Mitarbeiter	241
Lean Board für Schichtwechseldatenaustausch nutzen	243
Maschinen leihen statt kaufen	108
Maschinenbelegungspläne und Effizienzstatistiken	302
Mehrwegputztücher mit Rückholservice verwenden	304
Mitarbeiter-Ideen aufgreifen für individuelle Schulungen	249
Nachbarschaftswache mit Prämie	306
Nutzung von SWOT Analysen im Unternehmen	181
Onlineconferencing - Videokonferenzen im Unternehmen nutzen	156
Optimiertes Ausdruckverhalten	59
Patentverwaltung durchführen	308
QR-Codes auf Produkten	158
Quick-Win-Themen als Einkaufsprojekt nutzen	114
Rekrutierungsprämie einführen	253
Rentner als Minijobber-Aushilfe im Unternehmen beschäftigen	255
Risiken analysieren und überwachen	183
Roll-Ups als kostengünstiger Werbeträger im mobilen Einsatz	276
Schnellere Entscheidungen durch Management Summary	185
Soundsystem in Aufenthaltsraum und/oder Kantine integrieren	309
Steuerbare elektronische Thermostate im Unternehmen verwenden	61
Täglicher Cateringwagen als Ersatz für Werkskantine	258
Trockenmittelbeutel zum Metallwarenschutz am Lager nutzen	311
Umsetzung eines konsequenten Change Request Managements in Aufträgen	187

Verkauf von Kunststoff-Recyclingwertstoffen 125
Vernichtungs- und Sammelboxen für sensible Dokumente 313
Verzögerungen durch fehlerhafte Fertigstellungsgrade vermeiden 194
Warn- und Sicherheitsaufsteller bei Bauarbeiten im Betrieb nutzen 262
Wartungs- und Reinigungspläne für Maschinen 315
Wartungsvertrag in Firmen-Leasingverträge für Fahrzeuge integrieren 127
Werbemitteloutsourcing 128
Werkskurier zwischen mehreren Werken auslagern 129
Wie man Mitarbeiter zur Mitwirkung aktiviert 263
Wikipedia Unternehmenseintrag erzeugen 282
youneo initiative als Wissensplattform im Unternehmen nutzen 317

mittel

Aktive Talentförderung durch Mentoren 202
Anschaffung von Kaffee- und Snackautomaten für Mitarbeiter und Kunden/Lieferanten 284
Automat für persönliche Schutzausrüstung (PSA) im Betrieb integrieren 72
Betriebliche Zutrittskontrolle durch Transpondertechnik 212
Dienst-E-Bikes als win/win nutzen 217
Digitale Kommunikation in betrieblichen Lärmumgebungen 219
Eigener Onlineshop trotz Händlernetz 134
Einführung einer Qualifikationsdatenbank 223
Einführung einer Wettbewerbsprodukte-Datenbank 136
Einführung eines einheitlichen und hochwertigen Corporate Designs 268
Einführung eines Unternehmensleitfadens 225
Einführung IT-gestützter Workflows 138
Einführung von Projektmanagement 166
Einkaufsbündelungen für Mitarbeiter arrangieren 227
Einsatz von EDI für Key Accounts 144
Einsatz von Product Information Management (PIM) 146
Einsatz von Quality Gates in der Produktion 175
Elektroautos als Firmenwagenalternative anbieten 49

E-Mobilität für Mitarbeiter im Unternehmen aktiv fördern 51
Frachtkosten Benchmarking im Unternehmen betreiben 92
IT-gestützte Konfiguratoren im vertrieblichen Einsatz 150
KfW-Förderkredite nutzen und Subventionen beantragen 100
Kommunikation fördern 179
Kontrollinstanz schaffen durch Scannen der einzelnen Fertigungsschritte 239
Kunststoffpaletten, Mehrwegboxen und Mehrwegsysteme nutzen 104
Lager- und Logistikoutsourcing an Dienstleister 106
Maschinenpaten für Maschinen ernennen und Verantwortung definieren 245
Microsites als obligatorische Komponente bei Anzeigenkampagnen 273
Mietwagen nutzen statt hohen Bestand an eigenen Fahrzeugen führen 110
Mitarbeitergespräche mit Zielvereinbarungen führen 247
Nutzung einer Vertragsdatenbank 153
Outsourcing unrentabler Bereiche im Unternehmen 112
RFID-Werkzeugverwaltung 116
Rückmietverkauf bei der Anschaffung von Maschinen verwenden 118
Schulungsserver im Unternehmen integrieren 160
Selbstleuchtende Flucht- und Notausgangsschilder 257
Social Media als gewichtiger Baustein von Marketing und Kundenkommunikation 278
Stromerzeugung durch eigene PV-Anlage im Unternehmen 63
Stromkosten optimieren durch Kontrolle der Mengen- und Marktbewegungen 120
Telefonkosten im Unternehmen optimieren 123
Unternehmensleitbild entwickeln und festlegen 260
Verantwortlichkeiten klar definieren 190
Vertragsstruktur für das Unternehmen aufbauen 192
Warmluftrückführung durch Industrieventilatoren 65
Ziele SMART formulieren 196

XV

hoch

Bauteileprüfungen in Unternehmen vollautomatisch durchführen 74

Einführung von Dokumenten-Management 140

Employer Branding aktiv betreiben 229

Hallen- und Bürobeleuchtung auf LED-Technik umstellen 55

Heizungserneuerung im Unternehmen inkl. moderner Brenner- und Hitzestrahlertechnik 57

Herstellungsumstellung von Drehteilen auf Tiefziehteile... 95

Mitarbeitermotivation in der Produktion.. 251

Inhaltsverzeichnis Umsetzungskonzepte A-Z

Abfallverdichtungskonzepte bewerten und im Unternehmen nutzen 68
Aktive Förderung von sportlichem Ausgleich der Belegschaft 200
Aktive Talentförderung durch Mentoren 202
Alternativen Briefzustelldienst nutzen, um Briefversandkosten im Unternehmen zu senken. 70
Anschaffung von Kaffee- und Snackautomaten für Mitarbeiter und Kunden/Lieferanten.... 284
Attraktive und erholsame Aufenthaltsräume schaffen 204
Auslobung zum Mitarbeiter des Monats 206
Automat für persönliche Schutzausrüstung (PSA) im Betrieb integrieren 72
Azubi-Patenschaften entwickeln und Gruppendynamik nutzen 208
Bauteileprüfungen in Unternehmen vollautomatisch durchführen 74
Begrüßungsmonitor im Eingang- und Empfangsbereich installieren 286
Besprechungen im Stehen führen 210
Besprechungen mit einem klaren Regelwerk strukturieren 164
Besucherführungssysteme und Besucherausweise verwenden 288
Betriebliche Zutrittskontrolle durch Transpondertechnik 212
Betriebsanleitungen für Maschinen und technische Anlagen digital verfügbar machen 132
Betriebsärztliche Vorsorge und Impfmaßnahmen organisieren 214
Betriebszeitung digital zur Verfügung stellen 216
Bewegungsmelder in Waschräumen und Fluren integrieren 48
Business-Reisebüros für Geschäftsreisen nutzen 76
C-Teile über Kanban-Systeme steuern 78
Dienst-E-Bikes als win/win nutzen 217
Digitale Kommunikation in betrieblichen Lärmumgebungen 219
Digitale Zeiterfassungssysteme sinnvoll nutzen 221
Eigener Onlineshop trotz Händlernetz 134
Einführung einer Qualifikationsdatenbank 223
Einführung einer Wettbewerbsprodukte-Datenbank 136
Einführung eines einheitlichen und hochwertigen Corporate Designs 268
Einführung eines Unternehmensleitfadens 225
Einführung IT-gestützter Workflows 138
Einführung von Dokumenten-Management 140
Einführung von Projektmanagement 166
Einkaufsbündelungen für Mitarbeiter arrangieren 227

Einkaufspool-Netzwerk nutzen, um Kostensenkungen aktiv zu beschleunigen 80
Einsatz eines strukturierten Problemlösungsprozesses 169
Einsatz von EDI für Key Accounts 144
Einsatz von Kreativtechniken 172
Einsatz von Product Information Management (PIM) 146
Einsatz von Quality Gates in der Produktion 175
Einsatz von Stoßschutzkanten 290
Elektroautos als Firmenwagenalternative anbieten 49
E-Mobilität für Mitarbeiter im Unternehmen aktiv fördern 51
Employer Branding aktiv betreiben 229
Energiemanagement-Steuerung für Pausenzeiten aktivieren 53
Erste Hilfe-Kästen im Unternehmen professionalisieren 231
Externe Aktenarchivierung einführen 88
Fachbüchersammlung und Firmenbibliothek im Unternehmen 291
Feinstaubfilter für Drucksysteme 293
Feuerlöscher zielgerichtet warten und verwalten 294
Fluidmanagement im Unternehmen integrieren 90
Frachtkosten Benchmarking im Unternehmen betreiben 92
Fußmattenmietservice im Unternehmen integrieren 296
Gutscheine als Leistungsprämie für Mitarbeiter 233
Hallen- und Bürobeleuchtung auf LED-Technik umstellen 55
Heizungserneuerung im Unternehmen inkl. moderner Brenner- und Hitzestrahlertechnik 57
Herstellungsumstellung von Drehteilen auf Tiefziehteile 95
Hygienekonzept und Schädlingsabwehrplan für Unternehmen erstellen 298
Individuelle Teamförderung durch Team-Building-Maßnahmen 235
Individuellen Büromöbelkatalog für ein Unternehmen festlegen 237
Inventaretiketten für Maschinen und Anlagegüter 300
IT-gestützte Konfiguratoren im vertrieblichen Einsatz 150
Kalkulationsfehler vermeiden 177
Kennzeichenhalter mit Firmenwerbung 271
KfW-Förderkredite nutzen und Subventionen beantragen 100
Kommunikation fördern 179
Konsignationslager im Unternehmen einführen und einrichten 102
Kontrollinstanz schaffen durch Scannen der einzelnen Fertigungsschritte 239

Kunststoffpaletten, Mehrwegboxen und Mehrwegsysteme nutzen 104
KVP- und BVW-Reporting an Mitarbeiter 241
Lager- und Logistikoutsourcing an Dienstleister 106
Lean Board für Schichtwechseldatenaustausch nutzen 243
Maschinen leihen statt kaufen 108
Maschinenbelegungspläne und Effizienzstatistiken 302
Maschinenpaten für Maschinen ernennen und Verantwortung definieren 245
Mehrwegputztücher mit Rückholservice verwenden 304
Microsites als obligatorische Komponente bei Anzeigenkampagnen 273
Mietwagen nutzen statt hohen Bestand an eigenen Fahrzeugen führen 110
Mitarbeitergespräche mit Zielvereinbarungen führen 247
Mitarbeiter-Ideen aufgreifen für individuelle Schulungen 249
Mitarbeitermotivation in der Produktion 251
Nachbarschaftswache mit Prämie 306
Nutzung einer Vertragsdatenbank 153
Nutzung von SWOT Analysen im Unternehmen 181
Onlineconferencing - Videokonferenzen im Unternehmen nutzen 156
Optimiertes Ausdruckverhalten 59
Outsourcing unrentabler Bereiche im Unternehmen 112
Patentverwaltung durchführen 308
QR-Codes auf Produkten 158
Quick-Win-Themen als Einkaufsprojekt nutzen 114
Rekrutierungsprämie einführen 253
Rentner als Minijobber-Aushilfe im Unternehmen beschäftigen 255
RFID-Werkzeugverwaltung 116
Risiken analysieren und überwachen 183
Roll-Ups als kostengünstiger Werbeträger im mobilen Einsatz 276
Rückmietverkauf bei der Anschaffung von Maschinen verwenden 118
Schnellere Entscheidungen durch Management Summary 185
Schulungsserver im Unternehmen integrieren 160
Selbstleuchtende Flucht- und Notausgangsschilder 257
Social Media als gewichtiger Baustein von Marketing und Kundenkommunikation 278
Soundsystem in Aufenthaltsraum und/oder Kantine integrieren 309
Steuerbare elektronische Thermostate im Unternehmen verwenden 61

Stromerzeugung durch eigene PV-Anlage im Unternehmen	63
Stromkosten optimieren durch Kontrolle der Mengen- und Marktbewegungen	120
Täglicher Cateringwagen als Ersatz für Werkskantine	258
Telefonkosten im Unternehmen optimieren	123
Trockenmittelbeutel zum Metallwarenschutz am Lager nutzen	311
Umsetzung eines konsequenten Change Request Managements in Aufträgen	187
Unternehmensleitbild entwickeln und festlegen	260
Verantwortlichkeiten klar definieren	190
Verkauf von Kunststoff-Recyclingwertstoffen	125
Vernichtungs- und Sammelboxen für sensible Dokumente	313
Vertragsstruktur für das Unternehmen aufbauen	192
Verzögerungen durch fehlerhafte Fertigstellungsgrade vermeiden	194
Warmluftrückführung durch Industrieventilatoren	65
Warn- und Sicherheitsaufsteller bei Bauarbeiten im Betrieb nutzen	262
Wartungs- und Reinigungspläne für Maschinen	315
Wartungsvertrag in Firmen-Leasingverträge für Fahrzeuge integrieren	127
Werbemitteloutsourcing	128
Werkskurier zwischen mehreren Werken auslagern	129
Wie man Mitarbeiter zur Mitwirkung aktiviert	263
Wikipedia Unternehmenseintrag erzeugen	282
youneo initiative als Wissensplattform im Unternehmen nutzen	317
Ziele SMART formulieren	196

Abbildungsverzeichnis

Abbildung 1: Plan-Do-Check-Act Prinzip nach William Edwards Deming (Quelle: Christian Flick / Mathias Weber) 32
Abbildung 2: Ishikawa-Diagramm (Quelle: Christian Flick / Mathias Weber) 33
Abbildung 3: Kopfdaten BVW (Quelle: Christian Flick / Mathias Weber) 40
Abbildung 4: Vorschlagsbeschreibung BVW-Formular (Quelle: Christian Flick / Mathias Weber) 41
Abbildung 5: Vorschlagsbewertung BVW-Formular (Quelle: Christian Flick / Mathias Weber) 42
Abbildung 6: Rechenbeispiel Prämienhöhe (bei berechenbarer Ersparnis im 1. Jahr, Quelle: Christian Flick / Mathias Weber) 42
Abbildung 7: Autor Christian Flick (Quelle: Christian Flick / Mathias Weber) 44
Abbildung 8: Autor Mathias Weber (Quelle: Christian Flick / Mathias Weber) 45
Abbildung 9: Rohling Drehteil (Quelle: Christian Flick / Mathias Weber) 95
Abbildung 10: gefertigtes Drehteil (Quelle: Christian Flick / Mathias Weber) 96
Abbildung 11: Abfallvolumen (Quelle: Christian Flick / Mathias Weber) 96
Abbildung 12: Drehteil vs. Tiefziehteil (Quelle: Christian Flick / Mathias Weber) 98
Abbildung 13: Berechnung Einsatzgewicht und Materialpreis (Quelle: Christian Flick / Mathias Weber) 99
Abbildung 14: Beispielkalkulation (Quelle: Christian Flick / Mathias Weber) 126
Abbildung 15: Hierarchischer Aufbau einer Wettbewerbsprodukte-Datenbank (Quelle: Christian Flick / Mathias Weber) 137
Abbildung 16: Beispiel-Workflow in der Rohstoffbeschaffung (Quelle: Christian Flick / Mathias Weber) 139
Abbildung 17: Beispielhafter Workflow für das Hinzufügen eines Dokumentes (Quelle: Christian Flick / Mathias Weber) 141
Abbildung 18: Typische Ausgaben eines PIM-Systems (Quelle: Christian Flick / Mathias Weber) 147
Abbildung 19: Webshop-Konfigurator für Rollos und Plissees auf Maß (Quelle: Christian Flick / Mathias Weber) 151
Abbildung 20: Beispielhafter QR-Code (Quelle: Christian Flick / Mathias Weber) 158
Abbildung 21: Beispielhafter PSP für die Einführung einer Vertragsdatenbank (Quelle: Christian Flick / Mathias Weber) 167

Abbildung 22: Strukturierter Problemlösungsprozess (Quelle: Christian Flick / Mathias Weber) 169
Abbildung 23: Tabelle Schätzklausur eines Mitarbeiters (Quelle: Christian Flick / Mathias Weber) 177
Abbildung 24: Tabelle Risikoanalyse (Quelle: Christian Flick / Mathias Weber) 183
Abbildung 25: Beispielhafte Behandlung eines Change Requests (Quelle: Christian Flick / Mathias Weber) 188
Abbildung 26: Beispielhaftes Projekt-Organigramm (Quelle: Christian Flick / Mathias Weber) 190
Abbildung 27: Beispielhaftes RACI-Diagramm (Quelle: Christian Flick / Mathias Weber) 191
Abbildung 28: Berechnung Percentage-of-Completion (Quelle: Christian Flick / Mathias Weber) 195
Abbildung 29: Karriereseite einer Kommunikationsagentur (Quelle: leonex.de) 230
Abbildung 30: Maschinen-Steckbrief (Quelle: Christian Flick / Mathias Weber) 245
Abbildung 31: Höhensicherungstraining (Quelle: Carl Nolte Technik GmbH) 250
Abbildung 32: Eisbecher aus Ökoprofit-Initiative (Quelle: Carl Nolte Technik GmbH)...... 264
Abbildung 33: Aufkleber aus Ökoprofit-Initiative (Quelle: Carl Nolte Technik GmbH) 264
Abbildung 34: Beispielhafter Aufbau einer Microsite (Quelle: Christian Flick / Mathias Weber) 274
Abbildung 35: Roll-Up (Quelle: Flyeralarm GmbH) 276
Abbildung 36: Facebook-Fanpage von RWE (Quelle: facebook.com/vorweggehen) 280
Abbildung 37: Anzahl der Verträge und Umsatz in Mio. EUR 2008 bis 2016 (Quelle: byNIRO GmbH) 321
Abbildung 38: onepower (Quelle: byNIRO GmbH) 324
Abbildung 39: Phasen im Einführungsprozess (Quelle: byNIRO GmbH) 325

Abkürzungsverzeichnis

BANF	Bestellanforderung / Beschaffungsanforderung
B2B	Business to Business
bspw.	beispielsweise
BVW	Betriebliches Vorschlagswesen
bzgl.	bezüglich
bzw.	beziehungsweise
ca.	circa
CD	Corporate Design
CI	Corporate Identity
CRM	Customer-Relationship-Management
d.h.	das heißt
DMS	Dokumenten-Management-System
ebf.	ebenfalls
EK	Einkauf
ERP	Enterprise Resource Planning
etc.	et cetera
ggf.	gegebenenfalls
i.d.F.	in dem Fall
i.d.R.	in der Regel
IPC	Internet Pricing and Configurator
IT	Informationstechnologie
KVP	Kontinuierliche Verbesserungsprozesse
LEH	Lebensmitteleinzelhandel
lt.	laut
PDCA	Plan-Do-Check-Act
PIM	Product Information Management
PR	Public Relations (Öffentlichkeitsarbeit)
QMS	Qualitätsmanagementsystem
QR	Quick Response
RFC	Request For Change
ROI	Return-of-Invest
S.	Seite
SEA	Search Engine Advertising (Suchmaschinenwerbung)

sog.	sogenannte/r/s
u.a.	unter anderem
USP	Unique Selling Proposition (Alleinstellungsmerkmal)
usw.	und so weiter
u.U.	unter Umständen
u.v.m.	und vieles/m mehr
VC	Variant Configuration (Variantenkonfiguration)
vgl.	vergleiche
z.B.	zum Beispiel
z.T.	zum Teil

Symbolerklärungen

In den konkreten Best Practice Beispielen helfen Symbole im Kopfbereich und oberhalb der Nutzenbeschreibung, das Thema genau einzuordnen.

Art des Themas

Betriebliches Vorschlagswesen (BVW)

Kontinuierliche Verbesserungsprozesse (KVP)

Komplexitätsgrad / Einführungszeitraum

  niedrige Komplexität / kurzfristig umsetzbar

  mittlere Komplexität / mittelfristig umsetzbar

  hohe Komplexität / langfristig umsetzbar

ROI / Nutzen

 ROI prognostiziert 1 – 3 Jahre

 ROI prognostiziert 4 – 6 Jahre

 ROI prognostiziert 7 – 10 Jahre

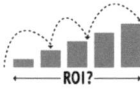 ROI nicht prognostizierbar

  Effizienzsteigerung (keine Kosten, daher nicht ROI-relevant)

Betriebliches Vorschlagswesen (BVW)

Die strategische Ausrichtung eines Unternehmens wird von der Unternehmensleitung sowie der Führungsebene bestimmt und verantwortet. Hier werden die essentiellen „Stellschrauben" bedient, um den Unternehmenserfolg zu maximieren.

Allerdings gibt es nicht nur auf diesem übergreifenden Level Optimierungspotential in einem Unternehmen, auch kleine und mittlere Verbesserungen im organisatorischen Ablauf, Ersparnisse bei einzelnen Kostenpunkten und produktivitätssteigernde Methodenänderungen können in Summe effektive Maßnahmen in diesem Kontext darstellen, die einen positiven Einfluss auf die Entwicklung der Firma nehmen und einen hohen Nutzen stiften können.

Wer kennt die Prozesse und Arbeitsschritte im Detail besser als die planenden und ausführenden Mitarbeiter in Produktion und Verwaltung? Diese können aus dem beruflichen Alltag heraus am besten beurteilen, wo es „hakt", welche Abläufe etwa umständlich sind, wo zu viel Energie und Material verbraucht wird und wie sich möglicherweise Kosten einsparen lassen.

Diese Potentiale gilt es im Rahmen eines Ideenmanagements für das Unternehmen zu nutzen. Dazu setzen Firmen aus Industrie, Handel und auch Handwerk auf ein internes „Betriebliches Vorschlagswesen" (BVW). Es handelt sich bei diesem Programm um ein Anreizsystem, das die im besten Fall vorhandene intrinsische (= von innen kommende) Motivation der Mitarbeiter durch monetäre Beteiligung in Gestalt von Prämien zusätzlich extrinsisch (= aus äußeren Einflüssen stammend) aktiviert.

Dieses Prinzip besitzt zwar eine lange Tradition in der deutschen produzierenden Industrie, allerdings wird es in vielen Unternehmen, insbesondere im Mittelstand, noch nicht eingesetzt, womit Potentiale ungenutzt bleiben. Oder aber ein formell seit langer Zeit eingeführtes BVW fristet ein „Schattendasein" in Unternehmen, denn es wird etwa nicht von der Firmenleitung gefördert oder besitzt lediglich eine Alibifunktion für die Außendarstellung.

Das Instrument BVW kann, sofern ernstzunehmend eingesetzt, buchstäblich „das Beste aus den Mitarbeitern holen", in Form von innovativen Ideen. Doch profitiert ein Unternehmen nicht nur von den Vorschlägen und deren unmittelbarer positiver Auswirkung. Der Mitarbeiter, dessen Vorschlag vom Unternehmen angenommen und auch umgesetzt wird, erhält eine deutliche Motivationssteigerung, wird er doch von seinem Arbeitgeber ernstgenommen und erfährt eine überdurchschnittliche Wertschätzung. Auch dies wirkt sich auf eine Unternehmung aus, denn eine motivierte und anerkannte Belegschaft wird zu mehr und besserer Leistung fähig sein.

Somit stellt das BVW eine aktive Mitwirkungsmöglichkeit für jeden einzelnen Arbeitnehmer dar, zumal ein Vorschlagswesen grundsätzlich hierarchiefrei ist und Vorschläge nicht auf den engeren Tätigkeitsbereich eines Mitarbeiters beschränkt sind. Dieser übernimmt Verantwortung und nimmt sich als wichtiger Teil des Unternehmens wahr. Die Identifikation mit dem Arbeitgeber, das Zusammengehörigkeitsgefühl und in Folge die Bindung an das Unternehmen werden gesteigert. Voraussetzung dafür ist eine offene und kreativitätssteigernde Unternehmenskultur.

Ein reales Beispiel, das den win/win-Effekt (= Gewinn für beide Seiten) eines Betrieblichen Vorschlagswesens exzellent nachvollziehen lässt:

In einem Unternehmen aus der Möbelzulieferindustrie war ein externer Mitarbeiter einer Leiharbeitsfirma zeitweise als Packer im Warenausgang tätig. Seine Aufgabe war, auszuliefernde Pakete in 40-Tonner LKWs zu verstauen. Er wurde zu Beginn seiner Leihtätigkeit eingewiesen in die übliche Packmethode des Unternehmens. Sein Einsatz war nur für den eingeschränkten Zeitraum einer Lastspitze geplant.

In dieser Firma ist das BVW nicht auf die eigenen Mitarbeiter limitiert, sondern kann auch durch das Personal von Subunternehmen genutzt werden.

Der Leiharbeiter hatte sich beiläufig Gedanken dazu gemacht, wie man mehr Pakete im LKW unterbringen könnte. Ihm kam die Idee, eine andere Packordnung einzusetzen, die dennoch der vorgeschriebenen Ladungssicherung entspricht. Dies hat er beim Auftraggeber seiner Leiharbeitsfirma als Verbesserungsvorschlag eingereicht und im standardisierten Formular entsprechend dokumentiert.

Als sich das BVW-Gremium mit dem Vorschlag befasst hat und diesen im Feldversuch prüfte, war das Erstaunen groß, dass dieser tatsächlich deutlich mehr Pakete in einem LKW unterbringen ließ und damit die Anzahl der notwendigen Touren signifikant reduzieren könnte. Es wurde eine prognostizierte Ersparnisberechnung durchgeführt, die zu einem jährlichen Wert von rund 100.000 EUR führte.

In dem Unternehmen besteht die sehr faire Regelung, dass ein betrieblicher Verbesserungsvorschlag, sofern eine Ersparnisberechnung möglich ist, mit 50% der Ersparnis im ersten Jahr prämiert wird.

D.h., dass dieser Leiharbeitnehmer aus dem unteren Einkommenssegment, der zum Zeitpunkt der Entscheidung über seinen Vorschlag nicht mehr für diesen Auftraggeber tätig war, aufgrund seiner innovativen Idee eine Prämie in Höhe von ca. 50.000 EUR brutto erhalten hat, was mehr als zweieinhalb Jahreseinkommen für ihn darstellen dürfte, legt man den gesetzlichen Mindestlohn von 8,50 EUR pro Stunde zugrunde (Stand 03/2016).

Anmerkung: Aus Datenschutzgründen wurde der Name des Unternehmens hier neutralisiert, ist den Autoren jedoch bekannt.

Derartige Erfolgsberichte zeigen recht gut, wie sowohl Unternehmen, als auch Mitarbeiter von einem gelebten BVW partizipieren können.

Vorstellbare und häufige Ziele von Verbesserungsvorschlägen lauten:

- Direkte Kosteneinsparungen

- Steigerung der Qualität von Produkten und Prozessen

- Vermeidung von Fehlern

- Vermeidung unnötiger Prozesse und Arbeitsschritte

- Verbesserung von Produktionsmethoden

- Allgemeine Produktivitätssteigerungen

- Steigerung der Energieeffizienz

- Ökologische Ziele / Umweltschutz

- Arbeitssicherheit

- Mehr Struktur und Ordnung

- Bessere Kontrolle durch methodisches Projektmanagement

- Steigerung der Mitarbeitermotivation

- Verbesserung von Teamarbeit und Gruppendynamik

- Steigerung der Innovationsfähigkeit

- Reputationssteigerung

Nicht in jedem Fall ist wie vorstehend genannt eine konkrete Ersparnis für ein Unternehmen zu berechnen. Hat ein Vorschlag den Einsatz anderer Methoden zum Inhalt, der keine Investitionskosten mit sich bringt und nur mittelfristige, nicht direkt in Zusammenhang zu bringende Kosteneinsparungen oder Mehrumsätze, so ist ein fiktiver Prämienwert anzusetzen, der objektiv anhand des Nutzens für das Unternehmen zu bewerten ist.

Praxisrelevante Informationen zu denkbaren Regularien, Abläufen und Prämien im BVW erhalten Sie in den folgenden Kapiteln „Einführung im Unternehmen" und „Musterformular Betriebliches Vorschlagswesen".

Kontinuierliche Verbesserungsprozesse (KVP)

Seinen Ursprung haben die „Kontinuierlichen Verbesserungsprozesse" (KVP) in Japan. Dort wurde insbesondere in der japanischen Automobilindustrie der Begriff „Kaizen" geprägt, der mit „Wandel zum Besseren" übersetzbar ist. Der Grundgedanke ist, dass all zu viel Routine in betrieblichen Prozessen schädlich sein kann, denn Routine kann zu einem Tunnelblick führen, der optimierungswürdige bis fehlerhafte Abläufe aus der Wahrnehmung der Mitarbeiter fallen lässt. Routine kann zu Nachlässigkeit führen, auf erzielten Erfolgen wird „sich ausgeruht".

Es handelt sich somit bei KVP um ein stetiges systematisches und geplantes Hinterfragen der vorliegenden Abläufe, mit dem Ziel der laufenden Optimierung. Dabei stellt es keine einzelne Methode oder eine Methodensammlung dar, sondern einen generellen Paradigmenwechsel in der Denkweise eines Unternehmens. Die Erwartungshaltung des Kunden ist in diesem Zusammenhang der virtuelle Antreiber aller Überlegungen und Maßnahmen, denn dieser entscheidet über gewünschte Produkt- und Servicequalität und auch den akzeptierten Preis.

Im Fokus stehen dabei Verbesserungen in den folgenden Kernbereichen eines primär produzierenden Unternehmens:

- Verbesserung der Produktqualität

- Verbesserung der Prozessqualität

- Verbesserung der Servicequalität

- Kosteneinsparungen

- Vermeidung von unnötigem Material- und Energieverbrauch

- Verbesserung der betrieblichen Zusammenarbeit

- Motivationssteigerung

- In Folge stetige Steigerung der Wettbewerbsfähigkeit

- In Folge Erhöhung des monetären Unternehmenserfolgs

Wie zu sehen ist, greift KVP in viele wesentliche Unternehmensfaktoren ein, gleich welchen Umfangs und welcher Auswirkung. Dementsprechend sollte KVP, sofern es mit der nötigen

Ernsthaftigkeit der Managementebene betrachtet wird, ein fester Teil der Unternehmenskultur sein, zumal es einen wesentlichen Faktor für den Unternehmenserfolg darstellen kann.

Im Übrigen sind starre Kosteneinsparungen, Mitarbeiterentlassungen ohne Berücksichtigung des tatsächlichen Ressourcenbedarfs und etwa Einführung von unbezahlter Mehrarbeit ausdrücklich keine KVP-orientierten Maßnahmen, denn diese führen nicht zu einer ganzheitlichen Optimierung eines Zustands, sondern stellen i.d.R. nur eine temporäre Behandlung der unmittelbaren Auswirkungen eines Problems dar, und keine nachhaltige Behebung der Ursachen.

Damit sich KVP in einem Unternehmen als ein hochwirksames Instrument entwickeln kann, ist ein gewisser Reifegrad im Unternehmen erforderlich. Als minimale Basis sollten Verantwortlichkeiten eindeutig geregelt und eine grundsätzlich vorhandene intrinsische Motivation innerhalb der Belegschaft spürbar sein. Des Weiteren müsste ausreichend Kompetenz und Fachwissen unter den Beschäftigten vorhanden sein.

Im Gegensatz zum Betrieblichen Vorschlagswesen (BVW) endet ein KVP-Prozess nicht nach Einführung und erfolgreicher Anwendung der Verbesserung, sondern ist seinerseits immer wieder zu reflektieren und bei Bedarf aktualisierten technologischen Standards und methodischen Neuerungen anzupassen.

In einer weiteren Abgrenzung zum BVW lässt sich feststellen, dass KVP-Projekte nicht allein der freien Kreativität aller Mitarbeiter überlassen werden, sondern definierten fachlich relevanten Teams zur gezielten Aufgabe gemacht werden. Dabei finden strukturierte Prozesse statt, die möglichst viele vorliegende Probleme identifizieren lassen und damit offenlegen.

Man könnte in diesem Zusammenhang sagen, dass man sich beim BVW voll und ganz auf die kreative Innovationsfreude der Mitarbeiter verlässt, jedoch beim KVP „nichts dem Zufall überlässt" und sich allerdings dennoch die Kreativität der Mitarbeiter im Rahmen der Lösungssuche zunutze macht.

Übergreifend betrachtet, laufen KVP-Projekte i.d.R. auf Grundlage des Plan-Do-Check-Act Prinzips (Abkürzung PDCA) nach William Edwards Deming ab. Dieser Prozess ist iterativ bzw. wiederholend vorzunehmen und damit in einer Endlosschleife.

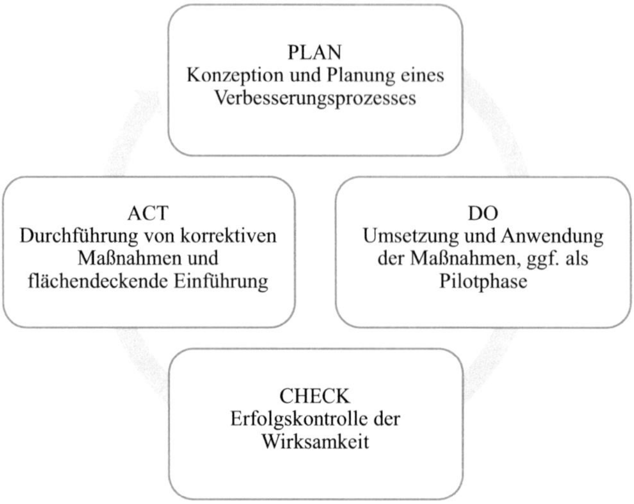

```
           PLAN
    Konzeption und Planung eines
        Verbesserungsprozesses

ACT                                    DO
Durchführung von korrektiven    Umsetzung und Anwendung
    Maßnahmen und               der Maßnahmen, ggf. als
flächendeckende Einführung           Pilotphase

          CHECK
     Erfolgskontrolle der
         Wirksamkeit
```

Abbildung 1: Plan-Do-Check-Act Prinzip nach William Edwards Deming (Quelle: Christian Flick / Mathias Weber)

Ein weiteres strategisches Werkzeug in der Problemidentifizierung innerhalb von KVP ist die Analyse des kausalen Zusammenhangs nach Ishikawa. Hier werden Ursache und Wirkung eines Problems ins Verhältnis gesetzt, aus folgenden perspektivischen Betrachtungen der fünf „M-Faktoren":

- **M**ensch

  z.B. Ausbildung, individuelle Fachkompetenz, Verantwortung

- **M**aschine

  z.B. Alter, Zustand, Wartungsintervalle, Leistungsfähigkeit

- **M**ilieu

  Umgebungseinflüsse wie z.B. Zulieferer, Marktverfügbarkeit, Unternehmenskultur

- **M**aterial

  z.B. Volumen, Abmessungen, Beschaffenheit, Gewicht, Dichte

- **M**ethode

  z.B. Organisationsstruktur, Prozessabläufe, Projektmanagement, Produktionsverfahren

Die Visualisierung erfolgt in diesem Kontext in einem Fischgräten-Diagramm:

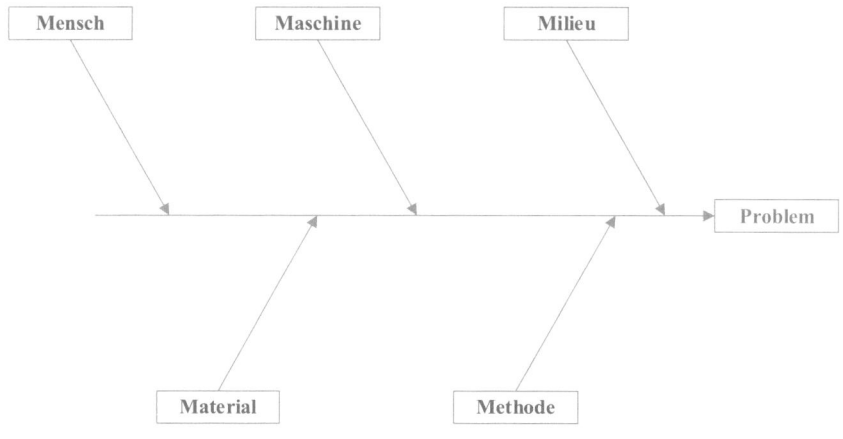

Abbildung 2: Ishikawa-Diagramm (Quelle: Christian Flick / Mathias Weber)

Im folgenden Kapitel „Einführung im Unternehmen" finden sich spezifische Ratschläge für die Etablierung von KVP-Teams, als auch mögliche Impulsgeber und Informationsquellen zu KVP-Projekten.

Einführung im Unternehmen

Betriebliches Vorschlagswesen (BVW)

Um ein erfolgreiches BVW im Unternehmen einzuführen und zu etablieren, sind sowohl formelle als auch vermarktende Schritte notwendig.

Im Kern ist elementar, dass die Rahmenbedingungen für die Prämienvergabe eindeutig formuliert sind und auch auf unvoreingenommener gerechter Basis bestehen. Willkür und denkbare persönliche Bevorzugung muss von vornherein ausgeschlossen werden. Das Beurteilungs-Gremium ist heterogen und abteilungsübergreifend zusammenzustellen. Bestehende disziplinarische Hierarchien müssen zwingend bei der Bewertung von Vorschlägen ausgeblendet werden. Die objektive Behandlung von Vorschlägen steht an erster Stelle.

Für die Praxis sind folgende zu regelnde Eckdaten im BVW zu beachten:

- Zusammensetzung des BVW-Gremiums

- Stellvertreterregeln

- Formulare / Einreichungswege (siehe folgendes Kapitel „Formular BVW")

- Beurteilungsintervalle (z.B. monatlich oder quartalsweise)

- Berechnungsregeln der Prämien (siehe folgendes Kapitel „Formular BVW")

- Auszahlung der Prämien

- Ggf. Deckelung von Prämien

- Ersatzprämien für abgelehnte Vorschläge

- Beurteilungsregularien als Leitfaden für das Gremium (siehe folgendes Kapitel „Formular BVW")

Kritisch sind Situationen zu betrachten, in denen Mitarbeiter in ihrem eigenen Zuständigkeitsfeld Vorschläge einreichen. Hier könnte das Unternehmen Vorschläge ablehnen mit Hinweis darauf, dass diese Optimierungen zur vertraglich vereinbarten Tätigkeit des Arbeitnehmers zählen. Als Beispiel: Ein angestellter Prozessspezialist in der Produktion reicht einen Vorschlag ein, wie ein Fertigungsprozess optimiert werden kann. Dieser

Mitarbeiter wird es schwer haben, eine Prämie zu erhalten, obgleich sein Vorschlag tatsächlich umgesetzt wird. Nach Möglichkeit sollte es auch für diese sicherlich zu erwartenden Fälle eine vorab definierte Regelung geben, die für Transparenz sorgt. Diese könnte z.B. so aussehen, dass Vorschläge innerhalb des definierten Tätigkeitsprofils der Mitarbeiter nicht prämienfähig sind. Voraussetzung dafür ist, dass für jeden Mitarbeiter im Unternehmen nicht nur ein grob gefasster Arbeitsvertrag besteht, sondern auch eine genaue und stetig aktualisierte Stellenbeschreibung, die in Streitfällen in diesem Zusammenhang zum ausschlaggebenden Merkmal herangezogen werden kann.

Wie entsprechende Formulare für die Einreichung von Vorschlägen als auch für die Beurteilung und Entscheidung über Vorschläge aussehen können, ist im folgenden Kapitel „Musterformular Betriebliches Vorschlagswesen" ersichtlich. Auch der Einsatz von unterstützender Software wird dort näher beleuchtet.

Sind nun die Regularien und Rahmenbedingungen im Unternehmen festgelegt, geht es an die aktive Vermarktung. Das Betriebliche Vorschlagswesen muss gelebt und in der gesamten Belegschaft als authentisches Anreizsystem wahrgenommen werden. Da genügt es nicht, einen textlichen Aushang am Schwarzen Brett und im Intranet vorzunehmen.

An dieser Stelle ist zu empfehlen, die Einführung des BVW als Werkzeug der unternehmerischen Verbesserungsprozesse gegenüber der Belegschaft geradezu zu zelebrieren, damit das Programm die nötige Aufmerksamkeit erhält. Dies könnte z.B. im Rahmen einer gemeinsamen festlichen Veranstaltung geschehen (Betriebsfest). Und es könnte Gewinnspiele geben nach dem Muster „Die ersten 10 eingereichten Verbesserungsvorschläge belohnen wir extra mit einem 50 EUR Tankgutschein" o.ä.

Wichtig ist in diesem Kontext, dass das Betriebliche Vorschlagswesen nicht nur eine Alibifunktion im Unternehmen besitzt. Mitarbeiter merken es im Kollektiv schnell, wenn auffällig häufig Ablehnungen grundsätzlich kreativer und sinnvoller Vorschläge erfolgen. Das Resultat wäre, dass sukzessive immer weniger Vorschläge eingehen werden und das Programm einen sog. „leisen Tod stirbt", was nicht im Sinne des Unternehmens sein kann.

Hier ist die Rückendeckung von ganz oben seitens der Unternehmensleitung elementar. Wenn ein Unternehmen sagt: „Ja, wir möchten die Mitarbeiter dazu animieren, durch Vorschläge Kosten für das Unternehmen einzusparen, Prozesse effizienter zu gestalten und die Qualität zu erhöhen", dann muss es auch der ausgesprochenen Verpflichtung in der Praxis nachkommen, diese Vorschläge angemessen zu honorieren. Geiz an der falschen Stelle kann mögliche zukünftige Verbesserungen eindeutig verhindern. BVW funktioniert nur dann, wenn sich das Unternehmen für innovative Ideen der Mitarbeiter öffnet und diese Kultur glaubwürdig fördert.

Nicht nur das Unternehmen hat in diesem Rahmen eine Verpflichtung zu einer ordentlichen und hochqualitativen Abwicklung im BVW. Auch die Mitarbeiter, die Vorschläge einreichen, sind in die Pflicht zu nehmen. Die Erwartungshaltung für das Niveau der Vorschläge sollte deutlich kommuniziert werden. Es werden umfangreich ausgearbeitete und nachvollziehbare Vorschläge mit einem tatsächlichen Nutzen gefordert. Allzu banale und unqualifizierte Vorschläge binden unnötig Zeit des prüfenden BVW-Gremiums.

Somit haben beide Parteien gemeinsam, das Unternehmen und auch die Belegschaft, den Erfolg des Betrieblichen Vorschlagswesens in der eigenen Hand. Dieser bemisst sich nicht nur in der Summe der eingesparten Kosten bedingt durch die Einführung der Vorschläge oder in einer messbaren Qualitätssteigerung, sondern an dieser Stelle auch in einem hohen Realisierungsgrad der eingereichten Vorschläge. Das Deutsche Institut für Betriebswirtschaft (DIB) veröffentlicht jedes Jahr die Ergebnisse einer aktualisierten Studie zum Thema Ideenmanagement/BVW („DIB-Report"). In den letzten zehn Jahren lag dieser Wert demnach regelmäßig deutschlandweit zwischen 60% und 70%, was einen unternehmensintern zu erreichenden Benchmark darstellen sollte.

Kontinuierliche Verbesserungsprozesse (KVP)

Das Betriebliche Vorschlagswesen (BVW) ist ein Teil der Kontinuierlichen Verbesserungsprozesse (KVP) im Unternehmen, sorgt es doch im Idealfall für ständig neue innovative Impulse auf konkreter Basis, die wiederum in Summe Verbesserungsprozesse abbilden. Auch können ursprüngliche reine Verbesserungsvorschläge KVP-Projekte initiieren, die langfristig bis stetig installiert werden.

Das generelle Wesen von KVP ist die Beständigkeit des Programms. Hier gibt es nicht einzelne Vorschläge, über die per übergreifender Beurteilung entschieden wird. Diese Prozesse sind im Einzelnen spezifischer und auf permanente bzw. regelmäßige Reflektion der routinierten Abläufe ausgelegt.

Dementsprechend wird in der Praxis auch nicht wie beim BVW ein unternehmensweites Gremium mit Mitgliedern vieler Fachbereiche definiert, sondern es werden KVP-Teams mit fachlich qualifiziertem Personal in spezifischen Bereichen gebildet, die sich ausschließlich mit Optimierungen in einem ihrer Haupttätigkeit nahen Segment beschäftigen. Dies kann z.B. ein KVP-Team für die Lackierstraße sein, das sowohl aus planenden als auch aus ausführenden Mitarbeitern in dieser Abteilung besteht. Allerdings kann es ebenfalls sinnvoll sein, ein gemischtes KVP-Team mit Mitarbeitern aus zwei aufeinander folgenden Produktionsbereichen zu bilden, die insbesondere die Prozesse an der Schnittstelle dieser Einheiten durchleuchten sollen.

Im Gegensatz zum BVW ist es hier keine freiwillige Leistung, Verbesserungspotentiale zu finden, sondern ein verpflichtender Part im Rahmen des Beschäftigungsverhältnisses dieser Personen. In der Folge finden in der Praxis regelmäßige Treffen der KVP-Teams statt, um über kürzlich aufgetretene Probleme, Lösungsvorschläge, freie Verbesserungsmöglichkeiten und Resultate erfolgter Änderungen zu beraten.

Sollte ein KVP-Team mehr als drei Mitglieder umfassen, ist es sinnvoll, einen geschulten Moderator einzusetzen, der die Teamsitzungen thematisch leitet, jedoch an dieser Stelle keine Führungskompetenz besitzt.

Wie bereits beschrieben steht bei KVP die Qualitätsverbesserung für Produkte, Prozesse und die Dienstleistung im Vordergrund. Kosteneinsparungen sind sekundär zu sehen. Die Mitglieder der KVP-Teams begeben sich bewusst auf die Suche nach Optimierungsmöglichkeiten und hinterfragen stetig den Status Quo.

Durch die Team-Komponente und Anwendung von Kreativitätstechniken (siehe auch Kapitel „Einsatz von Kreativtechniken" im Buch) können mit Hilfe der Gruppendynamik bessere konstruktive Lösungen gefunden werden, als wenn ein einzelner Fachverantwortlicher zuständig für laufende Verbesserungen wäre.

Ein weiterer Ratschlag für die KVP-Praxis ist, den strukturierten Problemlösungsprozess aktiv anzuwenden, der in diesem Buch im gleichnamigen Kapitel erörtert wird. Der kausale Zusammenhang von Ursache und Wirkung von Problemen steht im Vordergrund. Des Weiteren ist besonders die Erfolgskontrolle nach Anwendung einer Änderung hier obligatorisch. KVP-Teams müssen nicht zwingend frei heraus mögliche Optimierungspotentiale finden, sondern können sich bei ihrer Arbeit auf viele wertvolle Quellen stützen, die Anhaltspunkte für Fehlerquellen und nicht ideale Prozesse liefern, z.B. bei KVP-Teams in der Produktion:

- Reports über Fehlproduktionen (qualitativ mangelhafte Chargen etc.)

- Statistiken aus der unternehmensinternen Warenausgangskontrolle

- Mündliche Aussagen z.B. von Maschinenbedienern

- Konkrete Reklamationen von Kunden

- Statistiken aus ggf. eingesetzten Quality Gates

- Ergebnisse von Qualitätsaudits

Für eine Entscheidung über die aktive Anwendung von KVP-Empfehlungen der Teams ist i.d.R. der fachlich zuständige Abteilungsleiter oder je nach Auswirkung von Änderungen die Geschäftsleitung einzubeziehen. Mit der Umsetzung werden wiederum die KVP-Teams beauftragt, welche nach Erfolgskontrolle die Dokumentation und das Reporting an die Entscheidungsebene zur Aufgabe haben.

Sollte man sich als Unternehmen die Einführung von KVP nicht selbst zutrauen, so gibt es die Möglichkeit, erfahrende KVP-Coaches zu beauftragen, die die Einführung planen und strukturieren, erste ausgewählte Mitarbeiter für einen späteren Multiplikatoreffekt schulen und dem Einführungsprozess für einen gewissen Zeitraum beratend zur Seite stehen. Sehr gute Basisinformationen finden Sie hierzu unter www.kvp.me.

Abschließend ist festzuhalten, dass natürlich auch bei KVP die Akzeptanz aller Beteiligten der größte Erfolgsfaktor ist. Zwar gibt es nicht wie beim BVW ein entgeltliches Anreizsystem, allerdings sollte das Unternehmen seinen Mitarbeitern und insbesondere den KVP-Teams die hohe Priorität und direkte Einflussnahme auf den Unternehmenserfolg kommunizieren, um die Teameffekte und die Motivation so hoch wie nur möglich zu gestalten.

Musterformular Betriebliches Vorschlagswesen

Formular

Hat man sich dazu entschlossen, ein Betriebliches Vorschlagswesen im Unternehmen einzuführen, so sollte für einen reibungslosen Vorschlags- und Bewertungsprozess ein einfach aufgebautes Formular bereitgestellt werden, auf das alle Mitarbeiter Zugriff haben.

Neben einer digital ausfüllbaren Variante, z.B. als PDF-Formular auf einem zugänglichen Netzlaufwerk, sollte es auch gedruckte und handschriftlich ausfüllbare Blankobögen geben, die den Mitarbeitern ohne PC oder Tablet bereitgestellt werden. Hierzu bietet es sich an, gerade im gewerblichen Bereich an mehreren zentralen Orten unweit der Aufenthaltsräume eine Formular- und Einwurf-Box zu platzieren.

Im Kopf des Formulars sollten folgende Angaben ermöglicht werden. Falls es sich um den Vorschlag mehrerer Mitarbeiter handelt, sollten alle Beteiligten angegeben werden.

1) Name, Vorname, Abteilung, Tätigkeit*

2) Name, Vorname, Abteilung, Tätigkeit

3) Name, Vorname, Abteilung, Tätigkeit

4) Name, Vorname, Abteilung, Tätigkeit

Abbildung 3: Kopfdaten BVW (Quelle: Christian Flick / Mathias Weber)

Einträge mit * stellen Pflichtangaben dar, was auch in einer Legende erklärt sein sollte.

Dann sollte es konkret werden. Im Vorschlag sollte angegeben sein, wie dieser heißt, welchen Bereich er betrifft (z.B. Lackierstraße), wie der derzeit vorliegende Zustand ist (IST), welcher Zustand im Idealfall vorliegt (SOLL), welche Maßnahmen dafür zu ergreifen sind und welcher Nutzen bzw. welche konkrete Ersparnis sich für das Unternehmen ergeben.

Selbstverständlich sind dies alles einseitige Betrachtungen des vorschlagenden Mitarbeiters. Je besser er seinen Vorschlag und dessen positive Auswirkungen im Vorfeld nachweisen kann (z.B. durch Skizzen, Fotos, Beispielberechnungen, Fallstudien aus wissenschaftlichen Quellen), desto mehr Chancen hat er, dass sein Vorschlag wohlwollend beurteilt wird, zu mehr Effizienz beim Arbeitgeber beiträgt und eine attraktive Prämie für ihn selbst erzielt.

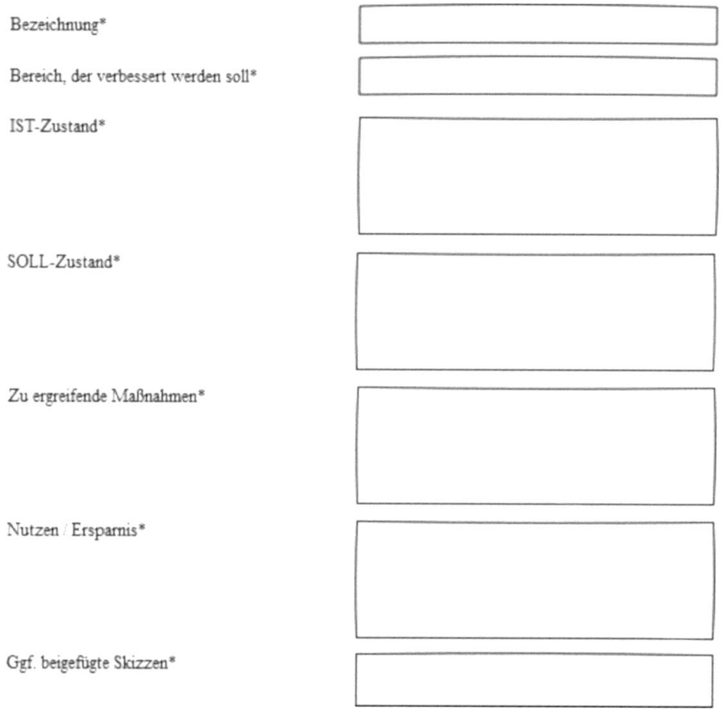

Bezeichnung*	
Bereich, der verbessert werden soll*	
IST-Zustand*	
SOLL-Zustand*	
Zu ergreifende Maßnahmen*	
Nutzen / Ersparnis*	
Ggf. beigefügte Skizzen*	

Abbildung 4: Vorschlagsbeschreibung BVW-Formular (Quelle: Christian Flick / Mathias Weber)

Abschließend muss der Mitarbeiter noch das aktuelle Datum vermerken und persönlich unterzeichnen.

Auf Seiten des beurteilenden Gremiums im Unternehmen wäre folgende Formularstruktur denkbar. Wie bereits im Kapitel „Einführung im Unternehmen" beschrieben, ist die im Betrieb vereinbarte Prämienregelung hier anzuwenden. Im unten angegebenen Beispiel wäre ein möglicher Weg, den Durchschnitt der Felder „Umsetzungsfähigkeit", „Nutzen" und „Tragweite" mit 5% zu multiplizieren, was den Anteil an der errechneten Unternehmensersparnis im ersten Jahr ergibt. Dies entspricht einer maximalen Prämie von 50% an der Ersparnis im ersten Jahr.

Falls es für einen angenommenen Vorschlag keine errechenbare Ersparnis gibt, könnte der Durchschnitt der drei genannten Felder mit 100 EUR multipliziert werden, um die Prämienhöhe zu errechnen. So wären im höchsten Fall 1.000 EUR an den oder die Mitarbeiter auszuschütten.

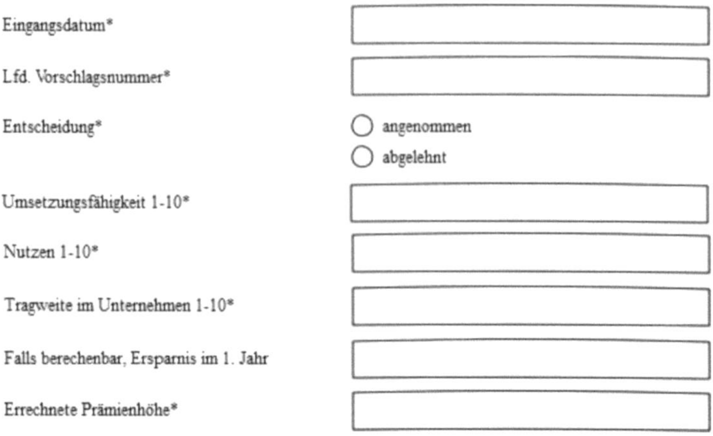

Eingangsdatum*

Lfd. Vorschlagsnummer*

Entscheidung* ○ angenommen
                ○ abgelehnt

Umsetzungsfähigkeit 1-10*

Nutzen 1-10*

Tragweite im Unternehmen 1-10*

Falls berechenbar, Ersparnis im 1. Jahr

Errechnete Prämienhöhe*

Abbildung 5: Vorschlagsbewertung BVW-Formular (Quelle: Christian Flick / Mathias Weber)

Umsetzungsfähigkeit	5
Nutzen	7
Tragweite	3
Durchschnitt =	**5**

Ersparnis im 1. Jahr	50.000 EUR	
Prämienhöhe =	**12.500 EUR**	(= 50.000 EUR x 5 x 5%)

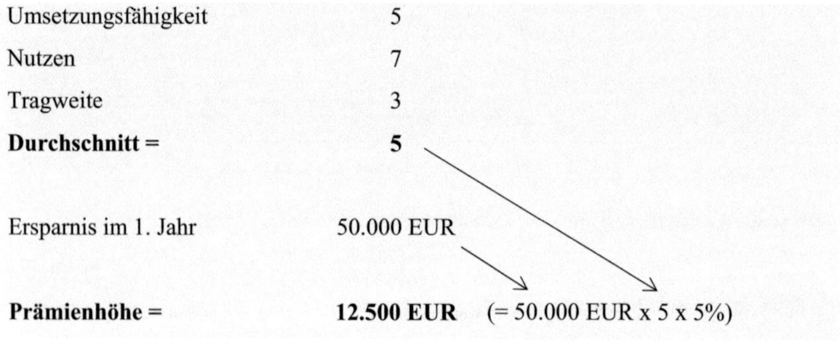

Abbildung 6: Rechenbeispiel Prämienhöhe (bei berechenbarer Ersparnis im 1. Jahr, Quelle: Christian Flick / Mathias Weber)

IT-Unterstützung

Wie beschrieben, kann ein digitales BVW-Formular auch einfach per PDF-Format bereitgestellt werden. Falls man ein Unternehmen mit vielen Mitarbeitern und einer entsprechend hohen prognostizierten Zahl an betrieblichen Verbesserungsvorschlägen ist (> 100 / Jahr erwartet), so kann man diesen Prozess seinerseits per IT-gestützter Umsetzung optimieren. Die gedruckte Variante für die Produktionsbereiche sollte davon allerdings unabhängig bestehen bleiben, indem eine zentrale manuelle Datenpflege der handschriftlich eingereichten Vorschläge vonstattengeht.

In einer BVW- oder Ideenmanagement-Software wird dann direkt der Vorschlag digital eingereicht und in einer Datenbank vorgehalten. Sämtliche Anlagen zu Vorschlägen wie Fotos und PDF-Dokumente werden direkt hochgeladen und verknüpft. Statusänderungen der Vorschläge wie z.B. „in Prüfung" oder „abgelehnt" können für jeden vorschlagenden Mitarbeiter über ein Login eingesehen werden. Auch die weiterführenden Prozesse wie Beurteilung und Entscheidung über einen Vorschlag, Prämienausschüttung sowie Planung der Einführung werden über eine derartige Software abgedeckt.

Entweder man bildet eine solche Applikation über bestehende Portalsoftware wie z.B. Microsoft SharePoint ab oder erwirbt eine spezielle Verwaltungssoftware für BVW und Ideenmanagement, wie sie z.B. von den folgenden Softwareherstellern angeboten wird.

Qmarkets Innovationsmanagement

www.qmarkets.de/products/idea-management/features/

HYVE IdeaNet®

www.hyve-software.net/de/ideenmanagement/

intrafox Ideenmanagement

www.inworks.de/loesungen/ideenmanagement/

Autorenprofile

Christian Flick

Abbildung 7: Autor Christian Flick (Quelle: Christian Flick / Mathias Weber)

Christian Flick wurde 1979 in Melle (Niedersachsen) geboren. Neben nun 20-jähriger Berufserfahrung im Industrieeinkauf bei renommierten Unternehmen und einer dualen langjährigen selbständigen Tätigkeit im E-Commerce erwarb er im Jahr 2014 im Rahmen eines berufsbegleitenden Studiums den akademischen Grad des Master of Business Administration (MBA). Von der Motivation angetrieben, die betriebswirtschaftlichen Potenziale für diverse Unternehmen intensiv zu durchleuchten, entstand dieses praxisnahe Buch.

Herr Flick hat in diesem Buch seinen Schwerpunkt in den Rubriken Einkauf / Kostenmanagement und Energieeffizienz.

XING-Kontakt:	www.christianflick.de
Amazon-Autorenprofil:	www.christian-flick.de
Blog:	www.betrieblichesvorschlagswesen.de
Blog:	www.einkaufwissen.de
eBooks:	www.buchportfolio.de

Mathias Weber

Abbildung 8: Autor Mathias Weber (Quelle: Christian Flick / Mathias Weber)

Mathias Weber, geboren 1980, ist Gepr. IT-Projektleiter und blickt auf über 15 Jahre Erfahrung als Berater und Projektleiter in einer Web- und Kommunikationsagentur mit der Zielgruppe der mittelständischen Industrie zurück. Er lebt in der wirtschaftsstarken Region Ostwestfalen, wo sich Deutschlands Küchen- und Maschinenbaubranche konzentriert. Sein Schwerpunkt sind webbasierende Intranets für produzierende Unternehmen ab 100 Mitarbeitern, die interne Prozesse verschlanken und standardisieren, sowie die Einführung von E-Commerce-Plattformen für Hersteller von Markenartikeln und Großhändler.

Herr Weber zeichnet in diesem Buch vorrangig verantwortlich für die Rubriken Projektmanagement und IT-Prozesse / Technologie.

XING-Kontakt:	www.weberdev.de
Amazon-Autorenprofil:	www.autor.weberdev.de
Blog:	www.betrieblichesvorschlagswesen.de
eBooks:	www.buchportfolio.de

Hinweis auf Internet-Blogs

betrieblichesvorschlagswesen.de

Ergänzend zu diesem Buch finden Sie unter der Internet-Adresse *www.betrieblichesvorschlagswesen.de* einen Blog der beiden Buchautoren mit zahlreichen weiteren betrieblichen Verbesserungsvorschlägen und KVP-Themenansätzen. Dieser Blog wird stetig ergänzt und mit interessanten Ideen und Konzepten angereichert.

Im Wesentlichen bestehen im Blog viele Themen, die in ihrer Komplexität auch für kleine Industrieunternehmen und Handwerksbetriebe geeignet sind. Für Sie besteht somit ein weiterer wertvoller Wissenspool neben diesem Buch.

verbesserungsvorschlag24.com

Für noch mehr konkrete Verbesserungsvorschläge bieten Datenbanken auf verschiedenen Webseiten eine stetig wachsende Anzahl von unterschiedlichen Beispielen, welche im eigenen Unternehmen angewendet bzw. eingereicht werden können.

Der professionell gestaltete und gut geordnete Internetauftritt *www.verbesserungsvorschlag24.com* bietet z.B. zahlreiche Beispiele für Verbesserungsvorschläge aus verschiedenen Bereichen der Wirtschaft. Die Vorschläge sind übersichtlich und schnell auf der Website zu finden und werden ausführlich vorgestellt, sodass der jeweilige Vorschlag schnell nachvollzogen werden kann. Die Impulse von dieser Website können so optimal auf den eigenen Bedarf angepasst und beim eigenen Arbeitgeber eingereicht werden. Der Vorteil liegt klar auf der Hand: Neue Vorschläge können, auch ohne eigene neue Ideen, an den Arbeitgeber weitergegeben werden.

Eine Besonderheit der Seite sind die durch die Community wachsenden Inhalte. Nutzer der Seite können eigene Vorschläge, welche sie vielleicht bereits im eigenen Betrieb umgesetzt haben, über ein Formularfeld auf der Seite übermitteln. Sollte der Vorschlag auf der Website publiziert werden, belohnt der Betreiber den Einsender mit einem kleinen Gutschein. Eigene Ideen sind also gleich doppelt wertvoll.

Energieeffizienz

| BVW | niedrig | Energieeffizienz |

Bewegungsmelder in Waschräumen und Fluren integrieren

Durch die Nutzung von Bewegungsmeldern in nur sekundär genutzten Unternehmensbereichen Stromkosten senken

Was möchte ich ändern?

In z.B. Fluren, Waschräumen, Lagerräumen, Umkleideräumen und Toilettenbereichen lassen sich die Stromverbräuche der Beleuchtung erheblich senken. Gerade in diesen Firmenbereichen brennen die Leuchten häufig mehr als 12 Stunden pro Tag, ohne dass die Räume stetig von Mitarbeitern genutzt werden.

Wie möchte ich es ändern (inkl. Umsetzungsdauer kurz-/mittel-/langfristig)?

Verwendet ein Unternehmen in diesen Räumen Bewegungsmelder in der Decke oder an der Wand, kann die Beleuchtung direkt nach Bewegung in den Räumlichkeiten zu- oder abgeschaltet werden. Die Investitionskosten für diese technischen Ergänzungen halten sich im Rahmen und dürften sich auch kurzfristig durch die Stromeinsparungen indirekt selbst refinanzieren; ein ökonomischer, als auch ökologischer Mehrwert, der geschaffen wird.

Beispielhaft können wir zu diesem Thema die nachstehenden Anbieter, Dienstleister oder Literatur empfehlen. Hier finden Sie bei Bedarf kompetente Unterstützung und aussagekräftiges Informationsmaterial.

Anbieter / Dienstleister / Informationsmaterial
Energiesparen kostet nichts., Volker Stockinger, ISBN 381678545X

Welchen Nutzen bringt die Änderung (Prozessoptimierung / Kostensenkung / ROI, Pro/Contra)?

| ROI prognostiziert | 1 – 3 Jahre | |

Pro-Argumente
- Energie einsparen und damit Kosten senken.
- Vorbildfunktion für Mitarbeiter, zeitgerechtes Handeln.
- Den grünen Gedanken aktiv leben.

| BVW |  | mittel | ⏱ | Energieeffizienz |

Elektroautos als Firmenwagenalternative anbieten

Neben den herkömmlichen Verbrennungsmotoren auch Elektrofahrzeuge als Firmenwagen anbieten und nutzen

Was möchte ich ändern?

Elektroautos können als Poolwagen genutzt und für weitere Firmenfahrzeuge als Option bestellbar gemacht werden. Die aktuellen Kaufbarrieren und gefühlten Nachteile im Unternehmen sind zu bewerten und relativieren. Diese sind aktuell neben den hohen Kaufpreisen die Reichweite der Fahrzeuge, die Infrastruktur der Elektrotankstellen bei längeren Fahrten, die Förderungsattraktivität und auch die Sortiments- und Angebotsvielfalt von E-Autos.

Wie möchte ich es ändern (inkl. Umsetzungsdauer kurz-/mittel-/langfristig)?

Attraktive Angebote von renommierten Fahrzeughändlern sind anfordern, die den Mitarbeitern als Fahrzeugalternative im E-Fahrzeugsegment angeboten werden können. Dies ist ggf. noch mit staatlichen und unternehmensinternen Förderungen preislich positiv und motivierend abzurunden.

Beispielhaft können wir zu diesem Thema die nachstehenden Anbieter, Dienstleister oder Literatur empfehlen. Hier finden Sie bei Bedarf kompetente Unterstützung und aussagekräftiges Informationsmaterial.

Anbieter / Dienstleister / Informationsmaterial
Volkswagen e-Mobilität, emobility.volkswagen.de
Fleetster, www.fleetster.de/corporate-carsharing.html

Welchen Nutzen bringt die Änderung (Prozessoptimierung / Kostensenkung / ROI, Pro/Contra)?

ROI prognostiziert	4 – 6 Jahre	

Neben dem Trendgedanken, ein modernes E-Auto zu fahren, liegt der Nutzen auch im Imagegewinn des jeweiligen Unternehmens. Wächst mit den nächsten Jahren auch die Anzahl der gekauften E-Autos, wird sich dies ebenso positiv auf die generelle Akzeptanz der Nutzer und auch auf die Stückkosten der Fahrzeuge auswirken. Des Weiteren wird die Zulieferindustrie an effizienteren Akkus weiterforschen und auch die E-Tankstellendichte wird in den nächsten Jahren stark steigen, was die Flexibilität für lange Fahrten deutlich verbessert.

Fazit

Unternehmen mit technischer und ökologischer Vorreiterfunktion sowie hohem Trendempfinden sollten jetzt aktiv Teil dieser E-Bewegung werden.

KVP		mittel		Energieeffizienz

E-Mobilität für Mitarbeiter im Unternehmen aktiv fördern

Kostenfreie Elektrotankstellen für E-Bikes und E-Autos zur Verfügung stellen und damit einen guten und „grünen Gedanken" an Mitarbeiter weitertragen

Was möchte ich ändern?

Die Förderung von E-Mobilität bietet sich für moderne, technikfreundliche und sehr offene Unternehmen an. Es kann im Rahmen von Elektrofahrzeugen für die Poolwagenflotte umgesetzt werden oder auch im Bereich von E-Mobilität für Elektrofahrräder (als Pool-Fahrräder oder für private E-Autos oder E-Bikes von Mitarbeitern). Hierbei bietet es sich an, Elektrotankstellen im Unternehmen zu integrieren und damit eine kostenfreie Fahrzeugaufladung während der Arbeitszeit zu ermöglichen.

Wie möchte ich es ändern (inkl. Umsetzungsdauer kurz-/mittel-/langfristig)?

Im Bereich der Elektroautos kann fast jeder renommierte Automobilhersteller interessante Leasingfahrzeugoptionen für Firmen ausarbeiten und anbieten. Hierbei kann man mittels einer gut durchdachten ROI-Berechnung herausfinden, ob sich diese Fahrzeugalternative für das Unternehmen rechnet. Ebenso sollte man auch den werbewirksamen Faktor der Ökologie und auch der Mitarbeitermotivation berücksichtigen.

Auch bei privaten E-Bikes, mit denen Mitarbeiter zur Arbeit kommen und die während der Arbeitszeit aufgeladen werden müssen, kann man dieses Konzept sinnvoll fördern. In diesem Fall müsste der Arbeitgeber eine E-Tankstelle zur Verfügung stellen, die z.B. vom Anbieter Mennekes in hoher Sortimentsbreite angeboten wird. Eine gute Quelle für die Beschaffung von E-Bikes ist beispielhaft die Firma „E-Bike-Only.de".

Beispielhaft können wir zu diesem Thema die nachstehenden Anbieter, Dienstleister oder Literatur empfehlen. Hier finden Sie bei Bedarf kompetente Unterstützung und aussagekräftiges Informationsmaterial.

Anbieter / Dienstleister / Informationsmaterial

Mennekes, www.mennekes.de

E-Bike-Only.de

Welchen Nutzen bringt die Änderung (Prozessoptimierung / Kostensenkung / ROI, Pro/Contra)?

| ROI prognostiziert | 4 – 6 Jahre |  |

Neben dem Umweltaspekt, der generell wichtig ist, kann mit diesen Maßnahmen der ökonomische Gedanke sowohl an Mitarbeiter übertragen werden, als auch wirksam im Unternehmen verwendet werden. Ein guter Arbeitgeber und auch Lieferant zeichnet sich nicht nur durch gute ökonomische Rahmenbedingungen in der Firma aus, sondern auch durch Übernahme von ökologischer Verantwortung.

| BVW | niedrig |  | Energieeffizienz |

Energiemanagement-Steuerung für Pausenzeiten aktivieren

In Unternehmenspausenzeiten automatisiert Energie- und Lichtquellen drosseln

Was möchte ich ändern?

Damit in festen Pausenzeiten nicht unnötig Energie verbraucht wird, kann eine automatische zeitgestützte Steuerung im Unternehmen installiert und in den technischen Gesamtprozess integriert werden.

Wie möchte ich es ändern (inkl. Umsetzungsdauer kurz-/mittel-/langfristig)?

Gerade in großen Firmen mit festen Pausenzeiten, die nicht durch Tauschschichten aufgefangen werden, kann es sich lohnen, den Energieverbrauch in Phasen des Nichtarbeitens zu senken. Gehen wir beispielsweise von einem fließbandgestützten Fertigungsunternehmen aus, welches täglich von 8.45 Uhr bis 9.00 Uhr Frühstückspause hat und von 12.00 Uhr bis 12.30 Uhr Mittagspause. Hier gibt es täglich alleine bei diesem konservativ geschätzten Beispiel 45 Minuten nichtproduzierende Zeit, in der die Beleuchtung in allen Hallen aktiviert ist und die Anlagentechnik bzw. allgemeine Fertigungs-Peripherie weiter im Stillstand hohe Mengen an Energie verbraucht. Überschlägt man diesen Verbrauch auf durchschnittlich ca. 20 Werktage pro Monat, kann man bereits von 15 Stunden Energieverbrauch pro Monat sprechen, der vermieden werden kann. Dies kann viele tausend Euro an Stromkosten bedeuten, der durch eine automatische Steuerung vermieden wird, denn diese Steuereinheit schaltet zu den festen Pausenzeiten im Unternehmen automatisch die Beleuchtung und die allgemeine Stromzufuhr zu den Anlagen ab und auch nach Pausenende wieder automatisch hinzu.

Beispielhaft können wir zu diesem Thema die nachstehenden Anbieter, Dienstleister oder Literatur empfehlen. Hier finden Sie bei Bedarf kompetente Unterstützung und aussagekräftiges Informationsmaterial.

Anbieter / Dienstleister / Informationsmaterial

Energiewende Stromsparinitiative, www.die-stromsparinitiative.de

Welchen Nutzen bringt die Änderung (Prozessoptimierung / Kostensenkung / ROI, Pro/Contra)?

| ROI prognostiziert | 1 – 3 Jahre |  |

Durch die Verwendung der hier genannten Elektroniksteuerungen wird eine hohe Menge an Strom in festen Pausenzeiten eingespart, der für ein Unternehmen signifikante Kostensenkungen bedeuten kann. Neben dem ökonomischen Hauptnutzen wird auch ein ökologischer Nebennutzen erzielt, der zusätzlich zur Kostensenkung auch ein gesundes Verantwortungsbewusstsein im Unternehmen zeigt und motivierend für die Belegschaft sein wird.

<u>Anmerkung und weiteres Praxisbeispiel</u>
In einem Beispielprojekt von einem sehr großen Anlagenhersteller stellte sich auf Anraten eines einzelnen Mitarbeiters heraus, dass alleine durch die passive Beleuchtung in der vorhandenen großen Menge an Snack- und Getränkeautomaten (24-Stunden Betriebsfunktion) erhebliche Strommengen pro Jahr verbraucht wurden. Durch konsequentes Deaktivieren dieser Beleuchtungsfunktion in ca. 50 Automaten konnten über 15.000 EUR Einsparung pro Jahr erzielt werden. Genau diese Beispiele zeigen, dass es sich lohnen kann, achtsam, konstruktiv und kritisch Bestandssituationen zu hinterfragen um Energie sowie letztlich auch Firmenkapital sinnvoll einzusparen.

| BVW ●⌒○ | hoch  | Energieeffizienz |

Hallen- und Bürobeleuchtung auf LED-Technik umstellen

Durch die Umstellung von einer vormaligen Standardbeleuchtung auf LED-Beleuchtung in Unternehmen sowohl ökonomisch wie auch ökologisch profitieren

Was möchte ich ändern?

Energiesparen ist mehr als nur Kosten zu senken. Ein solches Projekt ist facettenreich und muss betriebsintern gut durchdacht und geplant werden. Beginnt man das Thema Energiesparen mit dem Bereich der Beleuchtung, muss bei mittleren und größeren Firmen ein kompetentes Projektteam gegründet werden.

Wie möchte ich es ändern (inkl. Umsetzungsdauer kurz-/mittel-/langfristig)?

Durch die Gründung eines Projektteams, welches aus internen und auch externen Experten bestehen kann, wird sich sehr schnell zeigen, dass das Thema LED-Technik in Betrieben komplexer Natur ist. Viele Dinge, die man bei einer optionalen Umstellung beachten muss, kommen in den Dialog, u.a. auch die Farbtemperatur, Lebensdauer der Einheiten, Schaltzeit, Dimmfähigkeit, Lichtstrom und Lichtstärke, als auch der Farbwiedergabeindex CRI.

Grundsätzlich begleitet die betriebswirtschaftliche Sicht der Grundgedanke, warum man eine funktionierende Technik gegen neue anschaffungskostenintensive Lichttechnik tauschen sollte. Dies liegt sowohl in den Betreibungs- und Nutzungskosten als auch darin, eine professionellere steuerbare Lichtausbringung anbieten zu können.

Diese beinhaltet in der Regel eine bessere Stromverteilung, eine ideale punktuelle Beleuchtung und auch eine flächennutzungsbedingte selektive Lichtzuschaltung sowie Lichtabschaltung. Diese wird benötigt, da man bei Tageslicht von außen in Teilen der Fertigung zum Teil nicht die volle Beleuchtung während der Arbeit benötigt, allerdings z.B. in Pausenzeiten eine generelle Abschaltung der Lichteinheiten wünscht.

Es gibt kompetente Beratungsunternehmen, die bei der Ausarbeitung behilflich sind, die auch neben einer Bestandsaufnahme der aktuellen Beleuchtungstechnik ein Lösungskonzept für moderne LED-Beleuchtung passend zum jeweiligen Betrieb entwirft. Auch eine ROI-Berechnung ist in dieser Planungsphase wichtig, damit man abschätzen kann, wann die Investitionskosten für die Firma wieder eingespielt sein werden.

Selbst bei einer modernen Neuplanung in einem Industriebetrieb geht man häufig von einem ROI von ca. 6-7 Jahren aus, was durchaus wirtschaftlich interessant ist. Ob es für solche Projekte auch staatliche Subventionen gibt, muss stets im Einzelfall geklärt werden, ebenso auch, ob ein KfW-Kredit die Finanzierung positiv abrunden kann.

Beispielhaft können wir zu diesem Thema die nachstehenden Anbieter, Dienstleister oder Literatur empfehlen. Hier finden Sie bei Bedarf kompetente Unterstützung und aussagekräftiges Informationsmaterial.

Anbieter / Dienstleister / Informationsmaterial
ILT GmbH, www.ilt-led.eu
ecobility GmbH, www.ecobility.com
Energieberatung MB | ConsultMe, www.mb-consult.me
Energiesparmakler GmbH, www.energiesparmakler.de
Venture Lighting Europe, www.venturelightingeurope.com

Welchen Nutzen bringt die Änderung (Prozessoptimierung / Kostensenkung / ROI, Pro/Contra)?

ROI prognostiziert	4 – 6 Jahre	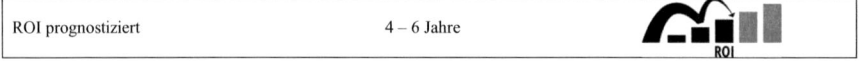

Durch die Modernisierung der Leuchten auf LED-Technik spart das jeweilige Unternehmen sehr oft bis zu 30-40% des Stromverbrauchs im Beleuchtungsbereich. Ebenso können Arbeitsbereiche gezielt besser ausgestrahlt werden und durch Steuerungstechnik mit Sensoren können je nach Außenlichteinfluss ganze Beleuchtungseinheiten abgeschaltet werden.

Es empfiehlt sich immer, eine neutrale Beratung für solch komplexe Modernisierungsprojekte einzuschalten, damit die richtige Lampenhardware gefunden werden kann. Bespricht man solche Projekte nur mit dem Elektrofachbetrieb seines Vertrauens, kann man häufig davon ausgehen, dass kein komplettes Sortiment vom Markt angeboten werden kann, sondern eher die greifbaren Produkte des Elektrogroßhändlers. Ein Benchmark sorgt für Transparenz und Klarheit, auch wenn man die spätere Montage vom hauseigenen Elektroteam oder aber Elektrodienstleister final vornehmen lassen wird.

BVW		hoch		Energieeffizienz

Heizungserneuerung im Unternehmen inkl. moderner Brenner- und Hitzestrahlertechnik

Durch die Umstellung von einer damaligen Standardheizung auf moderne Heizungsanlagentechnik in Unternehmen sowohl ökonomisch und ökologisch profitieren.

Was möchte ich ändern?

Wenn Heizungsanlagen in Betrieben mehrere Jahrzehnte alt sind, lohnt es sich, hierfür eine Ersatzinvestition zu überdenken. Oftmals sind die Heizungsanlage sowie die angehängte Peripherie veraltet und nicht auf effizientem Niedrigverbrauchslevel.

Wie möchte ich es ändern (inkl. Umsetzungsdauer kurz-/mittel-/langfristig)?

Startet man ein solches Projekt, sollte man ein kompetentes Team an seiner Seite haben. Es gilt festzustellen, ob man z.B. von einer Ölheizung auf eine Gasheizung wechseln möchte. Ob die komplette Heizungsanlage getauscht werden muss, ebenso die Beschaffenheit der Verrohrungen und Isolierungen, als auch die Heizstrahlertechnik in großen Hallen. Moderne Steuerungstechnik sorgt ebenso für eine gute und effiziente Wärmeverteilung, die ökologisch und ökonomisch sinnig ist. Auch staatliche Subventionen sind in Einzelfällen denkbar, wenn man die hohe zu erwartende Energieeinsparung belegen kann. Bitte ersehen Sie hierzu auch das Buchkapitel zum Thema Anlagensubventionen.

Beispielhaft können wir zu diesem Thema die nachstehenden Anbieter, Dienstleister oder Literatur empfehlen. Hier finden Sie bei Bedarf kompetente Unterstützung und aussagekräftiges Informationsmaterial.

Anbieter / Dienstleister / Informationsmaterial
Hubert Niewels GmbH, www.niewels.de
Ingenieurbüro reich + hölscher, www.reich-hoelscher.de
Viessmann Werke GmbH & Co. KG, www.viessmann.de
M. Lakebrink e.K., www.lakebrink-ek.de
VACURANT Heizsysteme GmbH, www.vacurant.de

Hinweis:
Bitte beachten Sie in diesem Zusammenhang das Interview mit dem Geschäftsführer der Fa. Hubert Niewels GmbH, Christoph Niewels, im hinteren Teil des Buches.

Welchen Nutzen bringt die Änderung (Prozessoptimierung / Kostensenkung / ROI, Pro/Contra)?

| ROI prognostiziert | 4 – 6 Jahre |  |

Durch die Modernisierung der Heizungsanlage und der Nebenanlagen kann effizientes Heizen realisiert werden und der Energieverbrauch kann um bis zu 40% reduziert werden, was für eine schnelle Amortisation der hohen Ersatzinvestition sorgen kann.

Hat man im Unternehmen Hochleistungskompressoren, kann man hier auch über ein gemeinsames neues Energiekonzept nachdenken und Abwärme speichern bzw. wieder in den firmeneigenen Energiekreislauf zurückführen.

In vielen Fällen lohnt es sich, ein solches Konzept auf drei Leistungsträgersäulen zu verteilen:

1) Energieberater und neutrale Heizungsingenieure, die Einsatz und Angebot objektiv bewerten können, zusätzlich auch das Umbauprojekt begutachten und technisch begleiten. Ingenieurbüro Reich + Hölscher kann in diesem Zusammenhang als sachkundiger Ansprechpartner genannt werden.

2) Ein kompetentes Heizungsbauunternehmen mit ausreichender Erfahrung und guter Mannschaftsstärke, damit ein Umsetzungskonzept auch im gesetzten Zeitfenster finalisiert werden kann. Firma Niewels kann in diesem Zusammenhang als kompetenter Ansprechpartner genannt werden.

3) Eine Fachfirma für reine Heizungsbaudemontagen mit viel Erfahrung und allen nötigen Umweltzertifikaten für Tankverdichtungen, Fachentsorgungen und sichere Demontagen während eines laufenden Produktionsbetriebs. Die Firma Lakebrink kann in diesem Fall als kompetenter und engagierter Ansprechpartner genannt werden. Natürlich kann man die Demontagen auch direkt von der Heizungsbaufirma durchführen lassen, welche die neue Heizungstechnik montiert, jedoch lohnt sich in vielen Fällen ein ausführlicher Preisvergleich, denn viele Heizungsbaufirmen nehmen diese Arbeiten natürlich gerne mit an, vergeben jedoch ihrerseits oftmals diese Leistungsschritte an spezielle Demontagefirmen.

| BVW |  | niedrig | ⏱ | Energieeffizienz |

Optimiertes Ausdruckverhalten

Mit einfachsten Mitteln umweltbewusster und wirtschaftlicher drucken

Was möchte ich ändern?

Auch heutzutage wird trotz digitaler Errungenschaften wie E-Mail, Dokumentenmanagement und Intranets außerordentlich viel auf Bürodruckern ausgedruckt. Es fallen hohe Kosten für die betreffenden Unternehmen an und durch den Bedarf an Papier und Tinte/Toner wird die Umwelt in höchstem Maße belastet.

Wie möchte ich es ändern (inkl. Umsetzungsdauer kurz-/mittel-/langfristig)?

Generell sollte das Ausdrucken weitestgehend einem rein elektronischen Informationsaustausch weichen. Wenn es sich schon nicht vermeiden lässt, ein Dokument oder eine Tabelle etc. in Einzelfällen auszudrucken, dann empfiehlt es sich, mit den folgenden simplen Maßnahmen sowohl Kosten für Papier und Tinte/Toner einzusparen als auch die Umweltbelastung zu begrenzen:

S/W-Druck

Man sollte stets überlegen, ob Farbausdrucke tatsächlich notwendig sind. Gegenüber Schwarz-Weiß-Drucken generieren Laserdrucker beim Drucken in Farbe bis zu fünffach höhere Kosten (lt. Epson Deutschland GmbH, B-510D).

Duplex-Druck

Mit der Einstellung eines beidseitigen Drucks, welche in nahezu jedem Druckertreiber per Dialog vorzunehmen ist, kann man bereits die notwendige Papiermenge im besten Fall halbieren.

Zwei Seiten auf einer Seite

Gerade bei PowerPoint-Präsentationen oder Dokumenten mit großer Schrift bietet es sich an, zwei Querformat-Seiten untereinander in halber Größe auf einer Hochformat-Seite zu drucken. Zahlreiche Programme wie Microsoft Word oder Adobe Acrobat bieten diese Option.

Gerade in Kombination lassen sich erhebliche Einsparungen erzielen. So hätte man, wenn man zwei Seiten auf einer Seite im Duplex-Verfahren druckt, im Optimalfall nur ein Viertel des normalen Papierbedarfs benötigt.

Welchen Nutzen bringt die Änderung (Prozessoptimierung / Kostensenkung / ROI, Pro/Contra)?

Effizienzsteigerung

Neben der angesprochenen und auf der Hand liegenden Kostenreduktion spart insbesondere Papiervermeidung erhebliche Mengen an eingesetztem Holz, Wasser und Energie, selbst bei Recyclingpapier. Damit wird die Umwelt eindeutig weniger belastet und ein Unternehmen kann dies zum Anlass nehmen, auch in anderen Bereichen des betrieblichen Ablaufs nachhaltige und umweltfreundliche Optimierungen vorzunehmen.

Ein entsprechender betrieblicher Verbesserungsvorschlag, der nach Prüfung zu einer offiziellen und flächendeckenden Arbeitsanweisung im Unternehmen etabliert wird, wäre durch Vergleich der Tinten-/Toner- und Papierkosten vor und nach Einführung der Maßnahme eindeutig im Ergebnis messbar und somit auf dieser Basis prämienfähig.

BVW		niedrig		Energieeffizienz

Steuerbare elektronische Thermostate im Unternehmen verwenden

Durch die Nutzung von steuerbaren elektronischen Thermostaten stetig Energie einsparen

Was möchte ich ändern?

In einer Gebäudebestandssituation ist oftmals durch eine bereits langfristig existierende Nutzung der Räumlichkeiten nicht die neuste Heizungstechnik eingebaut. Natürlich kann ein Unternehmen auch nicht in wenigen Jahren die gesamte Gebäudetechnik tauschen, da es neue Trends und Errungenschaften am Markt gibt. Dennoch sollte man stetig kleine neue Schritte dahingehend gehen, um Energie sinnvoll einsparen zu können. Hierbei bietet es sich an, mit geringen finanziellen Aufwendungen auch die verbrauchte Heizenergie zu bewerten und zu verringern.

Wie möchte ich es ändern (inkl. Umsetzungsdauer kurz-/mittel-/langfristig)?

Möchte man somit mit geringem Kostenaufwand die Heizkosten in der Verwaltung einer Firma reduzieren, so sollte man sich im ersten Schritt von alten mechanischen Heizungssteuerungen bzw. Thermostaten trennen und diese im gleichen Zuge gegen modernere elektronische Thermostate austauschen. Die Vorteile in einer elektronischen Steuerung liegen in der zeitgesteuerten Regelung der vorher definierten exakten Temperatur. Es lassen sich sowohl Heizphasen wie auch Sparphasen individuell nach geplanter Anwesenheit vorab einstellen, was dafür sorgt, dass tagesbezogen und zeitlich betrachtet nur anteilig genutzte Räume lediglich in diesem fixierten Zeitintervall aufgeheizt werden. Das Zurückdrehen von manuellen Thermostaten wird dadurch überflüssig. Ebenso gibt es diese elektronische Steuerungstechnik bereits mit Erkennungsfunktion für Lüftungsphasen. Insofern ließen sich bei Referenzumsetzungsprojekten die Verwaltungsheizkosten trotz älterer Gebäudestruktur um bis zu 30% reduzieren. Ein greifbarer Mehrwert, der sowohl der Umwelt, als auch den Firmenfinanzen zugutekommen kann.

Beispielhaft können wir zu diesem Thema die nachstehenden Anbieter, Dienstleister oder Literatur empfehlen. Hier finden Sie bei Bedarf kompetente Unterstützung und aussagekräftiges Informationsmaterial.

Anbieter / Dienstleister / Informationsmaterial

Conrad Electronic SE,

www.conrad.de/de/beratung/haus-und-garten/heizung-und-klima/heizungssteuerung.html

Welchen Nutzen bringt die Änderung (Prozessoptimierung / Kostensenkung / ROI, Pro/Contra)?

| ROI prognostiziert | 1 – 3 Jahre | 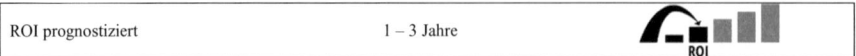 |

In der finalen Nutzenbetrachtung dieses Vorschlags lassen sich primär die gesenkten Heizkosten erwähnen, die einen ökonomischen und ökologischen Vorteil für das einsetzende Unternehmen bringen werden. Ebenso ist hier aus Sicht der Autoren auch die Vorbildfunktion nicht zu vernachlässigen, denn wer in der Firma dahingehend lernt, Verantwortung für die Umwelt zu übernehmen, könnte dies auch auf sein Privatleben übertragen.

Meint man es als Unternehmen noch besser, kann man einen Teil der gesparten Kosten am Jahresende für ein umweltförderndes Projekt spenden und es auch werbetechnisch auslobend hausintern und extern kommunizieren. Neben der Imagebildung für eine umweltbewusste Unternehmung zeigt man damit seinen Kunden, dass man an vielen Stellschrauben dreht, um kostenbewusst zu wirtschaften und somit auch die kalkulierten Verkaufspreise gering zu halten.

Anmerkung:

Sehr häufig muss sich ein Verkäufer beim jeweiligen Kunden in einem Preiserhöhungsgespräch die Frage gefallen lassen: „Was hat ihre Firma denn alles getan, um diese gewünschte Preiserhöhung zu vermeiden?" Wäre es hier nicht hilfreich, spontan antworten zu können, dass man bereits durch moderne Steuerungen die Heizkosten um fast 1/3 senken konnte, z.B. noch die Frachtkosten gesenkt hat und ggf. anteilig auch noch die Rohmaterialpreise schrumpfen ließ usw.?

Wenn man dann trotz dieser bereits internen Einsparungen glaubhaft versichern kann, dass aufgrund von anderen Marktgegebenheit die Preiserhöhung unumgänglich geworden ist, sollte die Argumentationsgrundlage somit bereits hierdurch erheblich gestärkt sein.

BVW	mittel		Energieeffizienz

Stromerzeugung durch eigene PV-Anlage im Unternehmen

Durch die Hallendachnutzung für eine Photovoltaik-Anlage (PV) selbst Strom erzeugen und darüber hinaus Subventionen nutzen

Was möchte ich ändern?

Bei großen Hallendächern im eigenen Betrieb können die Flächen für eine eigene PV-Anlage genutzt werden. Hierzu ist im Vorfeld eine gründliche Analyse von Vor- und Nachteilen notwendig.

Wie möchte ich es ändern (inkl. Umsetzungsdauer kurz-/mittel-/langfristig)?

Nach einem ausführlichen Angebotsvergleich und Beratungsgespräch kann man im eigenen Unternehmen die Flächennutzung für eine PV-Anlage planen. Hierbei müssen Subventionen, die zu erwartende technische Lebenszeit der Anlage und auch die zu erwartenden Erträge im Detail eingeschätzt werden.

Beispielhaft können wir zu diesem Thema die nachstehenden Anbieter, Dienstleister oder Literatur empfehlen. Hier finden Sie bei Bedarf kompetente Unterstützung und aussagekräftiges Informationsmaterial.

Anbieter / Dienstleister / Informationsmaterial
Tichai GmbH, http://www.tichai-gmbh.de/dienstleistungen/photovoltaik/
Photovoltaik Angebotsvergleich, www.photovoltaik-angebotsvergleich.de
IBC Solar, www.ibc-solarstrom.de

Welchen Nutzen bringt die Änderung (Prozessoptimierung / Kostensenkung / ROI, Pro/Contra)?

ROI prognostiziert	4 – 6 Jahre	

Pro-Argumente
- Grüne Energie wird erzeugt und kann überschüssig verkauft werden.
- Subventionen können genutzt werden.
- Als Unternehmen kann man die Kosten steuerlich absetzen und damit Vorteile schaffen.
- Imagemehrwert für das Unternehmen.
- Effizienzsteigerung des Gebäudes bzw. der Dachfläche.

Contra-Argumente
- Mögliche Traglast-Probleme am Dach.
- Mehr Technik im Unternehmen, höhere Strom-Peripherie betriebsintern erforderlich.
- Sturmschäden denkbar, hierdurch Produktionsstörungen vom Kerngeschäft möglich.
- Wartungs- und Reinigungsaufwand der Anlage nötig.
- Nutzungsdauer der Anlage nicht genau planbar, ROI muss beachtet werden.
- Feuerlöschprobleme im Brandfall eines Gebäudes, Sicherheitskonzept des Unternehmens beachten.

| BVW ●＿＿＿○ | mittel |  | Energieeffizienz |

Warmluftrückführung durch Industrieventilatoren

Durch die Erstellung eines Ventilatorenkonzepts zur Warmluftrückführung hohe Einsparungen in betrieblichen Heizkosten für das eigene Unternehmen erzielen

Was möchte ich ändern?

In hohen Lager- und Fertigungshallen braucht es relativ lange, um die Gebäudeeinheiten im Herbst und Winter aufheizen zu können. Dies liegt i.d.R. daran, dass die kalte Luft von unten erhitzt wird, die aufgewärmte Luft anschließend nach oben steigt und insofern sehr viel Energie benötigt wird, bis die gesamte Hallenluft gewärmt ist. Primär wird allerdings die Wärme im unteren Hallenteil benötigt, da dort die Mitarbeiter arbeiten.

Genau dieser Aspekt sollte kritisch und wirtschaftlich betrachtet werden, um eine verbesserte Variante zu finden, die für das Unternehmen sowohl ökonomisch als auch ökologisch wertvoll ist.

Wie möchte ich es ändern (inkl. Umsetzungsdauer kurz-/mittel-/langfristig)?

Mit dem Einsatz von speziellen Industriedeckenventilatoren, welche explizit für Projekte der Warmluftrückführung genutzt werden, kann die Warmluft gezielter gelenkt und verteilt werden. Dies ist besonders hilfreich in nur zeitweilig beheizten Bereichen, da die Aufheizphase verkürzt werden kann und somit viel Energie eingespart wird.

Grundsätzlich muss man dank eines solchen Konzepts nicht mehr die kompletten Hallen beheizen, sondern führt die Wärme immer wieder in einen zirkulierend gelenkten Verteilerkreislauf zurück. Allerdings sollte man vor dem Start eines solchen Projektes eine ausführliche ROI-Planung durchführen, um die Wirtschaftlichkeit und allgemeine Effizienz objektiv bewerten zu können. In Referenzprojekten mit großen Hallen konnte bis zu 30% der Heizungsenergie mit dem Einsatz dieser Warmluftrückführung eingespart werden.

Beispielhaft können wir zu diesem Thema die nachstehenden Anbieter, Dienstleister oder Literatur empfehlen. Hier finden Sie bei Bedarf kompetente Unterstützung und aussagekräftiges Informationsmaterial.

Anbieter / Dienstleister / Informationsmaterial

Fenne KG, Industrie-Deckenventilatoren, www.fenne-kg.de

Dassler GmbH, Luft- und wärmetechnische Systeme, www.industrie-ventilatoren.de

Welchen Nutzen bringt die Änderung (Prozessoptimierung / Kostensenkung / ROI, Pro/Contra)?

ROI prognostiziert	4 – 6 Jahre	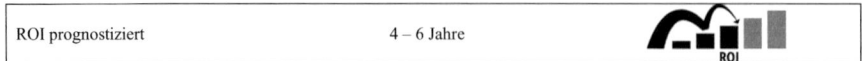

Geht eine seriöse und ausführliche Projektplanung voraus, kann man mittels einer solchen Warmluftoptimierungsmaßnahme im Unternehmen erheblich Geld für Heizkosten sparen. Jedoch muss natürlich auch der Investitionspart berücksichtigt werden, denn dieser ist bei der Implementierung der Ventilatoren je nach Betriebsgröße nicht sonderlich günstig.

Ökonomische und ökologische Mehrwerte sollten jedoch Antrieb genug sein, dieses Konzept ausführlich in der eigenen Unternehmung zu bewerten und auch detailliert zu hinterfragen.

Einkauf / Kostenmanagement

Abfallverdichtungskonzepte bewerten und im Unternehmen nutzen

Mit Hilfe von Abfallverdichtung in vielen Unternehmensbereichen kostenoptimiert wirtschaften

Was möchte ich ändern?

Unverdichtete bzw. nicht komprimierte Wertstoffabfälle verursachen Handlingsnachteile und somit auch indirekte Kosten eines Unternehmens. Dieser Aspekt sollte kritisch bewertet werden, falls in der eigenen Firma große Mengen an Kartonagen, Stanzschrotten und sonstigen komprimierbaren Wertstoffen anfallen.

Wie möchte ich es ändern (inkl. Umsetzungsdauer kurz-/mittel-/langfristig)?

Betrachtet man beispielhaft die Komprimierungsmöglichkeit von großen Kartonagenabfallmengen, so gibt es Kartonpressen und vollautomatische Kartonverdichtungspressen. Diese sparen sowohl interne Handlingswege und Arbeitskosten als auch Transportkosten für den abholenden Entsorgungsfachbetrieb.

In metallverarbeitenden Unternehmen entstehen z.B. häufig enorme Mengen an Stanzschrotten, die in Sammelmulden gekippt oder gefördert werden. Gerade bei derartigen Schrotten wie Aluminium ist ein großer Sammelcontainer schnell gefüllt und muss vom Fachentsorger abgeholt werden. Je häufiger hier Transporte anfallen, desto geringere Gutschriftswerte wird ein Industrieunternehmen für den Reststoff erhalten. Insofern bietet es sich an, über die Einführung einer Abfallkomprimierung durch eine hochverdichtende Komprimieranlage bzw. Brikettieranlage nachzudenken. Schnell kann eine solche Anlage zur Erstellung von metallischen Metallwürfeln aus Schrotten deutlich über einhunderttausend Euro in der Anschaffung kosten, jedoch ist bei großen Schrottmengen mit einem Return-of-Invest von um 5 Jahren zu rechnen.

Beispielhaft können wir zu diesem Thema die nachstehenden Anbieter, Dienstleister oder Literatur empfehlen. Hier finden Sie bei Bedarf kompetente Unterstützung und aussagekräftiges Informationsmaterial.

Anbieter / Dienstleister / Informationsmaterial

HEINZ BERGMANN e.Kfm. Maschinen für die Abfallwirtschaft, www.bergmann-online.com	
BRAMIN GmbH, www.bramin-pressen.de	
Ruf Maschinenbau GmbH & Co. KG, www.brikettieren.de	

Welchen Nutzen bringt die Änderung (Prozessoptimierung / Kostensenkung / ROI, Pro/Contra)?

ROI prognostiziert	4 – 6 Jahre	

Die Verdichtungsvarianten sorgen für ein „internes Handlingsplus" und sparen sowohl direkt als auch indirekt für die Unternehmung Geld ein, da Kosten aktiv gesenkt werden. Bei großen Mengen an metallischen Stanzschrotten aus z.B. Kaltbandabfällen schafft man durch die Komprimierung auch einen ökologischen Vorteil, denn eine große Anzahl an Transporten für den Entsorgungslogistiker werden hierdurch entfallen.

BVW	niedrig		Einkauf / Kostenmanagement

Alternativen Briefzustelldienst nutzen, um Briefversandkosten im Unternehmen zu senken

Nutzt man im Unternehmen einen alternativen Briefzustelldienst, so kann mit Einsparungen gerechnet werden

Was möchte ich ändern?

Der Zustelldienst von Briefen ist in der Regel die Deutsche Post. Obgleich auch der Service der Deutschen Post im Briefbereich unstrittig sehr gut ist, gibt es Möglichkeiten, die Briefzustellung durch andere Dienstleister vornehmen zu lassen. Dieser Wechsel lohnt sich meistens nur bei großen Mengen von Briefsendungen im Monat.

Wie möchte ich es ändern (inkl. Umsetzungsdauer kurz-/mittel-/langfristig)?

Die Suche nach alternativen Postzustelldiensten ist nicht sonderlich schwer, eine gute Internetsuchmaschine gibt in diesem Segment schnelle und übersichtliche Auskunft für jeden Interessenten. Hat man qualifizierte Alternativ-Lieferanten gefunden, gilt es, die Konditionen detailliert zu vergleichen. Hierbei sollten auch Zustellzeiten und der allgemeine Service mit dem aktuellen Bestandslieferanten abgeglichen werden. Beachtet man dies, bekommt man eine neutrale und objektive Entscheidungsgrundlage und findet die Antwort, ob sich für das eigene Unternehmen ein Wechsel des Anbieters lohnen würde.

Beispielhaft können wir zu diesem Thema die nachstehenden Anbieter, Dienstleister oder Literatur empfehlen. Hier finden Sie bei Bedarf kompetente Unterstützung und aussagekräftiges Informationsmaterial.

Anbieter / Dienstleister / Informationsmaterial

Citipost GmbH, www.citipost.de

Welchen Nutzen bringt die Änderung (Prozessoptimierung / Kostensenkung / ROI, Pro/Contra)?

ROI prognostiziert	1 – 3 Jahre	

Der **Hauptnutzen** eines Anbieterwechsels dürfte eine Portoreduzierung pro Briefsendung sein, welche sich bei großen Mengen durchaus positiv abbilden lassen wird. Vergleicht man allerdings nur die reinen Kosten pro Einheit, könnte ein Servicenachteil, der entstehen kann, erst deutlich zu spät im eigenen Unternehmen erkannt werden. Dies gilt es zu vermeiden, denn falls ein Anbieter sehr lange Zustellzeiten benötigt oder gar Briefsendungen häufig verloren gehen, ist der erhoffte und erzielte Preisvorteil schnell durch den mangelnden Service wieder gefühlt aufgebraucht.

BVW	●───○	mittel		Einkauf / Kostenmanagement

Automat für persönliche Schutzausrüstung (PSA) im Betrieb integrieren

Transpondergesteuerten Entnahme von PSA durch die Mitarbeiter im Betrieb

Was möchte ich ändern?

Durch die Anschaffung von einem automatischen Entnahmeschrank / Automat für PSA kann mehr Transparenz der Entnahmen (Produktarten und Mengen pro Mitarbeiter/Abteilung) geschaffen werden. Zusätzlich lässt sich interner Arbeitsaufwand minimieren und automatisieren.

Wie möchte ich es ändern (inkl. Umsetzungsdauer kurz-/mittel-/langfristig)?

Der Automat kann Mitarbeiter genau identifizieren und zwar über den Transponderchip, der in vielen Firmen bereits für Zugangskontrollen genutzt wird. Alternativ können viel Automaten auch über Zahlencodes angesteuert werden, die im Vorfeld vergeben werden. Durch das automatische Ausgabesystem sind eine bessere Mengenverwaltung, weniger Schwund und ein gezielterer Einsatz möglich.

In solchen Automaten werden häufig Produkte wie Sicherheitshandschuhe, Arbeitshandschuhe, Warnwesten, Ohrenstöpsel oder aber Sicherheitsüberschuhe gehandhabt. Die direkte automatisierte Verbrauchszuordnung ist in vielen Betrieben dienlich für die Kostensenkung in diesem Unternehmensbereich der PSA.

Beispielhaft können wir zu diesem Thema die nachstehenden Anbieter, Dienstleister oder Literatur empfehlen. Hier finden Sie bei Bedarf kompetente Unterstützung und aussagekräftiges Informationsmaterial.

Anbieter / Dienstleister / Informationsmaterial
Brammer Group, www.brammer.biz
ComBee Automatensysteme, www.combee.de
PSA-Produkte von Carl Nolte Technik, www.psa-spezialshop.com

Hinweis

Bitte beachten Sie in diesem Zusammenhang das Interview mit dem Bereichsleiter Industrietechnik & Arbeitsschutz im Hause Carl Nolte Technik, Cord Loof, im hinteren Teil des Buches.

Welchen Nutzen bringt die Änderung (Prozessoptimierung / Kostensenkung / ROI, Pro/Contra)?

ROI prognostiziert	1 – 3 Jahre	

Mit Hilfe dieser Technik kann der Verbrauch direkt und personenbezogen reguliert werden und eine Auswertung und Nachhaltung ist jederzeit möglich. Gibt man diesen Service direkt in die Hände von Dienstleistern, so werden keine Investitionen in die Automaten fällig, keine Softwarekosten oder aber auch Bestückungskosten. Die Bestückung kann als Outsourcing an einen kompetenten Dienstleister übertragen werden, der diese automatisch arrangiert.

Ein Vorteil hiervon ist, dass bei vielen solcher Verträge nicht nur die Bestückung extern erfolgt und somit keine internen Arbeitsaufwendungen entstehen, sondern dass auch die Ware erst berechnet wird, nachdem diese vom hauseigenen Mitarbeiter zur Nutzung entnommen wurde. Häufig wird dies per Monatsrechnung an den jeweiligen Kunden fakturiert, es entsteht somit kaum Kapitalbindung für das jeweilige abnehmende Industrie-Unternehmen.

Neben den sinkenden Handlingskosten kann das Unternehmen auch den Materialverbrauch spürbar reduzieren. Dies kann durch die Transparenz in der Verbrauchskontrolle bis zu 40% Kosten einsparen. Ebenso werden Lagerkosten reduziert und die Produktivität in diesem Bereich kann erheblich gesteigert werden.

| BVW | ● _____ ○ | hoch | ⏱ | Einkauf / Kostenmanagement |

Bauteileprüfungen in Unternehmen vollautomatisch durchführen

Mittels einer automatisierten Bauteilekontrolle Handlingskosten im Unternehmen senken und Fehlerquote minimieren

Was möchte ich ändern?

Stellt man in einem Unternehmen z.b. metallische kleine Bauteile in großen Mengen her (z.b. hochwertige Metallkugelschreiber), so ist es wichtig, dass die Artikel auf Kratzer, Metalleinschlüsse, Verfärbungen, Form etc. geprüft werden, bevor diese verpackt und versendet werden.

Natürlich schafft eine stetige gute Qualität bei allen Kunden großes Vertrauen und rechtfertigt auch einen angemessenen Verkaufspreis mit marktfähiger Marge. Wo zu früheren Zeiten noch mühsam in Handarbeit von vielen Arbeitskräften aussortiert und kontrolliert wurde, gibt es heutzutage hocheffiziente Prüf- und Messautomation. In diesem Marktsegment haben sich einige Experten am Markt hervorgetan, die solides Know-how mit moderner Technik verbinden und damit Top-Qualität auf einer wirtschaftlich vertretbaren Basis anbieten.

Wie möchte ich es ändern (inkl. Umsetzungsdauer kurz-/mittel-/langfristig)?

Wo kundenspezifische Bauteilekontrollen gefragt sind, tauchen auch Begriffe wie Prozessanalyse, Systemintegration, Bildverarbeitung, Mess- und Prüfmethoden, optische Prüftechnik, Luftmessung, taktile Messverfahren, Lasermessungen, Wirbelstromprüfungen und Ultraschallprüfungen auf. Eine gezielte Kombination dieser Varianten kann die ideale Kundenindividuallösung darstellen.

In einer Projektplanungsphase werden dann Details wie die Zuführung, optische Fehler, Materialfehler, Dimensionen, Sortierungsvarianten, Markierungen und Verpackungsarten geklärt.

Ob nun eine Sonderlösung mit einer Zeilenkamera, Flächenkamera oder auch 3D-Kamera realisiert werden kann, wird sich in ausführlichen Betrachtungen zeigen.

Rissprüfungen und allgemeine Materialprüfungen werden häufig mit Wirbelstromprüfungsanlagen durchgeführt.

Beispielhaft können wir zu diesem Thema die nachstehenden Anbieter, Dienstleister oder Literatur empfehlen. Hier finden Sie bei Bedarf kompetente Unterstützung und aussagekräftiges Informationsmaterial.

Anbieter / Dienstleister / Informationsmaterial
Stalvoss GmbH & Co. KG, www.stalvoss.de
Preh IMA Automation Amberg GmbH, www.preh-ima.com

Welchen Nutzen bringt die Änderung (Prozessoptimierung / Kostensenkung / ROI, Pro/Contra)?

ROI prognostiziert	7 – 10 Jahre	

Die wesentliche Grundlage für die Anschaffung einer solchen komplexen Automatisierung sind i.d.R. nachhaltige Kosteneinsparungen, 100%-ige Kontrollen nach spezifischer Kundenanforderung, welche nicht von Menschen realisiert werden können, und natürlich auch stetig steigende Qualitätsanforderungen.

BVW	niedrig		Einkauf / Kostenmanagement

Business-Reisebüros für Geschäftsreisen nutzen

Durch die Nutzung eines Business-Reisebüros dem Unternehmen Vorteile verschaffen, die sich in Preisen und in Servicefaktoren wiederfinden

Was möchte ich ändern?

Die Arbeitszeit pro Tag ist in vielen Unternehmen mehr als gut ausgelastet und insofern bleiben für administrative Tätigkeiten und Preisvergleiche häufig wenig zeitliche Ressourcen zur Verfügung. Dies zeigt sich dann auch im Bereich der Planung und von Angebotsvergleichen bei Geschäftsreisen und Hotelübernachtungen. Überdenkt man diese Arbeitsschritte und gibt diese z.B. in externe Hände von fachlichen Experten wie einem Business-Reisebüro, so kann man Preisvorteile, aber auch Prozessverbesserungen für den eigenen Betrieb erreichen.

Wie möchte ich es ändern (inkl. Umsetzungsdauer kurz-/mittel-/langfristig)?

Durch die Beauftragung und Zusammenarbeit mit einem Business-Reisebüro können Dienstreiseplanungen und Buchungen ausgelagert werden. Hierbei redet man nicht nur von einfachen Hotelzimmerreservierungen, sondern auch Flugreisen, Bahnfahrten, Mietfahrzeugen, Schifffahrten oder auch umfangreichen Geschäftsreiseplanungen mit Reiseführern und Begleitschutz oder auch Dolmetscherservice etc.

Durch die Bedarf- und Mengenbündelungen kann ein Business-Reisebüro z.T. auch deutlich bessere Preise erzielen und somit kann neben der Effizienzverbesserung auch von Kostenvorteilen gesprochen werden. Ebenso übernimmt der externe Dienstleister unter Umständen auch das Einklagen von Entschädigungszahlungen für Verspätungen von Flügen etc.

Beispielhaft können wir zu diesem Thema die nachstehenden Anbieter, Dienstleister oder Literatur empfehlen. Hier finden Sie bei Bedarf kompetente Unterstützung und aussagekräftiges Informationsmaterial.

Anbieter / Dienstleister / Informationsmaterial
Reisebüro Frenzen GmbH - Lufthansa City Center Business Travel, www.firmenreisen24.de
First Business Travel in der TUI Deutschland GmbH, www.first-business-travel.de
BCD Travel Germany GmbH, www.bcdtravel.de
BTO24 Business Travel Organizer GmbH, www.bto24.de

Welchen Nutzen bringt die Änderung (Prozessoptimierung / Kostensenkung / ROI, Pro/Contra)?

ROI prognostiziert	1 – 3 Jahre	

Der Hauptnutzen von Business-Reisebüros liegt in der Prozessoptimierung der ursprünglich eigenen Planung von Dienstreisen. Experten erledigen diese Arbeitsschritte extern und somit werden Kapazitäten im eigenen Unternehmen für das jeweilige Kerngeschäft freigehalten. Ebenso können diese Geschäftsreisebüros durch die Mengenbündelungen auch preisliche Vorteile erwirtschaften und sind häufig hochprofessionell aufgestellt, wenn es um detaillierte Planungen und Ausführungen von Geschäftsreisen und deren Begleiterscheinungen geht.

BVW		niedrig		Einkauf / Kostenmanagement

C-Teile über Kanban-Systeme steuern

Durch Automatisierung in der Zugangssteuerung von C-Teilen dank Kanban-Systemen höhere Effizienz im Unternehmen schaffen und gleichzeitig eine optimierte Warenversorgung beibehalten

Was möchte ich ändern?

Gerade C-Teile wie Schrauben, Gewinde, Nägel, Arbeitshandschuhe bereiten im Betrieb signifikant hohen Arbeitsaufwand. Sowohl in der Warennachbestellung, in der Pflege der Bevorratungsmengen, als auch im Auspacken und Verwalten von neuen Wareneingängen.

Wie möchte ich es ändern (inkl. Umsetzungsdauer kurz-/mittel-/langfristig)?

Nimmt man für die Umsetzung die eigenen Lieferanten in die Pflicht, ist dies für manche Zulieferer kein Problem und für andere wiederum nicht abbildbar. Gerade die großen Marktanbieter haben jedoch eigene Versorgungssysteme, die von deren Außendienstmitarbeitern stetig kontrolliert und nachgefüllt werden. Die Abrechnung der Nachlieferungen erfolgt dann häufig im monatlichen Rhythmus. Somit kann man im Unternehmen den Fokus wieder auf die Kernarbeiten richten und spart viel Zeit für die Arbeitsschritte, die auch dem Unternehmen das „Geld in die Kasse bringt". Vergleicht man den Aufwand mit der eigenen Bestandskontrolle, mit der Erfassung von Nachbestellungen, mit dem Auspacken von Waren und der anschließenden z.B. wöchentlichen Rechnungszahlung, liegt der Mehrwert eines Kanban-Systems für C-Teile förmlich auf der Hand. Der komplette Arbeitsschritt ist mit der Auslagerung in ein Kanban-System in fremde Hände übergeben worden und der letzte eigene Arbeitsschritt ist die Kontrolle der finalen Monatsrechnung. Summiert man die Arbeitszeit auf, die damit betriebsintern eingespart wird, erreicht man eine enorme Einsparung im Segment der C-Teile.

Beispielhaft können wir zu diesem Thema die nachstehenden Anbieter, Dienstleister oder Literatur empfehlen. Hier finden Sie bei Bedarf kompetente Unterstützung und aussagekräftiges Informationsmaterial.

Anbieter / Dienstleister / Informationsmaterial
Adolf Würth GmbH & Co. KG, www.wuerth.de
Daniel Gruppe GmbH, www.daniel-gruppe.de
eBook „Prozessoptimerung durch Kanbanautomation", www.kanbanautomation.de

Welchen Nutzen bringt die Änderung (Prozessoptimierung / Kostensenkung / ROI, Pro/Contra)?

ROI prognostiziert	1 – 3 Jahre	

Die Integration von einem C-Teil-Management-System bietet der jeweiligen Firma eine höhere Effizienz in der eigenen Arbeitszeitnutzung (somit auch eine indirekte Kostensenkung) und ebenso häufig auch eine bessere Warenaufteilung durch ein vom Lieferanten beigestelltes Systemregal.

Konzentriert sich ein Unternehmen aktiv auf die wesentlichen Kernaufgaben, hat es gute Chancen, bei einer gesunden Betriebsführung auch wirtschaftlich attraktiv arbeiten zu können, was langfristig Arbeitsplätze sichert und natürlich auch nennenswerte Wettbewerbsvorteile schaffen kann.

KVP	niedrig		Einkauf / Kostenmanagement

Einkaufspool-Netzwerk nutzen, um Kostensenkungen aktiv zu beschleunigen

Durch Mengenbündelungen im Netzwerk hohe Direkteinsparungen für das eigene Unternehmen erzielen

Was möchte ich ändern?

In vielen Industrieeinkaufsbereichen lassen sich keine guten Marktkonditionen allein erzielen, da es sich z.B. um C-Teile handelt oder man eine deutlich zu geringe Marktposition als Unternehmen besitzt, um erhebliche Preisreduktionen konsequent bei den Lieferanten einfordern zu können. Oftmals fehlt auch die Zeit, sich im Berufsalltag stetig um alle Bereiche kümmern zu können. Dies kann optimiert werden, wenn man einige wichtige Stellschrauben beachtet und Teil von einem Einkaufspool bzw. Netzwerk wird.

Wie möchte ich es ändern (inkl. Umsetzungsdauer kurz-/mittel-/langfristig)?

Nutzt man einen Einkaufspool als Netzwerk, werden Bedarfe gebündelt und zentral verhandelt. Dies führt dazu, dass man von einem attraktiven Mengenkontrakt profitieren kann, der auf Basis von hohen Jahresmengen aus einer Gruppe von Abnehmern kalkuliert wurde. Der Einkaufspool „onepower" gibt Industrieunternehmen die Möglichkeit, indirekte Materialien, Dienstleistungen und auch Energie günstig wie auch effektiv einzukaufen. Alles unter dem professionellen Anspruch von geprüften Abschlüssen durch Produktionsunternehmen. In Kurzform erklärt: Industrieunternehmen A + Industrieunternehmen B haben einen gleichen Bedarf C. Durch Zusammenstellung dieser Bedarfe kann der Einkaufspool besser und effizienter verhandeln und einen Kontrakt mit einem ausgewählten und guten Lieferanten D abschließen. Industrieunternehmen A + Industrieunternehmen B schließen anschließend einen Vertrag mit dem Einkaufspool und „hängen" sich an den Kontrakt vom hier beispielhaft genannten Lieferanten D.

Dadurch kauft man als Unternehmen zwar weiterhin direkt bei dem Lieferanten, jedoch bekommt man häufig deutlich bessere Preis- und Lieferkonditionen, als auch attraktivere Zahlungsbedingungen.

Wie geht man ein solches Projekt an?

- Kennenlernphase, Kontakt zum Einkaufspool aufnehmen
- Zieldefinitionsphase, Festlegung der Bereiche und Ziele
- Analysephase, schnelle Einschätzung über Kosten und Nutzen
- Abschlussphase, Vertrag wird gemeinsam zwischen Einkaufspool bzw. Einkaufsverband und dem Kunden geschlossen

Beispielhaft können wir zu diesem Thema die nachstehenden Anbieter, Dienstleister oder Literatur empfehlen. Hier finden Sie bei Bedarf kompetente Unterstützung und aussagekräftiges Informationsmaterial.

Anbieter / Dienstleister / Informationsmaterial

onepower – Der Einkaufspool, www.one-power.de

Hinweis

Bitte beachten Sie in diesem Zusammenhang das Interview mit dem Geschäftsführer der Fa. onepower, Pascal Lampe, im hinteren Teil des Buches.

Welchen Nutzen bringt die Änderung (Prozessoptimierung / Kostensenkung / ROI, Pro/Contra)?

| ROI prognostiziert | 1 – 3 Jahre | |

Der primäre Nutzen liegt für das jeweilige Unternehmen darin, auch falls gewünscht, ohne Lieferantenwechsel hohe Jahreseinsparungen umsetzen zu können.

Beispielhafte Einkaufsbereiche solcher Einkaufsverbände sind:

- Betriebsmittel
- Schweißzusatzwerkstoffe
- Bücher, Medien
- Bürobedarf
- Hardware und IT-Service
- Elektromaterial zur Installation
- Entsorgung, Verwertung
- Logistikdienstleister

- Gabelstapler
- Heizöl und Diesel
- Hotel, Tagungsstätten
- Kalibrierung
- Energie (Strom)
- Mietfahrzeuge
- Paketdienste
- PSA / Erste Hilfe
- Schmierstoffe
- Tank- & Servicekarten
- Technische Gase
- UVV-Prüfung
- Verpackungen
- … usw.

Betrachtet man in diesem Fall das Netzwerk der „onepower" (ehem. „byNIRO"), so wird sehr schnell ersichtlich, dass es in zahlreichen Bereichen „Quick-Win Themen" zur baldigen Umsetzung gibt.

Aktuell sind dies die folgenden Bereiche innerhalb des vorstehenden Netzwerks:
- Betriebsmittel & Schweißzusatzwerkstoffe
  - Präzisionswerkzeuge
  - Elektro- und Druckluftwerkzeuge
  - Maschinen
  - Betriebseinrichtungen
  - Maschinentechnik
  - Antriebstechnik
  - Massivdraht, Schweißstäbe
  - Stabelektroden, Lote
  - Sonderwerkstoffe
- Bücher, Medien & Periodika

- Bücher, eBooks, Zeitschriften, ePaper
- Normen und Reporte, deutschsprachig und international
- Buch- und Themenrecherche nach Fachgebieten
- Aboverwaltung
- Versandkostenfreie Lieferung innerhalb D/A/CH
- Visitenkarten-, Briefpapier-, Plakat-, Stempeldruck, Imagebroschüren
- Übersetzungsdienstleistungen
- Bürobedarf
  - Büromaterial
  - Kopierpapier
  - EDV Verbrauchsmaterial
  - Catering
  - Bürotechnik IT Hardware und Zubehör
  - Rund um Hygiene und Reinigung
  - Büroeinrichtung
- EDV-Hardware, Software & Service
  - Produkte namhafter Hersteller über Onlineshop
  - PCs und Notebooks
  - Server- und Systemkomponenten
  - Softwareboxen
  - Softwarelizenzen
  - Serviceleistungen
- Elektro- & Industriematerial
  - Relais, Schütze, Sensoren, Antriebe
  - Schalt- und Befehlsgeräte, SPS
  - Verbindungs- und Isoliermaterial
  - Leuchten und Leuchtmittel
  - Abzweig- und Befestigungsmaterial
  - Kabel und Leitungen, Steckvorrichtungen
  - Kondensatoren, USV, Datentechnik, PV, ...
- Elektro- & Industriematerial

- Kabel und Leitungen
- Leitungsführungssysteme
- Gebäudetechnik
- Industrietechnik
- Fernmelde-, Netzwerk- und Hauskommunikationstechnik
- Leuchten und Leuchtmittel
- Projektplanung technische Umsetzung
- Export
- Energieeffizienzberatung
  - Energielösungsanbieter
  - Vertrieb von Strom und Gas
  - Photovoltaik-Technologien
  - Kraftwärmekopplung
  - Regelenergievermarktung
  - EEG-Direktvermarktung
- Gabelstapler
  - Kauf von Flurförderfahrzeugen
  - Leasing von Flurförderfahrzeugen
  - Zugriff auf bundesweit größte Mietflotte
  - Gebrauchtgerätepool
  - Internetbasiertes Flottenmanagement
  - Wartungs- und Serviceleistungen
  - UVV-Prüfungen
  - Verkauf von Linde Flurförderzeugen
  - Leasing von Linde Flurförderzeugen
  - Linde Gebrauchtgeräte
  - Zugriff auf bundesweite Mietflotte
  - Wartungs- und Serviceleistungen
  - Flottenmanagement
  - Fahrerschulungen
- Verpackungen Kartonagen

- Kartonagen
- Füllmaterial
- INKA- und Holzpaletten
- Packhilfsmittel
- Verpackungsentwicklung
- Logistikkonzepte
- Wartungen & Reparaturen von Gabelstaplern (markenübergreifend)
  - Gestellung von Miet- und Überbrückungsgeräten
  - Eigener Reifen- und Batterieservice
  - Eigene Elektronikinstandsetzung
  - Versorgung mit Original-Ersatzteilen
  - UVV-, Gas- und Abgasprüfungen
  - Staplerschulungen
- Heizöl & Diesel
  - Aral Heizöle in Nordrhein-Westfalen
  - Aral Diesel in Nordrhein-Westfalen
  - Abrechnung über börsennotierte Preisbasis
- Hotel & Tagungsräume
  - Übernachtungen
  - Firmensonderkonditionen
  - 20 multifunktionale Tagungsräume
  - kostenfreie Parkplätze
  - verkehrsgünstige Lage nahe A1, A2 & A44
  - Restaurant, Bar und Sommerterrasse
  - Mini-Gym und Sauna
- Kalibrierung
  - Vor-Ort- und Laborkalibrierung von Mess- und Prüfmitteln
  - Reparatur von Mess- und Prüfmitteln
  - Ersatz- und Neubeschaffung von Mess- und Prüfmitteln
  - Vame 3.0 Prüfmittelmanagementsoftware
  - Multilieferantenfähige Plattform mit:

- Budgetregelungen
- Genehmigungsworkflows
- Kostenstellenbezogenen Statistikauswertungen
- Anbindung an bestehende Warenwirtschaftssysteme
- Mietfahrzeuge
  - Nationale und internationale Anmietung von PKW, Kleinbussen,
  - Transportern und LKW
  - Kurz- und Langzeitmiete
  - Chauffeurservice
  - behindertengerechte Fahrzeuge
- Paketdienst
  - Nationaler und weltweiter Standardversand
  - Nationaler und weltweiter Expressversand
  - Weltweiter palettierter Expressversand
  - Internetbasierte Beschaffungslogistik "Return on the web"
- Elektro- & Industriematerial
  - Relais, Schütze, Sensoren, Antriebe
  - Schalt- und Befehlsgeräte, SPS
  - Verbindungs- und Isoliermaterial
- PSA & Erste-Hilfe-Material
  - Berufs- und Schutzbekleidung
  - Augenschutz
  - Atem- und Gehörschutz
  - Fuß- und Handschutz
  - Kopf- und Gesichtsschutz
  - Fallschutz
  - Erste-Hilfe-Material
- Schmierstoffe
  - Aral, BP, Castrol und andere namhafte Hersteller
  - Total Fluid Management
  - Kühlschmierstoffkontrolle (TRGS 611)

- Komplettüberwachung von Emulsionsfüllungen
- Ölanalysen, Bestandsüberwachung
- Schmierstoffentsorgung
- Maschinendirektbefüllung
- Seminare & Fortbildungen
  - Schulungen und Trainings für Fach- und Führungskräfte - von Produktionsunternehmen
  - für Produktionsunternehmen entwickelt
  - Führungskräfteentwicklung für betriebliche Mitarbeiter
  - Führungskräfteentwicklung für Gruppen- und Abteilungsleiter
  - Weitere Schulungsbereiche: Einkauf, Produktion, Produktentwicklung,
  - Vertrieb, Außenwirtschaft, Projektmanagement, Kompetenzen
  - Spezielle Seminare für Auszubildende
  - CSR-Qualifikationsprogramm
- Technische Gase
  - Industriegase
  - Schweißgase
  - Sondergase
  - Propangas
- UVV-Prüfung & Brandschutz
  - Elektrische Betriebsmittel
  - Arbeitsbühnen, Hubgeräte
  - Tore, Krane
  - Anschlagmittel, Pressen
  - Leiter, Tritte, Regale
  - Arbeitsbühnen/ Hubgeräte
  - Facility Management, Industrieservice
  - Feuerlöscher, Rauchabzüge, Brandschutztüren, etc.

Weitere Themen sind derzeit im Aufbau und werden zukünftig die Auswahl erweitern.

Fazit

Es lohnt sich, gemeinsam im Team stark zu sein und somit den hauseigenen Unternehmenserfolg maßgeblich zu bereichern.

BVW	niedrig		Einkauf / Kostenmanagement

Externe Aktenarchivierung einführen

Nutzt man eine externe Aktenarchivierung, spart man Nutzfläche für wesentliche Verwaltungsbereiche

Was möchte ich ändern?

Ist ein Unternehmen noch in den Anfängen bzw. in der Gründungszeit, so ist Platz häufig Mangelware. Ebenso, wenn eine Firma sehr stadtkernnah angesiedelt ist und die Mietpreise pro Quadratmeter sehr teuer sind. Die gesetzliche Archivierungspflicht zwingt allerdings jeden Unternehmer, wichtige Belege über viele Jahre hinweg aufzubewahren.

Wie möchte ich es ändern (inkl. Umsetzungsdauer kurz-/mittel-/langfristig)?

Vergleicht man den Markt an externen Dienstleistern für u.a. auch Aktenarchivierungen, findet man schnell eine Vielzahl von Anbietern. Jedoch bleibt bei der finalen Wahl die Überlegung von Service- und Preisunterschieden. Findet man einen Fullservice-Dienstleister in diesem Marktsegment, bietet dieser in der Regel die Aktenlagerung, das Aktenmanagement, die Aktenvernichtung sowie auch das Aktenscanning an. Somit kann man diesen Outsourcingschritt in vertrauensvolle Hände legen und den eigenen Blickwinkel auf das betriebsinterne Tagesgeschäft legen.

Beispielhaft können wir zu diesem Thema die nachstehenden Anbieter, Dienstleister oder Literatur empfehlen. Hier finden Sie bei Bedarf kompetente Unterstützung und aussagekräftiges Informationsmaterial.

Anbieter / Dienstleister / Informationsmaterial

REISSWOLF Deutschland GmbH, www.reisswolf-archiv.de

Rhenus SE & Co. KG, www.rhenus-archivservices.de

Welchen Nutzen bringt die Änderung (Prozessoptimierung / Kostensenkung / ROI, Pro/Contra)?

ROI prognostiziert	1 – 3 Jahre	

Neben dem gesicherten Abholservice, der Erfassung der Daten, der mehrjährigen Lagerung der Belege, dem hohen Datenschutz und der späteren sicheren Aktenvernichtung, bietet dieses Konzept den Nutzen von passiven Kostensenkungen. Dies liegt daran, dass die Büronutzfläche des ehemaligen eigenen Aktenlagers, produktiver und zweckoptimierter genutzt werden kann.

| BVW |  | niedrig | ⏱ | Einkauf / Kostenmanagement |

Fluidmanagement im Unternehmen integrieren

Durch die Nutzung von einem Fluidmanagement-System unternehmerische Mehrwerte generieren und ökonomisch wie auch ökologisch punkten

Was möchte ich ändern?

Hydrauliköle und auch Kühlschmierstoffe sind häufig sehr hochwertig und deshalb auch teuer in der Warenbeschaffung. Mittels der Einführung von Fluidmanagement kann die Gesamtheit von flüssigen Schmierstoffen durch einen gesonderten Prozess wieder gefiltert, aufbereitet und mehrfach verwendet werden.

Wie möchte ich es ändern (inkl. Umsetzungsdauer kurz-/mittel-/langfristig)?

Zum Handling und zur mehrfachen Verwendung von flüssigen Schmierstoffen gehören u.a. auch eine ausführliche Analyse und eine Konditionierung. Hierbei werden Soll- und Ist-Zustände stetig geprüft und bei Bedarf finden die notwendigen Anpassungen vor einer Wiederverwendung statt. Nicht für jeden herstellenden Betrieb ist ein Fluidmanagement in allen Sektoren umsetzbar, jedoch ist es aus ökonomischer und ökologischer Sicht eine sehr gute Chance, die Preisschraube für Betriebsmedien im Unternehmen spürbar nach unten zu bewegen. Bei Unternehmen mit großen Verbrauchsmengen kann somit die erfolgreiche Integration von einem Fluidmanagement-System hohe fünfstellige Jahreseinsparungen erzielen.

Beispielhaft können wir zu diesem Thema die nachstehenden Anbieter, Dienstleister oder Literatur empfehlen. Hier finden Sie bei Bedarf kompetente Unterstützung und aussagekräftiges Informationsmaterial.

Anbieter / Dienstleister / Informationsmaterial
oelheld GmbH, www.oelheld.de/produkte/peripherieprodukte/fluidmanagement
ZG Fluidmanagement GmbH, www.zg-fm.de
Rhenus Lub GmbH & Co KG, www.rhenuslub.de/de/fluid-management.html
profluid GmbH, www.profluid.de/service/fluidmanagement/

Welchen Nutzen bringt die Änderung (Prozessoptimierung / Kostensenkung / ROI, Pro/Contra)?

| ROI prognostiziert | 4 – 6 Jahre | |

In der Nutzenbetrachtung von einem erfolgreichen und eingespielten betrieblichen Fluidmanagement stößt man schnell auf die Fertigungskostensenkungen. Neben dieser Kostenoptimierung lassen sich jedoch auch enorm Produktionsprozesse optimieren und die Ressourcen schonen.

| KVP | ～～ | mittel | | Einkauf / Kostenmanagement |

Frachtkosten Benchmarking im Unternehmen betreiben

Fracht- und Logistikkosten im Benchmark analysieren und kosten- und leistungskritisch im Unternehmen bewerten

Was möchte ich ändern?

Innerhalb von einem guten Unternehmenswachstum wächst auch das Volumen von Fracht- und Logistikaufwendungen. Damit diese Kosten für eine Unternehmung nicht überdimensional und zu teuer werden, bietet es sich an, diese im Benchmark am Markt anzufragen und zu vergleichen. Auch bei Bestandslieferanten im Speditionssektor ist blindes Vertrauen nicht immer angebracht, sondern eine neutrale und inhaltsvolle Nachkontrolle anzuraten.

Wie möchte ich es ändern (inkl. Umsetzungsdauer kurz-/mittel-/langfristig)?

Bevor man im Unternehmen komplexe Datenmengen vergleichen kann, benötigt das Umsetzungsteam eine ausführliche Datengrundlage. Hierbei bietet sich die Erstellung einer umfassenden Frachtdatentabelle an. In dieser Tabelle sollten dann anhand von Rechnungen aus der Buchhaltung alle laufenden Umsätze von Fracht- und Logistikkosten in einer definierten Zeitperiode erfasst werden. Die Aufteilung kann z.B. wie folgt aussehen: Rechnungsdatum, Spediteur, Gewicht der Sendung, Inland, Ausland, Expresslieferung, Palettenware, KEP (Kurier, Express, Paketdienst), Zoll, Maut, Verpackungsaufschläge usw.

Mit dieser Datengrundlage kann dann unternehmensintern entschieden werden, ob das Fracht- und Logistik-Benchmarking vom eigenen Mitarbeiterteam durchgeführt wird, oder ob ein externe Dienstleister dafür beauftragt werden sollte. Der Vorteil von einem externen Dienstleister wäre, dass dieser i.d.R. sehr erfahren in der kontinuierlichen Optimierung von Logistikkonditionen ist und auch sehr gute Netzwerkkontakte in diesem Geschäftsgebiet hat. Ein Frachtenoptimierer analysiert meistens als einen Schritt die vorhandene Sendungsstruktur und zieht daraus die ersten Erkenntnisse zur Ist-Situation und zum jeweiligen prognostizierten Optimierungsbedarf. Oftmals ist es gar nicht das Ziel, einen Wechsel des Frachtführers herbeizuführen, sondern marktkonforme Konditionen umzusetzen, die auch Basis einer partnerschaftlichen und offenen Geschäftsbeziehung sind.

Die offene Konfrontation mit Marktpreisen sorgt in den meisten Fällen für ein deutliches preisliches Entgegenkommen vom Stamm-Spediteur, denn beide Seiten wollen i.d.R. eine gutlaufende langjährige Geschäftsbeziehung nicht kampflos aufgeben.

Bei einem ausführlichen Markt- und Branchenbenchmark gibt es somit zahlreiche Aspekte zu beachten und umzusetzen, die das vermeintlich leichte Thema „Fracht und Logistik" in der vollen Komplexität aufschlüsseln:

- Eine Aufteilung der Transportkosten inkl. aller definierten Leistungsmerkmale wird nötig.
- Ein Benchmark der aktuellen Kosten mit Vergleichsabrechnungen zur Preisoptimierung wird erstellt.
- Ein Kostenvergleich mit alternativen Konditionsmodellen ist zu prüfen.
- Ein qualifiziertes Ranking der Kosten im spezifischen Branchenvergleich ist notwendig.
- Eine erweiterte Abweichungsanalyse ist zu erstellen, damit Schwachstellen aufgezeigt werden können.
- Alle vorhandenen Sendungsstrukturen werden analysiert.
- Zusammengefasste Abrechnungen sollten eingeführt werden.
- Dieselkostenzuschlagsnutzung wird analysiert.
- Plausibilität der Mautberechnungen wird kontrolliert.
- Ausschreibungsmanagement wird neutral und kompetent aufgebaut.
- Transportrelevante Daten werden neutral aufbereitet.
- Anforderungsprofile für qualifizierte Lieferanten werden erstellt.
- Betriebliche Sonderanforderungen werden festgehalten und komprimiert dargestellt.
- Rechnungskontrolle erfolgt ausführlich und Statistiken werden aufgebaut.
- Eine qualifizierte Reklamationsbearbeitung wird eingeführt.
- Falsche Abrechnungen werden konsequent zurückgefordert.
- Logistische Kennzahlen werden stetig thematisch sinnvoll upgedatet.
- Vergleichszahlen werden in festen Abständen gemeldet und beinhalten auch einen Vorperiodenvergleich zur besseren Einschätzung.

Beispielhaft können wir zu diesem Thema die nachstehenden Anbieter, Dienstleister oder Literatur empfehlen. Hier finden Sie bei Bedarf kompetente Unterstützung und aussagekräftiges Informationsmaterial.

Anbieter / Dienstleister / Informationsmaterial
onepower – Der Einkaufspool, www.one-power.de
SALT Solutions GmbH, www.salt-solutions.de/industrie/versand-transport/frachtkostenmanagement.html
BMW e.V., www.bme.de/services/benchmarking/individualbenchmarks/logistik-frachtkosten
eBook „Nachhaltige Logistik- und Frachtkostenoptimierung in Unternehmen erzielen", www.frachtkostensenken.de

Welchen Nutzen bringt die Änderung (Prozessoptimierung / Kostensenkung / ROI, Pro/Contra)?

ROI prognostiziert	1 – 3 Jahre	

Durch den aktiven und stetigen Markt- und Preisvergleich im Bereich der Logistikkosten lassen sich häufig deutliche Preisreduzierungen erzielen. Diese Einsparungen stärken das Unternehmen, sichern interne Arbeitsplätze und sorgen auch allgemein für die Marktfähigkeit der eigenen Unternehmung. Gerade in diesem Bereich der Fracht- und Logistikaufwendungen sind Kostenstrukturen nicht immer transparent, was für externe Spediteure und Dienstleister über viele Jahre ein sehr einträgliches Geschäft darstellen kann. Selbstverständlich soll auch genannt sein, dass nicht nur der Faktor Preis in diesem Bereich zählt, denn Service, Anlieferqualität und Langlebigkeit in einer Geschäftsbeziehung sind ebenso wichtig. Aber dem möglichen Argument der Hausspediteure, dass jeder Konkurrent, der günstigere Arbeit liefern kann, auch gleichzeitig unzuverlässig und schlecht arbeitet, sollte man in keinem Fall ungeprüft folgen. Es kann auch eine Schutzbehauptung sein, um langjährige Traummargen weiterhin zu erhalten und dadurch indirekt zu rechtfertigen, dass ordentliche Arbeit geleistet wurde. In jedem Geschäftsfeld darf davon ausgegangen werden, dass der vereinbarte Leistungsstandard geleistet wird und insofern sollte man hier auch nicht zu schnell einer einseitigen Argumentation in einem solchen Preisgespräch mit Speditionen folgen.

| BVW ●―――――○ | hoch  | Einkauf / Kostenmanagement |

Herstellungsumstellung von Drehteilen auf Tiefziehteile

Prüfung der Machbarkeit und Effizienz vom Tiefziehverfahren

Was möchte ich ändern?

In vielen Betrieben werden Metallteile benötigt, die bei Lieferanten als Drehteile geordert werden. Bei geringen Mengen ist dies auch in den meisten Fällen der beste Weg, jedoch bei einer guten Mengensteigerung durchaus mit Alternativen zu überdenken.

Die Umstellung von Drehteilfertigung auf Fertigung von Tiefziehteilen kann in vielen Fällen Vorteile liefern, die ausführlich betrachtet werden müssen.

Wie möchte ich es ändern (inkl. Umsetzungsdauer kurz-/mittel-/langfristig)?

Bei laufenden Produktions- und Bestellmengen sollten im Detail Mengenentwicklungen beobachtet werden und bei großen Auflagen soll genau erforscht werden, ob sich eine Umstellung auf ein Tiefziehteil wirtschaftlich lohnen würde und ob es technisch umsetzbar ist.

Hierbei gilt vorab zu definieren, worin der Unterschied zwischen Drehteilen und Tiefziehteilen liegt:

1) Das Drehen ist ein zerspanendes Fertigungsverfahren für Metalle und auch Kunststoffe. Hierbei wird mit einer Drehmaschine gearbeitet, die mit Schnittbewegungen das Werkstück bzw. Halbzeug zerspant. In Kurzform genannt: Von einem massiven Metallstück werden solange Teile mit einer Präzisionsmaschine entfernt, bis das gewünschte Bauteil in hochpräziser Form vorliegt.

Abbildung 9: Rohling Drehteil (Quelle: Christian Flick / Mathias Weber)

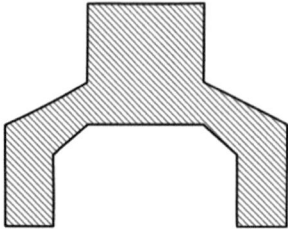

Abbildung 10: gefertigtes Drehteil (Quelle: Christian Flick / Mathias Weber)

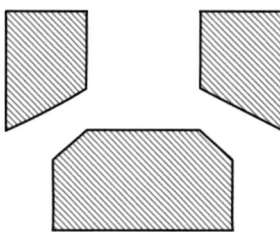

Abbildung 11: Abfallvolumen (Quelle: Christian Flick / Mathias Weber)

2) Das Tiefziehen ist ein Zugdruckumformverfahren eines Blechzuschnitts (Ronde, Platine, Tafel, Folie etc.). Hierbei werden aus einem Blechstreifen Ronden gestanzt, so dass ein runder Blechzuschnitt entsteht. Anschließend greift das Blechumformverfahren und wird i.d.R. mit mehreren Stufen in die gewünschte Form gezogen bzw. gedrückt.

Beispielhaft können wir zu diesem Thema die nachstehenden Anbieter, Dienstleister oder Literatur empfehlen. Hier finden Sie bei Bedarf kompetente Unterstützung und aussagekräftiges Informationsmaterial.

Anbieter / Dienstleister / Informationsmaterial
Euscher GmbH & Co. KG, www.euscher.com
Herbert Stüken GmbH & Co. KG, www.stueken.de
J.C. König Stiftung & Co. KG, www.jc-koenig.de
Franz Jos. Krayer GmbH & Co.KG, www.krayer.com
JAHN GmbH Umform- u. Zerspanungstechnik, www.jahngmbh.de
Braxton Manufacturing Co., Inc., www.braxtonmfg.com

Welchen Nutzen bringt die Änderung (Prozessoptimierung / Kostensenkung / ROI, Pro/Contra)?

ROI prognostiziert	4 – 6 Jahre	

Beim Drehverfahren benötigt man eine Spannvorrichtung, um das Bauteil zu fixieren. Dies kann häufig mit einer Standardvorrichtung an der Maschine selbst geschehen.

Die Durchlaufzeit ist somit bei einem Drehteil i.d.R. zu Beginn einer Fertigung schneller als beim Tiefziehverfahren. Dies liegt daran, dass man beim Tiefziehverfahren ein Werkzeug benötigt, welches im Vorfeld angefertigt werden muss und auch oft hohe Anschaffungskosten mit sich bringt, die über die Fertigungskosten umgelegt bzw. amortisiert werden müssen.

Beim Tiefziehen hat man jedoch in den meisten Fällen einen Vorteil in der gesamtzeitlichen Komponente, die oftmals nur 25-30% von der erforderlichen Dauer für die Herstellung eines Drehteils beträgt. Somit ist bei einer laufenden Produktion die Herstellungsmenge bzw. Ausbringungsmenge beim Tiefziehen deutlich höher, was natürlich wirtschaftlicher ist und einen direkten Einfluss auf die Stückkosten hat.

Ebenso gilt zu beachten, dass für das Herstellen von Drehteilen eine Drehbank oder Drehmaschine benötigt wird, die in der Anschaffung kostengünstiger ist als eine Hochleistungspresse. Diese Presse wird zusammen mit dem Werkzeug in der Tiefziehteilfertigung benötigt.

Betrachtet man den Materialverbrauch in der Fertigung, ist die Tiefziehtechnologie klar effizienter als das klassische Drehverfahren. Beim Drehen ist der Materialverbrauch sehr hoch, da aus dem Vollen produziert wird. Am Beispiel erklärt: Fertigt man eine Badewanne als Drehteil, ist dies generell möglich.

Jedoch benötigt man dafür ein großes Stück massives Metall, welches nach der Fertigstellung den größten Teil des Grundmaterials zu Abfall werden lässt. Produziert man die Badewanne als Tiefziehteil, hat man kaum Materialverlust, da eine flache Metallplatte mit Druck in die gewünschte Form gepresst wird.

Allgemein lässt sich sagen:

Je größer das Bauteil ist, desto mehr Materialeinsparung ist bei Umstellung auf Tiefziehteile möglich.

Ein begrenzender Faktor beim Tiefziehen ist jedoch die Blechdicke bzw. die Wandstärke des jeweiligen Bauteils.

Anhand der folgenden Beispielskizze und Musterberechnung lässt sich der Sachverhalt klar verdeutlichen:

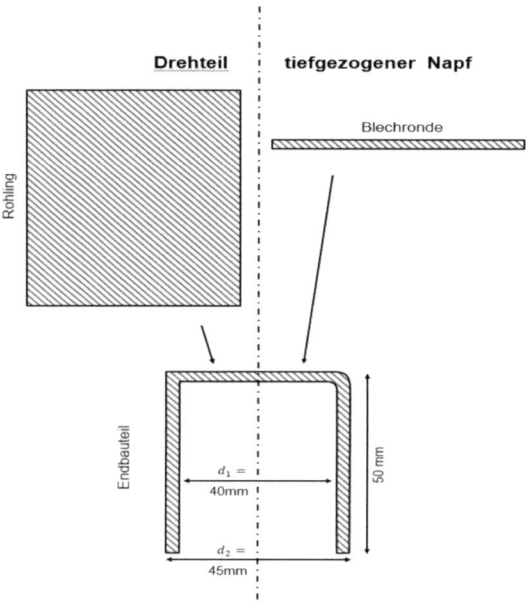

Abbildung 12: Drehteil vs. Tiefziehteil (Quelle: Christian Flick / Mathias Weber)

Dichte: $\rho = \dfrac{7{,}85\ kg}{dm^3}$

Materialpreis: $\dfrac{1\ €}{kg}$

Volumen Rohling Drehteil: V_D

Durchmesser Blechronde für Tiefziehprozess: D_T

Volumen Blechronde fürs Tiefziehen: V_T

Einsatzgewichte und Materialpreis Rohlinge: M_D; M_T; $€_D$; $€_T$

$$V_D = \pi \cdot \left(\dfrac{d_2}{2}\right)^2 \cdot h = \pi \cdot 22{,}5^2 \cdot 50\,mm^3 \approx 80\,cm^3 = 0{,}08\,dm^3$$

$$M_D = 0{,}08\,dm^3 \cdot 7{,}85\ \dfrac{kg}{dm^3} = 0{,}628\ kg$$

$$€_D = 0{,}628\ €$$

$$D_T = \sqrt{d_1^2 + 4 \cdot d_1 \cdot h} = \sqrt{40^2 + 4 \cdot 40 \cdot 50} = 98\,mm$$

$$V_T = \left(\dfrac{D_T}{2}\right)^2 \cdot \pi \cdot t \approx 19\,cm^3 = 0{,}019\,dm^3$$

$$M_T = 0{,}019\,dm^3 \cdot 7{,}85\ \dfrac{kg}{dm^3} = 0{,}149\ kg$$

$$€_T = 0{,}149\ €$$

Abbildung 13: Berechnung Einsatzgewicht und Materialpreis (Quelle: Christian Flick / Mathias Weber)

| BVW | mittel |  | Einkauf / Kostenmanagement |

KfW-Förderkredite nutzen und Subventionen beantragen

Durch die Beantragung von KfW-Förderkrediten und durch die Nutzung von staatlichen Subventionen unternehmerische Vorteile schaffen

Was möchte ich ändern?

Die KfW oder auch die Kreditanstalt für Wiederaufbau fördert diverse Investitionsmaßnahmen von Firmen. Hierbei ist häufig mit einer sehr zinsgünstigen Kreditvergabe zu rechnen und ebenso mit einer sinnvollen ökonomischen und ökologisch fördernden Vergabepolitik. Auch staatliche Subventionen können von Firmen beantragt werden, wenn diese z.B. im Bereich von nachweislichen und mengenmäßig relevanten Energieeinsparungen thematisch und projektbezogen begleitet und begründet werden. Insofern fördert der deutsche Staat indirekt und auch zum Teil direkt diverse Projekte, die ökonomischen und ökologischen Nutzen versprechen, da hierdurch sowohl der Staat, als auch die jeweilige Unternehmung für die Zukunft wichtige Weichen stellen.

Wie möchte ich es ändern (inkl. Umsetzungsdauer kurz-/mittel-/langfristig)?

Diese zinsgünstigen Kredite sollten, soweit möglich, von Unternehmungen beantragt werden, da hierdurch intern Einsparungen erzielt werden können. Durch die niedrigeren Zinsaufwendungen im Kreditvertrag für die jeweiligen Antragssteller senkt man direkt anteilige Unternehmenskosten. Ebenso reduziert man Anschaffungskosten, wenn man durch positiv bewilligte Subventionsanträge staatliche Zulagen ausgezahlt bekommt. Die Fördergelder werden selbstredend nicht ohne detaillierte Prüfung vergeben, jedoch empfiehlt es sich für einen Unternehmer, Fördergelder aus thematisch relevanten und interessanten „Fördertöpfen" zu beantragen. Dies ist ein standardisierter Vorgang und nicht übertrieben zeitaufwendig.

Beispielhaft können wir zu diesem Thema die nachstehenden Anbieter, Dienstleister oder Literatur empfehlen. Hier finden Sie bei Bedarf kompetente Unterstützung und aussagekräftiges Informationsmaterial.

Anbieter / Dienstleister / Informationsmaterial
KfW, www.kfw.de
„Klima sucht Schutz" Fördermittelcheck, www.klima-sucht-schutz.de/service/energiesparchecks/foerdermittelcheck/

Welchen Nutzen bringt die Änderung (Prozessoptimierung / Kostensenkung / ROI, Pro/Contra)?

ROI prognostiziert	1 – 3 Jahre	

Einsparungen sind der Hauptnutzen dieser Beantragungen. Diese lassen sich durch erhaltene Subventionen verkörpern, aber auch durch die geringeren Zinsaufwendungen für die jeweilige Unternehmung. Ebenso kann es in Einzelfällen sein, dass ein Kreditantrag für eine sinnvolle und zukunftsorientierte Unternehmensausgabe bei der KfW eher bewilligt wird, als bei einem rein wirtschaftlich orientierten und geprägten Finanzunternehmen bzw. als bei einem sehr profitfokussierten und sicherheitsorientierten Bankhaus.

| BVW ●―――○ | niedrig |  | Einkauf / Kostenmanagement |

Konsignationslager im Unternehmen einführen und einrichten

Nutzt man Konsignationslager, wird unternehmenseigene Kapitalbindung verringert, was der Firmenliquidität positive Impulse verleiht

Was möchte ich ändern?

Ein Konsignationslager ist ein Waren- oder auch Teilelager, welches durch einen Lieferanten für einen Kunden eingerichtet wird. Dies kann in unmittelbarer Nähe zur Produktionsstätte des jeweiligen Kunden sein oder aber auch direkt am Kundenlager. Hierdurch gibt der Lieferant seinem Kunden den Vorteil, in der eigenen Produktion schnell reagieren zu können, aber das Lager nicht auf eigene Kosten mit teuren Waren langfristig zu überlasten. Dieses Risiko trägt der Lieferant, dem auch die Ware bis zur Kundenentnahme gehört bzw. der Lieferant bleibt bis dahin der rechtliche Eigentümer.

Wie möchte ich es ändern (inkl. Umsetzungsdauer kurz-/mittel-/langfristig)?

Kann man als Kunde einen Lieferanten davon überzeugen, dass sich das Konsignationslager auch wirtschaftlich für ihn lohnen wird, steht der Einrichtung eines solchen nichts Wesentliches mehr im Weg. Der primäre Nutzen aus Sicht des Kunden ist die reduzierte Kapitalbindung und die schnellere Zugriffmöglichkeit bzw. kürzere Vorlaufzeit in der eigenen Disposition. Etwaige Qualitätsrisiken können in solchen Konsignationslagerverträgen ebenso gesteuert und festgehalten werden.

Beispielhaft können wir zu diesem Thema die nachstehenden Anbieter, Dienstleister oder Literatur empfehlen. Hier finden Sie bei Bedarf kompetente Unterstützung und aussagekräftiges Informationsmaterial.

Anbieter / Dienstleister / Informationsmaterial

Potenzialanalyse durch Implementierung von Supplier Managed Inventory (SMI) mit einem Konsignationslager, Simon Pauler, ISBN 3640743911

Welchen Nutzen bringt die Änderung (Prozessoptimierung / Kostensenkung / ROI, Pro/Contra)?

ROI prognostiziert	1 – 3 Jahre	

Der Hauptnutzen eines Konsignationslagers liegt in der kürzeren Kapitalbindung für das Unternehmen, denn der Lieferant berechnet die jeweilige Ware erst unmittelbar nach der Lagerentnahme und somit direkt bei der Verarbeitung. Der Lieferant erzielt damit oftmals eine höhere Kundenbindung, was aus der Sicht als Kunde nicht nur mit Vorteilen behaftet ist, da diese Bindung einen optional gewünschten schnellen Lieferantenwechsel erschwert. Insofern kann man im schlechtesten Fall (z.B. akuter Preisverfall am Markt von einer speziellen Rohware) auf kurzfristige Marktschwankungen nur sehr zeitverzögert reagieren.

Die schnellere Verfügbarkeit rundet den Vorteilskatalog für den Kunden ab. Ist man allerdings für einen Lieferanten kein A-Kunde bzw. Schlüsselkunde mit den notwendigen Jahresabnahmemengen, so wird es kaum möglich sein, ihn von einem Konsignationslager erfolgreich zu überzeugen. Muss man als Kunde für die Chance auf ein Konsignationslagerverhältnis zu große Abstriche beim Bezugspreis der jeweiligen Ware eingehen, sollte unternehmensintern eine objektive Pro- und Contra-Betrachtung durchgeführt werden, bevor man eine finale Entscheidung hierzu im Unternehmen fällt.

BVW		mittel		Einkauf / Kostenmanagement

Kunststoffpaletten, Mehrwegboxen und Mehrwegsysteme nutzen

Einwegmüll im internen und externen Betriebshandling gilt es zu minimieren, um nachhaltig zu wirtschaften

Was möchte ich ändern?

Im innerbetrieblichen Handling und Transport werden häufig Einwegverpackungen verwendet, die dann direkt nach der einmaligen Nutzung entsorgt werden müssen. Dies verursacht Kosten und belastet die Umwelt. Eine Mehrweglösung sollte durchdacht, bewertet und im Unternehmen integriert werden. Sowohl für den innerbetrieblichen Transportweg, als auch im optimalen Fall für die standardisierte Belieferung von einem Kunden.

Wie möchte ich es ändern (inkl. Umsetzungsdauer kurz-/mittel-/langfristig)?

Die Umstellung auf Mehrwegsysteme ist keine simple Entscheidung für eine Unternehmung, denn diese erfordert eine gute interne Planung, einen nachträglichen Handlingsaufwand bzgl. Rückholungen, auch ggf. neue Anlagen-Peripherie wie z.B. Reinigungsanlagen und ebenso zusätzliche Lagerflächen.

Dennoch kann sich eine solche Lösung rechnen, da sie wirtschaftliche Vorteile und eine umweltfreundlichere Vorgehensweise zulässt. In betrieblichen Vergleichsprojekten wurden z.B. hierbei bereits Einwegkartons mit Beuteleinsatz gegen Kunststoffkisten getauscht. Eine Type von großen Kunststoffboxen mit integrierter Unterbaupalette wurde im Tausch gegen standardisierte Mehrwegpaletten und Einwegkartons ersetzt. Dieses sorgte nicht nur für Einsparungen an Material zugunsten der Umwelt, sondern auch monetär für das Unternehmen, denn die Befüllung und spätere Entnahme erwies sich durch den schnelleren Handhabungsvorgang als Prozessvorteil.

Ebenso bieten renommierte Lieferantenpartner wie z.B. CHEP ein komplettes Servicepaket an, bei dem die Mehrwegsysteme wieder beim jeweiligen Endkunden abgeholt werden, anschließend gereinigt und auf Schäden kontrolliert werden und auch zu guter Letzt wieder in den Wechselkreislauf gelangen. In dieser beispielhaften Lösung zahlt man für eine Art „Mieten mit Handling" einen Leihpreis pro Stück und muss die Kisten/Paletten/Boxen nicht vorab kaufen. Dies erspart Anfangsinvestitionskosten und macht eine Umstellung auf das besagte Mehrwegsystem für die jeweilige Unternehmung deutlich leichter bzw. auch besser kalkulierbar und vergleichbar.

Anmerkung

Große Automobilkonzerne arbeiten seit vielen Jahren bereits erfolgreich mit solchen Wechselsystemen. Primär auch mit individuellen und speziell entwickelten Displayverpackungen. Auch für diese Displays gibt es einzelne Fachdienstleister, die sich auf die Reinigung, Kontrolle und Rückführung spezialisiert haben, beispielhaft kann hier QTS als kompetenter Dienstleister genannt werden.

Beispielhaft können wir zu diesem Thema die nachstehenden Anbieter, Dienstleister oder Literatur empfehlen. Hier finden Sie bei Bedarf kompetente Unterstützung und aussagekräftiges Informationsmaterial.

Anbieter / Dienstleister / Informationsmaterial
TRANS-PAC International GmbH, www.transpac.de
CHEP Deutschland GmbH, www.chep.com/de
Kiga Kunststofftechnik GmbH, www.kiga-gmbh.de
Mondipal, www.mondipal.de
Plastic Omnium, www.plasticomnium.com
QTS GmbH, www.qts.de

Welchen Nutzen bringt die Änderung (Prozessoptimierung / Kostensenkung / ROI, Pro/Contra)?

ROI prognostiziert	1 – 3 Jahre	

Neben dem ökologischen Nutzen ist auch ein ökonomischer erzielbar. Dieser wirtschaftliche Vorteil setzt voraus, dass die Umstellungen auf Mehrwegsysteme im Vorfeld generell als auch detailliert geplant und bestmöglich durchdacht werden. Dies beinhaltet die Überlegung, welches Tauschsystem betriebsbezogen ideal ist, welche Zusatzkosten entstehen, welche vorherigen Kosten reduziert werden können, wer die Reinigung abwickeln kann und auch, ob alle sonstigen kundenspezifischen Anforderungen berücksichtigt werden.

| KVP  | mittel |  | Einkauf / Kostenmanagement |

Lager- und Logistikoutsourcing an Dienstleister

Vorteilsbetrachtung und Risikobeurteilung im Lageroutsourcing

Was möchte ich ändern?

Es ist zu überlegen, eine Verlagerung der logistischen Dienstleistung und des hauseigenen Lagers an einen Spediteur als externen strategischen Partner vorzunehmen, mit integrierter Beurteilung von Chancen und Risiken. Indem das Lager aus dem eigenen Unternehmen verlegt wird, entsteht neue Hallenfläche, die z.b. als Produktionsfläche für neue Maschinen genutzt werden könnte. Wächst ein Unternehmen sehr rasant, ist diese Maßnahme unter Umständen eine gute Wahl, denn als Unternehmen konzentriert man sich dann wieder auf das eigentliche Produktionskerngeschäft und überlässt die reine Logistik den Profis, die sich damit jeden Tag ausschließlich beschäftigen.

Wie möchte ich es ändern (inkl. Umsetzungsdauer kurz-/mittel-/langfristig)?

Nach einem ausführlichen Angebotsvergleich und Beratungsgespräch kann man im eigenen Unternehmen die Planung von einem derart komplexen Outsourcing-Projekt grob bewerten. Doch ohne ein Projektteam ist der komplette Umfang der gesamten Maßnahme kaum greifbar. Insofern sollte man bei sorgsamer Abwägung einen qualifizierten Partner auswählen, der sowohl von den Lagerbedingungen, Rahmenbedingungen im Service als auch in den laufenden Kosten eine wirtschaftlich gute Unternehmensentscheidung darstellt.

Beachtet man alle notwendigen Facetten, so wird schnell ersichtlich, dass sowohl ein Lagervertrag geschlossen werden sollte, in dem Lagerrahmenbedingungen im Detail geklärt sein sollten (z.B. die Mindesttemperatur im Lager, allgemeiner Diebstahlschutz, Versicherungshöhen, Wareneingangskontrollen, Warensystembuchungen usw.) und auch die tägliche Werksversorgung (z.B. mit neuer Rohware aus dem externen Lager) geplant sein muss.

Beispielhaft können wir zu diesem Thema die nachstehenden Anbieter, Dienstleister oder Literatur empfehlen. Hier finden Sie bei Bedarf kompetente Unterstützung und aussagekräftiges Informationsmaterial.

Anbieter / Dienstleister / Informationsmaterial
SDS Transport & Logistik, www.sds-logistik.de
Kühne + Nagel (AG & Co.) KG, de.kuehne-nagel.com/de_de
Wahl GmbH & Co KG, www.wahl.co
eBook „Nachhaltige Logistik- und Frachtkostenoptimierung in Unternehmen erzielen", www.frachtkostensenken.de

Hinweis

Bitte beachten Sie in diesem Zusammenhang das Interview mit dem Inhaber der Fa. SDS Transport & Logistik, Michael Buchholz, im hinteren Teil des Buches.

Welchen Nutzen bringt die Änderung (Prozessoptimierung / Kostensenkung / ROI, Pro/Contra)?

ROI prognostiziert	1 – 3 Jahre	

Pro-Argumente

- Eigener LKW-Fuhrpark entfällt (Kostenminimierung).
- Eigenes Lagerpersonal entfällt (ggf. Umverteilung in der Fertigung möglich).
- Lohnkostensenkung, da externe Logistikdienstleister oftmals niedrigere Lohntarife haben.
- Logistische Qualitätsverbesserung ist möglich.
- Wenig Lagerleerstand zu saisonalen Schwankungen, nur Berechnung der real genutzten Stellplätze.
- Kosten Lagerperipherie entfallen (Stapler, Logistiksoftware usw.).
- Lagerkosten besser steuerbar und bewertbar.

Contra-Argumente

- Schwierigere Koordination, gute und ausführliche Grundplanung nötig.
- Abhängigkeit wird erzeugt, die nicht kurzfristig aufgelöst werden kann.
- Gewisser Know-how-Verlust im eigenen Unternehmen.
- Ggf. schwerfälligere Reaktionsgeschwindigkeit bei Expressfällen.
- Höherer Aufwand für Kontrolle der Waren und für die Qualitätssicherung.

KVP		niedrig		Einkauf / Kostenmanagement

Maschinen leihen statt kaufen

Durch das Leihen von Sondermaschinen unnötige Inventarbestände vermeiden und Kosten senken

Was möchte ich ändern?

Viele Maschinen und Geräte im Unternehmen sind teuer, wartungsintensiv und oftmals auch nur sporadisch genutzt. Genau in solchen Fällen sollte man vor einem Kauf überlegen, ob ein Mietservice von einem externen Dienstleister nicht effizienter und auch günstiger für die Firma sein könnte.

Wie möchte ich es ändern (inkl. Umsetzungsdauer kurz-/mittel-/langfristig)?

Wenn man von Geräten und Maschinen spricht, die man nur hin und wieder nutzt, meint man als herstellender Betrieb sicherlich nicht die Produktionsmaschinen, welche oftmals rund um die Uhr laufen, um Ware zu produzieren. Vielmehr sind hiermit Anlagen gemeint wie ein Schneeräumer, ein Hubsteiggerät, fahrbare Arbeitsbühnen, leistungsstarke Kräne, diverse Baugeräte, eine hochwertige Kettensäge, ein leistungsstarker Industrie-Laubbläser, eine selbstfahrende Kehrmaschine usw.

Genau diese Geräte sind häufig relativ „totes" Kapital für eine Firma und sollten daher optional über einen Mietservicedienst beschafft werden. Dieses Mieten kostet natürlich auch pro Tag Geld, jedoch entfallen mit dieser Option die stetigen Wartungs- und Verschleißkosten, als auch die anfänglichen Investitionskosten.

Beispielhaft können wir zu diesem Thema die nachstehenden Anbieter, Dienstleister oder Literatur empfehlen. Hier finden Sie bei Bedarf kompetente Unterstützung und aussagekräftiges Informationsmaterial.

Anbieter / Dienstleister / Informationsmaterial
BEYER-Mietservice KG, www.beyer-mietservice.de
mateco GmbH, www.mateco.de

Welchen Nutzen bringt die Änderung (Prozessoptimierung / Kostensenkung / ROI, Pro/Contra)?

| ROI prognostiziert | 1 – 3 Jahre | 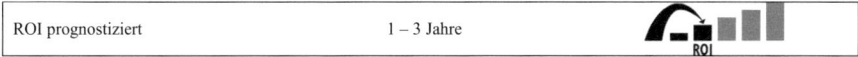 |

Der Hauptnutzen dieser Überlegung ist die kapitalschonende Umsetzung des Mietens, anstelle des eigenen Kaufs von „exotischen Anlagen". Es sollte im Unternehmen genau geklärt werden, wie häufig eine Anlage oder ein Gerät wirklich pro Jahr genutzt wird, bevor man eine teure Anschaffung als Firma tätigt. Das Leihen ist eine am deutschen Markt etablierte und mittlerweile auch häufig genutzte wie auch brauchbare Alternative zum Kauf.

Am Beispiel einer Anlage oder eines Arbeitsgeräts, welches jedoch beinahe zu jeden Tag im Unternehmen verwendet wird, kann auch der Kauf die rentablere Entscheidung sein. Es gilt in allen Entscheidungen eine faktische und zahlenbasierende Vorabkalkulation vorzunehmen, damit die bessere Variante (kaufen oder mieten) seriös und nachhaltig bewertet und eingeschätzt werden kann.

| BVW | | mittel | | Einkauf / Kostenmanagement |

Mietwagen nutzen statt hohen Bestand an eigenen Fahrzeugen führen

Durch variable Zuführung/Aufstockung von Mietwagen bei Leistungsspitzen den Firmenwagenbestand an Poolfahrzeugen wirtschaftlich sinnvoll reduzieren

Was möchte ich ändern?

In vielen Unternehmen ist ein hoher Bestand an sog. Poolfahrzeugen vorhanden, damit Mitarbeiter damit Dienstfahrten arrangieren und vornehmen können. Doch kosten diese Fahrzeuge an jedem Tag der Nichtnutzung bares Geld. Diese Kosten teilen sich i.d.R. in Fahrzeugversicherung, Fahrzeugleasingkosten, KFZ-Steuer und sonstigen Wartungsgebühren. Um die Anzahl der Fahrzeugpoolwagen reduzieren zu können, kann man als Unternehmen einen Mindestbestand dieser Flotte behalten und den Rest just-in-time bzw. bei Bedarf durch Leihfahrzeuge kurzfristig aufstocken. Diese Lösung bietet sich in Firmen an, die nachweislich einen hohen Bestand an Geschäftsfahrzeugen (Kleinwagen, Kombis, Bullis, 7-Sitzern, Planwagen, Anhängern usw.) ungenutzt auf dem Firmenparkplatz vorhalten, da diese Flottenmenge in Leistungsspitzenzeiten auch in derartiger Variantenvielfalt im Unternehmen benötigt wird.

Wie möchte ich es ändern (inkl. Umsetzungsdauer kurz-/mittel-/langfristig)?

Baut man diesen vorstehenden beispielhaften hohen Flottenfahrzeugbestand mittelfristig ab, kann man mit regionalen Stationen von Fahrzeugvermietern einen entsprechenden Rahmenvertrag schließen. In diesem Rahmenvertrag ist dann für verschiedene Fahrzeugklassen ein Tagessatz mit Freikilometern genannt. Ebenso bieten viele Dienstleister an, die Fahrzeuge zur Firma zu bringen und auch nach der Nutzungszeit wieder abzuholen. Alternativ ist es auch möglich, sich über einen Einkaufspool an einen großen Rahmenvertrag anzuhängen, um damit attraktive Mietkonditionen erhalten zu können.

Beispielhaft können wir zu diesem Thema die nachstehenden Anbieter, Dienstleister oder Literatur empfehlen. Hier finden Sie bei Bedarf kompetente Unterstützung und aussagekräftiges Informationsmaterial.

Anbieter / Dienstleister / Informationsmaterial
SIXT, www.sixt.de
Europcar, www.europcar.de
Avis, www.avis.de
onepower – Der Einkaufspool, www.one-power.de

Welchen Nutzen bringt die Änderung (Prozessoptimierung / Kostensenkung / ROI, Pro/Contra)?

ROI prognostiziert	1 – 3 Jahre	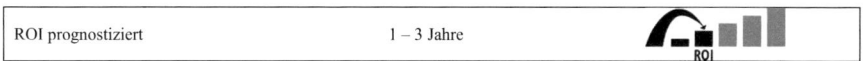

Durch diese Prozessänderung werden laufende Kosten i.d.R. spürbar gesenkt. Ebenso optimiert man den Aufwand für den Erhalt der eigenen Fahrzeugflotte. Aus Einkaufssicht ist diese Maßnahme sehr sinnvoll, da es eine Bedarfs- und Kostenoptimierung darstellt.

Die Anbindung an einen Rahmenvertrag aus einem sog. Einkaufspool ist anzuraten, da somit über die vertragliche Mengenbündelung hohe Rabattstaffeln genutzt werden können, die im unternehmerischen Alleingang nicht zu erzielen wären.

| KVP | mittel | | Einkauf / Kostenmanagement |

Outsourcing unrentabler Bereiche im Unternehmen

Kosten sparen und den Hauptfokus auf das Kerngeschäft der Unternehmung richten

Was möchte ich ändern?

Unrentable und schrumpfende Bereiche sollten betriebsintern kritisch und unter wirtschaftlichen Gesichtspunkten hinterfragt werden. Es gibt Teilbereiche, die in Händen von Dienstleistern besser aufgehoben wären und auch in der Kostenstruktur deutlich günstiger abgewickelt werden könnten.

Ebenso können Lieferantenpartner, die sich auf einzelne spezielle Prozesse konzentriert haben, z.B. die Entfettung von Metallteilen, deutlich effizienter arbeiten, da ein Maschinenpark nur darauf ausgelegt ist, diese Tätigkeiten bestmöglich zu leisten. Fazit: Es kann Arbeitsschritte im eigenen Betrieb geben, die manuell geleistet werden, da sich dafür keine Anlage wirtschaftlich betrachtet lohnen würde. Ein Dienstleister, der nur dieses Handling vom Arbeitsschritt betreibt, hat jedoch technische Anlagen und kann somit einen deutlich besseren Stückkostenpreis für die Tätigkeiten kalkulieren und anbieten.

Wie möchte ich es ändern (inkl. Umsetzungsdauer kurz-/mittel-/langfristig)?

Die Unternehmensleitung sollte auf Basis von einer hausinternen Effizienzkontrolle alle Bereiche genau untersuchen, dann wenig rentable Bereiche in der eigenen Firma bewerten und ggf. verlagern bzw. an Lieferanten outsourcen. Es gibt in vielen Sektoren spezielle Outsourcing-Dienstleister, die sich auf die Tätigkeiten einer sog. „verlängerten Werkbank" spezialisiert haben. Im Umkehrschluss kann sich das eigene Unternehmen wieder mehr auf die Kerntätigkeiten konzentrieren und dadurch oftmals viel wirtschaftlicher agieren.

Beispielhaft können wir zu diesem Thema die nachstehenden Anbieter, Dienstleister oder Literatur empfehlen. Hier finden Sie bei Bedarf kompetente Unterstützung und aussagekräftiges Informationsmaterial.

Anbieter / Dienstleister / Informationsmaterial
VirtualEmployee.com
TEAMProjekt Outsourcing GmbH, www.teamprojekt-outsourcing.de
IT out GmbH, www.itout.de

Welchen Nutzen bringt die Änderung (Prozessoptimierung / Kostensenkung / ROI, Pro/Contra)?

| ROI prognostiziert | 1 – 3 Jahre |  |

Pro-Argumente

- Höhere Effizienz der Arbeitsschritte
- Konzentration auf das Kerngeschäft des Unternehmens
- Kostensenkung im Unternehmen
- Bessere Marktfähigkeit gegenüber Konkurrenzbetrieben
- Steigerung der allgemeinen Marktposition
- Fachkräftemangel
- Schnelleres Tempo bei Veränderungen möglich
- Weniger Investments im Betrieb notwendig
- Mehr Hallenfläche für Kerngeschäft nutzbar

Contra-Argumente

- Ggf. unflexibler im Handling
- Höhere Logistikkosten
- Know-how Verlust
- Qualität kann nur indirekt gesteuert werden.
- Wettbewerbsdifferenzierung, auch ein Wettbewerber kann diesen Dienstleister nutzen
- Kulturelle Unterschiede beim Anspruch von Arbeitsstandards, falls ein Outsourcing in sehr entfernte Länder stattfinden soll, um Lohnkostenvorteile zu nutzen

| KVP | ~~~ | niedrig | ⏱ | Einkauf / Kostenmanagement |

Quick-Win-Themen als Einkaufsprojekt nutzen

Durch gezieltes Aufarbeiten von sog. Quick-Win-Themen im Industrieeinkauf zusätzliche Einsparungen für das eigene Unternehmen generieren

Was möchte ich ändern?

Häufig konzentriert man sich im Einkauf auf die „großen Fische", bzw. kostenintensiven Bereiche oder auch A-Produkte. Jedoch liegt nicht selten ein guter Mehrwert auch in den Randthemen, die oftmals relativ unverhandelt und ohne relevanten Marktvergleich bezogen werden. Sogenannte Quick Win's lassen sich im industriellen Einkauf generieren, in dem man diese konsequent verhandelt und z.B. anschließend per Rahmenvertrag zu einem festen günstigen Preis bezieht.

Wie möchte ich es ändern (inkl. Umsetzungsdauer kurz-/mittel-/langfristig)?

Beliebte Quick-Win-Bereiche sind zum Beispiel:

- Schrauben
- Drucksachen
- Strom, Erdgas
- Entsorgung
- Büromaterial
- Sicherheitsdienst
- Zeitarbeit
- Reisemanagement
- Technische Gase
- Reinigungsmittel
- Drucker / Druckkonzepte
- Festnetz / Mobilfunk / Internet
- Versicherungen
- Fuhrpark (inkl. Mietwagen) und Tankkarten
- Wirtschaftsprüfer und Steuerberater
- Gebäudereinigung
- Übersetzungen
- IT-Hardware

- Werbemittel
- Bankkonditionen, Delkredere, Factoringgebühren
- Öle
- Paketdienst
- Verpackungshilfsmittel (Händlerware)
- Holzpaletten
- Gitterboxen
- Kartonagen

Hier bietet es sich an, in der Einkaufsabteilung Projektteams zu gründen, die konsequent Bereich für Bereich am Markt anfragen, hinterfragen und als Auswertung der jeweiligen Bereichsleitung zur finalen Entscheidung präsentieren. Stellt man hier einige Bereiche auf neue Dienstleister und Konditionen um, können sehr schnell mehr als 100.000 EUR pro Jahr eingespart werden.

Beispielhaft können wir zu diesem Thema die nachstehenden Anbieter, Dienstleister oder Literatur empfehlen. Hier finden Sie bei Bedarf kompetente Unterstützung und aussagekräftiges Informationsmaterial.

Anbieter / Dienstleister / Informationsmaterial

Verhandeln im Einkauf: Praxiswissen für Einsteiger und Profis, Georg Sorge,
ISBN 3658027568

eBook „Königsdisziplin: Strategische Verhandlungsführung",
www.buch-verhandlungsfuehrung.de

Welchen Nutzen bringt die Änderung (Prozessoptimierung / Kostensenkung / ROI, Pro/Contra)?

| ROI prognostiziert | 1 – 3 Jahre | |

Neben den guten Preiseinsparungen werden Dienstleister auch kritisch auf ihre Arbeits- und Servicequalität durchleuchtet und reflektiert. In manchen Fällen ist ggf. bei einer Umstellung die Jahreseinsparung nur wenige tausend Euro hoch, jedoch bietet diese ggf. einen deutlichen Handlingsvorteil, da der Service des jeweiligen Lieferanten möglicherweise flexibler, schneller und effizienter ist. Dies kann dafür sorgen, dass im eigenen Betrieb ebenso Abläufe effizienter werden und dadurch passive Einsparungen erzeugt werden.

BVW		mittel		Einkauf / Kostenmanagement

RFID-Werkzeugverwaltung

Mit einer RFID-Verwaltung zentrale Ordnung im Werkzeugbestand des Betriebs schaffen

Was möchte ich ändern?

In einem wachsenden herstellenden Unternehmen steigt auch die Anzahl der Werkzeuge linear an. Diese sollten professionell verwaltet, gewartet und gelagert werden. Hierbei empfiehlt sich eine innovative Technik, die dafür Sorge trägt, dass im Unternehmen stets bekannt ist, wer welche Werkzeuge gerade in Verwendung hat, wo diese in der Fertigung verwendet werden und auch, wann diese im Nachgang wieder zurück an ein sogenanntes hausinternes Servicecenter gehen.

Ebenso, ob es Beschädigungen oder Beeinträchtigungen am jeweiligen Werkzeug gab, damit diese wieder repariert werden können und das Gerät hierdurch wieder für zukünftige Einsätze voll nutzbar gemacht wird. Des Weiteren sorgt es dafür, dass ggf. vorliegender Werkzeugschwund im Unternehmen abgestellt wird.

Wie möchte ich es ändern (inkl. Umsetzungsdauer kurz-/mittel-/langfristig)?

Diese innovative Technologie nennt sich RFID-Werkzeugverwaltung. Hierbei werden alle unternehmenseigenen Maschinen und Geräte mit einem RFID-Transponder bestückt. Bei der Ausgabe der Werkzeuge in einem Servicecenter werden die Mitarbeiternummer des jeweiligen Ausleihers und der Transpondercode der jeweiligen Gerätschaft miteinander im System verbunden. Damit ist der Verleihprozess im Unternehmen digitalisiert und nachvollziehbar dokumentiert. Hierbei wird z.T. auch mit vollautomatischen Werkzeugbrücken gearbeitet, die bei Durchquerung direkt den Mitarbeiter über einen Mitarbeiterchip erkennen und das jeweilige Gerät anhand des RFID-Transponders zuordnen.

Beispielhaft können wir zu diesem Thema die nachstehenden Anbieter, Dienstleister oder Literatur empfehlen. Hier finden Sie bei Bedarf kompetente Unterstützung und aussagekräftiges Informationsmaterial.

Anbieter / Dienstleister / Informationsmaterial

OPAL Associates Holding AG, www.rfid-loesungen.com/rfid_werkzeugverwaltung.html

Welchen Nutzen bringt die Änderung (Prozessoptimierung / Kostensenkung / ROI, Pro/Contra)?

ROI prognostiziert	4 – 6 Jahre	

Die Verantwortung für Geräte, Maschinen und Werkzeuge wird an die direkten Mitarbeiter übertragen. Es ist genau festzustellen, wer wann was für welchen Bereich ausgeliehen hat. Die Einheiten werden besser und pfleglicher behandelt und in einem guten Zustand retourniert. Dies führt dazu, dass weniger Schwund (Stichwort Diebstahlschutz) von Firmeninventar vorhanden ist und auch das Stamminventar länger nutzbar ist, was zu einer besseren Wirtschaftlichkeit führen wird.

| BVW | mittel |  | Einkauf / Kostenmanagement |

Rückmietverkauf bei der Anschaffung von Maschinen verwenden

Hohe Kapitalbindung durch Sale-Lease-Back vermeiden

Was möchte ich ändern?

Maschinen sind in der Regel für herstellende Betriebe die elementare Fertigungsgrundlage. Jedoch bindet man mit dem Kauf von vielen Maschinen auch einen großen Teil vom Firmenkapital. In häufigen Fällen finanzieren Unternehmen solche Anlagen, zahlen diese mit den Jahren ab und haben dann hohes gebundenes Kapital in diesen Maschinen. Als Alternative hierzu bietet es sich an, das Sale-Lease-Back-Verfahren bzw. den Rückmietverkauf als Option zu betrachten.

Wie möchte ich es ändern (inkl. Umsetzungsdauer kurz-/mittel-/langfristig)?

Für den Rückmietkauf gibt es verschiedene Bezeichnungen, wie auch „Sale-and-Rent-Back" oder „Sale-Lease-Back". Beides meint die Grundlage eines Vertragsabschlusses, in der Maschinen von einem Unternehmen im Eigentum an eine Leasinggesellschaft übergehen. Das Besondere dabei ist, dass die Maschinen beim Unternehmer trotz des Verkaufs verbleiben. Der weitere Vertragsinhalt eines Rückmietverkaufs ist der, dass die Leasinggesellschaft die Anlage zur weiteren Nutzung an den Unternehmer für eine vereinbarte Vertrags- und Nutzungszeit zurückvermietet. Insofern hat die Firma keine hohen gebundenen Kapitalwerte im Maschinenpark, die unternehmerisch auch anderweitig genutzt werden können.

In einigen dieser Vertragsarten wird auch der spätere Rückverkauf an das Unternehmen vereinbart, in manchen dann aber auch die Entfernung bzw. Abholung der Altanlage nach einer langjährigen Nutzung. Gerade auch in Firmen, die auf dem aktuellen Stand der Anlagentechnik bleiben möchten, bietet sich dieses Verfahren als berechenbarer Teil einer Unternehmensentwicklung an.

Beispielhaft können wir zu diesem Thema die nachstehenden Anbieter, Dienstleister oder Literatur empfehlen. Hier finden Sie bei Bedarf kompetente Unterstützung und aussagekräftiges Informationsmaterial.

Anbieter / Dienstleister / Informationsmaterial

UniCredit Leasing GmbH, www.unicreditleasing.de

Welchen Nutzen bringt die Änderung (Prozessoptimierung / Kostensenkung / ROI, Pro/Contra)?

ROI prognostiziert	1 – 3 Jahre	

Ein Rückmietverkauf wird nicht nur für Maschinen angeboten, sondern auch z.B. für Immobilien, Lastkraftwagen, Firmenfahrzeuge, Baumaschinen usw.

Der primäre Vorteil liegt im Abbau der hauseigenen Unternehmenskapitalbindung, aber auch darin, Liquiditätsengpässe zu überbrücken, wenn nicht ausreichend Bonität für reguläre Kredite vorhanden ist.

Ein weiterer Nutzen ist die Einnahme des sog. Barwertvorteils, dieser beschreibt die Differenz zwischen dem Verkaufswert und den Leasinggebühren.

| KVP |  | mittel | ⏱ | Einkauf / Kostenmanagement |

Stromkosten optimieren durch Kontrolle der Mengen- und Marktbewegungen

Mittels einer nachhaltigen Verbrauchskontrolle von Industriestrom Marktschwankungen nutzen und somit Stromkosten konsequent für das eigene Unternehmen optimieren

Was möchte ich ändern?

Energiecontrolling ist ein gutes Mittel, um Verbräuche, Bezugskosten und Optionen besser bewerten zu können. Dennoch benötigt man auch aufgrund von bestehenden Verträgen sowohl bei einer Vertragsumstellung ausreichend Vorlaufzeit für die detaillierte Prüfung des Marktes und zusätzlich auch ausreichend Zeit, um die Vertragslaufzeiten des aktuell vorliegenden Vertrags entsprechend einzuhalten.

Wie möchte ich es ändern (inkl. Umsetzungsdauer kurz-/mittel-/langfristig)?

Verschafft man sich kurzfristig eine gute Marktkenntnis im Energiesektor, um Strom- und Gasbeschaffungen im Unternehmen bewerten zu können, ist eine Umstellung i.d.R. recht zeitintensiv. Der moderne Einkauf bzw. die moderne Materialwirtschaft in Industriebetrieben hat bereits vor langer Zeit erkannt, dass man nicht alles selbst perfekt beherrschen und autark können muss, sondern sein Energie- und Leistungsvermögen auf Kernpunkte konzentrieren sollte. Für Randthemen kann man kompetente Fachkräfte wie i.d.F. Energieberater oder Fachverbände zu Rate ziehen. Diese Fachexperten fokussieren sich permanent auf dieses Thema und haben enorme Markt- und Branchenkenntnisse, die auch für das jeweils eigene Unternehmen hohe Einsparungen und Vorteile bringen können. Sowohl im Bereich des Energie-Controllings, als auch des Energie-Monitorings gibt es an dieser Stelle viele Experten, die gute und sehr wertvolle Arbeit als Dienstleister liefern.

Beispielhaft kann hier der VEA (Bundesverband der Energie- Abnehmer e.V.) empfohlen werden. Der Verein hat eine breite Anzahl von Mitgliedern, die, in Kurzform genannt, im Verein gemeinsam sparen, indem man Mengen an Strom und Gas bündelt und bei Sonderfragen auch auf die Vereinsexperten setzt, um kompetente Antworten zu erhalten. Hierbei konzentriert sich der VEA e.V. auf vier wesentliche Inhalts- und Themenbausteine:

1) Markttransparenz
- Preisindikation zeigt aktuell mögliches Einsparpotenzial
- VEA-Extranet mit tagesaktuellen Infos exklusiv für Mitglieder
- Infos zu Energiesteuern und Abgaben
- Hintergrundwissen und wertvolle Informationen per E-Mail im VEA-Newsletter
- Beratungsgespräche auf regionalen Info- und Beratungstagen bieten einen Wissensvorsprung
- Interessenvertretung in Politik und Gesellschaft
- VEA-Rechtsberatung – eine mündliche Erstberatung/Jahr kostenfrei

2) Beschaffung
- VEA-Preiswächter: automatische Benachrichtigung über Zielpreiserreichung in zukünftigen Lieferperioden
- Prüfung der Lieferangebote auf Marktüblichkeit
- Unterstützung bei Verhandlungen mit aktuellen Lieferanten
- Aufzeigen von möglichen Beschaffungslösungen
- VEA-Online.de: Auktionen von Strom und Gas

3) Controlling
- Jährliche Rechnungsprüfung
- Prüfung der Lieferverträge auf energiewirtschaftlichen Inhalt und Üblichkeiten
- Prüfung von Netznutzungsverträgen
- Information zu Netzentgeltänderungen
- Prüfung von Preisänderungsmitteilungen
- Benchmark (Strom- und Erdgaspreise)

4) Energieeffizienz
- Beratung in allgemeinen energietechnischen Fragen
- Monatlicher und jährlicher Lastgangreport
- Prüfung Netzanschlussverträge
- Jährliche Überprüfung auf atypische Netznutzung

Auch Online-Ausschreibungen können konkret und gezielt vom VEA für ein Industrieunternehmen vorgenommen werden. Durch den gewissen Auktionscharakter erhält man einen attraktiven Marktpreis und spart in der Regel als Firma hohe Summen pro Jahr an Energiekosten ein.

Hinweis

Bitte beachten Sie in diesem Zusammenhang das Interview mit dem Mitarbeiter der VEA, Christian Otto, im hinteren Teil des Buches.

Beispielhaft können wir zu diesem Thema die nachstehenden Anbieter, Dienstleister oder Literatur empfehlen. Hier finden Sie bei Bedarf kompetente Unterstützung und aussagekräftiges Informationsmaterial.

Anbieter / Dienstleister / Informationsmaterial
VEA e.V. (Bundesverband der Energie Abnehmer), www.vea.de
VEA Beratungs-GmbH, www.vea.de
onepower – Der Einkaufspool, www.one-power.de
Energieberatung MB	ConsultMe, www.mb-consult.me

Welchen Nutzen bringt die Änderung (Prozessoptimierung / Kostensenkung / ROI, Pro/Contra)?

ROI prognostiziert	1 – 3 Jahre	

Der Hauptnutzen in diesem Umsetzungskonzept sind die Jahreseinsparungen im Energiesektor eines jeweiligen Unternehmens.

Zusätzlich bekommt man wertvolle Brancheninformationen, die man gezielt für die nächsten Verhandlungen in dem Bereich nutzen und einbringen kann.

Durch die breite Auswahl an Geschäftsstellen z.B. des VEA e.V. hat man sowohl Ansprechpartner vor Ort, als auch für noch schnellere Kontaktaufnahmen kompetente Ansprechpartner, die telefonisch beraten und weiterhelfen können.

Fazit

Derzeit ist die hohe Fachkompetenz des Bundesverbands klar zu belegen, denn der Bundesverband der Energie-Abnehmer e.V. (VEA) ist lt. Selbstauskunft seit 1950 die größte Energie-Interessengemeinschaft des deutschen Mittelstands. Er vertritt mehr als 4.500 Industrie- und Handelsunternehmen aller Branchen sowie öffentliche Einrichtungen mit mehr als 20.000 Abnahmestellen im gesamten Bundesgebiet. Der VEA steht für Kompetenz, Fairness und Unabhängigkeit.

BVW		mittel		Einkauf / Kostenmanagement

Telefonkosten im Unternehmen optimieren

Durch die Anpassung auf marktgerechte Tarife und bedarfsgerechte Vertragsbausteine gezielt Telefonkosten im Sektor Festnetz und Mobiltelefonie reduzieren

Was möchte ich ändern?

In dem „heutigen Tarifdschungel" von diversen Anbietern im Bereich der Mobiltelefonie und auch Festnetzanbietern den Überblick zu behalten, ist bei einem industriellen internen Randthema nicht sonderlich leicht. Gerade solche Bereiche sollten Selbstläufer sein und wenig Arbeitskraft in einem Unternehmen binden. Dennoch lohnt sich der stetige Vergleich von Rahmenverträgen, damit man keine unnötigen Kosten in der Firma erzeugt, die optimiert darstellbar wären.

Wie möchte ich es ändern (inkl. Umsetzungsdauer kurz-/mittel-/langfristig)?

Durch den Einsatz von externen Telefonie-Experten kann ein Unternehmen sowohl eine bessere IT- und Telekommunikationstechnik gewinnen, als auch signifikante Einsparungen erzielen. In diesem Geschäftsbereich gibt es Dienstleister, die über tiefe Erfahrungen in Standortvernetzung, Rechenzentrumsdiensten, Telekommunikation (TK) und auch Informationstechnologie verfügen. Die Bezahlung dieser Berater erfolgt dann i.d.R. anteilig nach Umsetzungserfolg und findet neutral und unabhängig von einzelnen TK-Anbietern statt. Setzt man auf diese externe Beratung, bekommt man i.d.R. einen sehr guten marktgerechten Überblick, der neben Einsparpotenzialen auch den realen hausinternen technischen Bedarf im Geschäftsfeld der gesamten Unternehmenstelekommunikation aufzeigt.

Beispielhaft können wir zu diesem Thema die nachstehenden Anbieter, Dienstleister oder Literatur empfehlen. Hier finden Sie bei Bedarf kompetente Unterstützung und aussagekräftiges Informationsmaterial.

Anbieter / Dienstleister / Informationsmaterial

LANCON GmbH, www.lan-con.de

Welchen Nutzen bringt die Änderung (Prozessoptimierung / Kostensenkung / ROI, Pro/Contra)?

ROI prognostiziert	1 – 3 Jahre	

Neben der Chance auf die Erzielung von hohen Einsparungen steht bei dieser Themenbetrachtung auch die technische Optimierung im Hauptfokus. Diese ist wichtig, damit effizient und zielgerichtet gearbeitet werden kann. Gerade Übertragungsgeschwindigkeiten sollten dem heutigen Stand der Technik angepasst sein und keine unternehmenseigenen Ressourcen an Mitarbeiterarbeitszeit binden. Hiermit ist z.B. eine schlechte Übertragung zwischen zwei Werken innerhalb des gleichen ERP-Systems gemeint, die dazu führt, dass Mitarbeiter ineffizient arbeiten müssen. Ebenso sollte eine ausreichende Datensicherung stets gewährleistet sein, was auch in manchen Firmen noch sehr beiläufig betrachtet wird, jedoch auch durch externe Dienstleister in solchen Projekten auf den aktuellsten Stand gebracht werden sollte.

BVW	niedrig		Einkauf / Kostenmanagement

Verkauf von Kunststoff-Recyclingwertstoffen

Kunststoffabfälle sammeln und an Recyclingunternehmen verkaufen anstatt Kosten für Entsorgung zu erzeugen

Was möchte ich ändern?

Wenn in einer Firma größere Mengen an Kunststoffresten anfallen, kann man diese anstelle der kostenpflichtigen Entsorgung über den jeweiligen Entsorgungsdienstleister auch erlösbringend an eine Fachfirma im Segment Kunststoff-Recycling verkaufen. Hierbei müssen im Vorfeld die Sorten, Mengen und Zustände eingestuft und bewertet werden.

Wie möchte ich es ändern (inkl. Umsetzungsdauer kurz-/mittel-/langfristig)?

Vorab muss inhaltlich geklärt werden, welche Lieferanten/Abnehmer sich für den Kunststoffabfall interessieren, denn es handelt sich um einen Wertstoff, der in aufbereiteter Form wiederverwendet werden kann. Stuft man die verschiedenen Kunststoffe gezielt ein, erhält man eine Auswahl von z.B. PMMA XT, PMMX XT, PC massiv, PC Stegdoppelplatten, PC CD/DVD, PS, PVC hart, PVC weich, PVC Schaumplatten, PE, PET-A, PET-G, ABS, POM, PA, PP, SAN usw.

Anschließend werden die prognostizierten Mengen bewertet und danach kann auch der grobe Zustand eingestuft werden. Ist dies erfolgt, kann man seinen Kunststoff bei z.B. drei verschiedenen Recyclingunternehmen für Kunststoffe anbieten und anschließend zum bestmöglichen Preis vermarkten. Dies spart nicht nur die ursprünglich zu planenden Entsorgungskosten, sondern bringt auch noch zusätzliche Einnahmequellen für die Unternehmung.

Beispielhaft können wir zu diesem Thema die nachstehenden Anbieter, Dienstleister oder Literatur empfehlen. Hier finden Sie bei Bedarf kompetente Unterstützung und aussagekräftiges Informationsmaterial.

Anbieter / Dienstleister / Informationsmaterial

Krall Kunststoff-Recycling GmbH, www.kunststoff-recycling.de/material-ankauf.html
IHK-Recyclingbörse, www.ihk-recyclingboerse.de

Welchen Nutzen bringt die Änderung (Prozessoptimierung / Kostensenkung / ROI, Pro/Contra)?

ROI prognostiziert	1 – 3 Jahre	

Neben der Kostensenkung für den ursprünglichen Entsorgungsweg erschließt sich eine neue Einnahmequelle. In einem Beispielprojekt wurden dadurch in einer mittelgroßen Firma zusätzlich 60.000 EUR pro Jahr Mehreinnahmen erzielt. Natürlich handelt es sich bei dieser Berechnung um große Industriemengen und keine Kleinmengen wie z.B. aus Durchschnittshaushalten.

Standardprozess und normale Abwicklung
Herstellendes Unternehmen A
zahlt pro Monat
an Beispiel-Entsorgungsunternehmen B
1.000 EUR für die überschüssigen Kunststoffabfälle
= 12.000 EUR pro Jahr an Entsorgungskosten

Änderung des Prozesses auf Vermarktung der Kunststoffabfälle
Herstellendes Unternehmen A
erhält pro Monat
vom Beispiel-Kunststoff-Recyclingunternehmen C
4.000 EUR für die überschüssigen Kunststoffabfälle
= 48.000 EUR pro Jahr an zusätzlichen Einnahmen

Abbildung 14: Beispielkalkulation (Quelle: Christian Flick / Mathias Weber)

Summiert man die ursprünglich geplanten Kosten, welche nun nicht mehr anfallen, mit den neuen Einnahmen, kann man in diesem durchgeführten Beispielprojekt von einer Unternehmensmehreinnahme in Höhe von 60.000 EUR sprechen.

| KVP |  | niedrig | ⏱ | Einkauf / Kostenmanagement |

Wartungsvertrag in Firmen-Leasingverträge für Fahrzeuge integrieren

Durch die Integration von Wartungseinheiten in die neuen Leasingverträge hohe Einsparungen erzielen

Was möchte ich ändern?

Wartungs- und Servicekosten bei Fahrzeugen sind oft schwer kalkulierbar und zum Teil der gefühlten Kalkulationswillkür der Dienstleister unterworfen. Diese Kosten sind zwar in Unternehmen bei weitem nicht die höchsten Kostenblöcke, jedoch sind auch diese Bereiche optimierungsfähig und kritisch zu hinterfragen.

Wie möchte ich es ändern (inkl. Umsetzungsdauer kurz-/mittel-/langfristig)?

Bei Neuabschluss von Leasingfahrzeugverträgen lohnt es sich, eine feste Servicepauschale für Wartungen und Standardserviceeinsätze zu integrieren. Dies ist oftmals zusammen mit den Fahrzeugleasingkosten für Firmen von den Fahrzeugherstellern subventioniert.

Welchen Nutzen bringt die Änderung (Prozessoptimierung / Kostensenkung / ROI, Pro/Contra)?

| ROI prognostiziert | 1 – 3 Jahre | 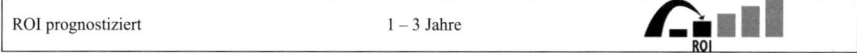 |

Durch diese Servicepakete umgeht man unkalkulierbare hohe Werkstattkosten für Firmenfahrzeuge und spart indirekt durch die anfänglichen Mehrkosten nachträglich Geld.

Falls eine Firmenfahrzeugflotte inkl. Poolfahrzeugen etwas größer ausfällt, kann dieser Schritt der integrierten Servicepauschalen viele tausend Euro pro Jahr für das jeweilige Unternehmen einsparen.

BVW	niedrig		Einkauf / Kostenmanagement

Werbemitteloutsourcing

Durch die Übertragung des Handlings von Werbemitteln Zeit und Geld für das eigene Unternehmen einsparen

Was möchte ich ändern?

Jedes Unternehmen hat es, jedes Unternehmen nutzt es und die Außendienstmitarbeiter möchten ebenfalls nicht darauf verzichten: Werbemittel verbinden Kunden und Lieferanten. Sie zeigen, dass eine kleine Geste einen nachhaltigen Eindruck vermittelt. Doch stellt sich dabei die Frage, ob das Handling wirklich betriebsintern vorgenommen werden muss und ob sich ein Unternehmen dafür langfristig eine eigene Arbeitskraft leisten möchte. Genau dieser Aspekt darf betriebsintern hinterfragt und wirtschaftlich durchleuchtet werden.

Wie möchte ich es ändern (inkl. Umsetzungsdauer kurz-/mittel-/langfristig)?

Die Übertragung der Werbemittelbeschaffung, der Werbemittellagerung und des logistischen Handlings an die eigenen Vertriebsmitarbeiter sollte überdacht werden. Hierbei kann man als Outsourcing-Maßnahme diese Verantwortung an einen kompetenten Dienstleister abgeben. Die grobe Materialvorauswahl könnte beim eigenen Unternehmen bleiben, die weiteren Teilschritte übernimmt die Werbemittelfirma. Hierbei kommen auch häufig relativ große Sortimente zusammen, die sich vom individualisierten Kugelschreiber, Feuerzeug, Maßband, T-Shirt, Buch, Regenschirm und bis hin zur firmeneigenen Design-Sammeltasse etc. erstrecken.

Beispielhaft können wir zu diesem Thema die nachstehenden Anbieter, Dienstleister oder Literatur empfehlen. Hier finden Sie bei Bedarf kompetente Unterstützung und aussagekräftiges Informationsmaterial.

Anbieter / Dienstleister / Informationsmaterial

Trendline Promotion – Werbemittel und mehr, www.trendline-promotion.de

Welchen Nutzen bringt die Änderung (Prozessoptimierung / Kostensenkung / ROI, Pro/Contra)?

| ROI prognostiziert | 1 – 3 Jahre | 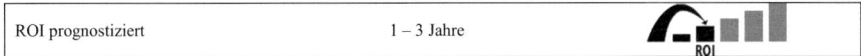 |

Der hauseigene Nutzen liegt primär darin, dass die Mitarbeiter sich auf wichtigere Tätigkeiten konzentrieren können, dies spart Kosten und schafft Effizienz. Ebenso hat der Werbemitteldienstleister Einkaufs-, Lager- und Logistikvorteile, die er gezielt einsetzen kann und in seiner Kalkulation auch berücksichtigen wird.

Dies schafft aufgrund der Mengenbündelungen auch oftmals sehr attraktive Bezugspreise für das eigene Unternehmen. Entweder werden dann ggf. die Einzelkosten pro Werbemittel günstiger, oder etwa das Lagern und Versenden kann kostenneutral integriert werden. Ebenso ist die Reaktionsgeschwindigkeit beim Versenden häufig beim Dienstleister schneller als über die hausinterne Paketlogistik.

Gewinnt ein Unternehmen mit dieser Outsourcing-Maßnahme folglich einen neuen strategischen Lieferantenpartner, kann man auch Sortimentsvorteile im Werbemittelsegment erhalten, da die Dienstleister mehr Marktkenntnisse aufweisen und Neuigkeiten aus der Branche schneller erfahren.

Dies kann dazu führen, dass man oftmals sehr innovative Werbeartikel ausgeben kann, was wiederum dafür sorgt, dass die eigene Unternehmung und Marke zusätzlich im Außenbild individuell und neuartig auf Kunden wirkt.

| BVW | niedrig | Einkauf / Kostenmanagement |

Werkskurier zwischen mehreren Werken auslagern

Durch die Übertragung von Werkskuriertätigkeiten auf einen externen Dienstleister Kostenvorteile generieren

Was möchte ich ändern?

In vielen Unternehmen, die in der gleichen Stadt mehrere Standorte haben, fahren hochbezahlte Fachkräfte zwischen den Werken hin und her, damit Bauteile oder Originaldokumente ausgetauscht werden können. Hierbei ist einerseits die Fahrzeit der

Mitarbeiter relativ teuer, des Weiteren kann der Facharbeiter in dieser Zeit auch seiner eigentlich vorgesehenen Tätigkeit nicht nachgehen.

Wie möchte ich es ändern (inkl. Umsetzungsdauer kurz-/mittel-/langfristig)?
Durch das Auslagern solcher Tätigkeiten an externe Dienstleister schafft sich das Unternehmen wieder Freiräume und legt den Hauptfokus auf die eigentlichen Tätigkeiten der jeweiligen Mitarbeiter. Sowohl Kurierdienstunternehmen als auch z.T. Taxiunternehmen aus dem jeweiligen Ort übernehmen diese Tätigkeiten problemlos. Damit die Kosten auch dafür im Rahmen bleiben, bietet es sich an, im Vorfeld einen Rahmenvertrag mit dem Dienstleistungsunternehmen zu verhandeln und abzuschließen. Über das Jahresvolumen der gesamten Dienstleistung kann somit ein guter Tagessatz vereinbart werden, der für beide Seiten noch attraktiv und wirtschaftlich ist. Alternativ kann man für solche Tätigkeiten auch einen Rentner beschäftigen, der eine Nebentätigkeit z.B. auf Minijob-Ebene sucht und sich noch einbringen möchte.

Beispielhaft können wir zu diesem Thema die nachstehenden Anbieter, Dienstleister oder Literatur empfehlen. Hier finden Sie bei Bedarf kompetente Unterstützung und aussagekräftiges Informationsmaterial.

Anbieter / Dienstleister / Informationsmaterial
www.netzsieger.de/k/kurierdienste
www.verkehrsmittelvergleich.de/taxi

Welchen Nutzen bringt die Änderung (Prozessoptimierung / Kostensenkung / ROI, Pro/Contra)?

ROI prognostiziert	1 – 3 Jahre	

Betrachtet man in diesem Konzept die Hauptnutzen, sind diese wie folgt zu nennen:
- Indirekte Kostensenkung im Betrieb.
- Mitarbeiter werden für die eigentlichen Kerntätigkeiten genutzt.
- Poolfahrzeuge werden für andere Fahrten freigehalten.

IT-Prozesse / Technologie

BVW	niedrig		IT-Prozesse / Technologie

Betriebsanleitungen für Maschinen und technische Anlagen digital verfügbar machen

Mittels papierlosen digitalen Betriebsanleitungen eine betriebsinterne Wissensplattform für den Maschinen- und Anlagenpark aufbauen

Was möchte ich ändern?

Wenn ein Maschinenpark erneuert und erweitert wird, erhöht sich auch die Anzahl der in der Regel umfangreichen Handbücher in Papierform. Gerade bei Störungsmeldungen greifen viele Maschinenbediener gerne zum Handbuch, um den Fehlercode näher bewerten zu können. Damit Unterbrechungen im Produktionsfluss minimiert werden und ein schneller Zugriff zum Handbuch möglich ist, bietet es sich an, alle Handbücher digital vorrätig zu haben.

Wie möchte ich es ändern (inkl. Umsetzungsdauer kurz-/mittel-/langfristig)?

Da es problematisch sein kann, wenn die Betriebsanleitung einer technischen Anlage im Störfall erst gesucht werden muss, wenn diese in Papierform in einem Büro oder Sammelplatz vorliegt, ist hier Optimierungsbedarf gefragt. Oftmals wird lange gesucht, bis die richtige Anleitung gefunden ist, dann blättert man nochmal ausführlich nach, bis der richtige Beitrag zum jeweiligen Störfall gefunden wird. All dies kostet Zeit und auch Geld, weil Anlagen nicht in Funktion sind und Mitarbeiter in der Lösungsfindung zeitaufwendig eingebunden werden.

Daher ist anzuraten, Betriebsanleitungen konsequent auf einem zentralen und zugänglichen Netzlaufwerk oder im Intranet als PDF-Dokument verfügbar zu machen, sodass jeder relevante Mitarbeiter über einen PC oder ein Tablet schnell im Fall der Fälle Zugriff auf die Informationen nehmen kann.

Weitere Benefits wären, dass man die richtige Betriebsanleitung per Suche nach der internen Maschinen-Inventarisierungsnummer finden könnte (z.B. „STANZAUTOMAT_WERK2_46" oder „XY12345"). Und nicht zuletzt eine mögliche Volltextsuche in der Anleitung nach Begriffen, Fehlercodes etc. Der Maschinenhersteller würde sicherlich auf Anfrage ein durchsuchbares PDF-Dokument zur Verfügung stellen.

Haben Maschinen neue Firmware, also Betriebssysteme, oder Zusatzmodule erhalten, so ließe sich auch eine Archivierung der entsprechenden Betriebsanleitungen mit lückenloser Historie vornehmen.

Welchen Nutzen bringt die Änderung (Prozessoptimierung / Kostensenkung / ROI, Pro/Contra)?

Effizienzsteigerung

Durch die schnelle Auffindbarkeit der Maschinendaten und Störungsinformationen können Mitarbeiter Anlagenstörungen und Maschinenausfälle spürbar minimieren. Dies spart wertvolle Zeit, in der Maschinen laufen können und Mitarbeiter sich auf die eigentliche Tätigkeit konzentrieren.

| KVP | | mittel | | IT-Prozesse / Technologie |

Eigener Onlineshop trotz Händlernetz

Konflikte mit den stationären Fachhändlern durch aktive Einbeziehung in ein erfolgreiches E-Commerce Konzept vermeiden

Was möchte ich ändern?

Viele Hersteller von Markenartikeln mit Vertrieb über ein Händlernetz schrecken davor zurück, eine eigene E-Commerce Plattform aufzubauen. Ursache ist das sehr hoch bewertete Risiko, dass es zu erheblichen Konflikten mit den etablierten Händlern kommt und ein Teil des bestehenden Vertriebswegs sowie in Folge auch Umsatzes wegbricht, bevor der eigene Onlinevertrieb solide läuft. Dennoch besteht das Gefühl bei den Unternehmen, die Chancen, die der Onlinehandel mit seinen außerordentlich hohen Wachstumsraten bietet, zu verpassen.

Wie möchte ich es ändern (inkl. Umsetzungsdauer kurz-/mittel-/langfristig)?

Es gilt, den Online-Vertriebsweg parallel zum Händlernetz auf den Weg zu bringen, ohne dessen Existenzgrundlage anzugreifen. Dies erreicht man, indem man den stationären Fachhandel aktiv in sein E-Commerce Konzept einbezieht und am Onlineumsatz beteiligt.

Einfach betrachtet, baut man einen Onlineshop auf, der neben Versand an eine Postadresse auch das Abholen in einem Fachgeschäft für Besteller bietet. Dabei ist die Abholung kostenfrei und der Postversand damit finanziell unattraktiver. Die Auswahl des Fachhändlers obliegt dem bestellenden Kunden anhand seiner geografischen Nähe.

Der ausgewählte Fachhändler erhält auf den online getätigten Kauf eine Marge bzw. Provision und hat darüber hinaus die Gelegenheit, den Kunden, der seine Bestellung im Geschäft abholt, zu weiteren Käufen vor Ort zu animieren (Cross-Selling). Auch bei Postversand direkt durch den Hersteller wäre es denkbar, dem geografisch nächsten Fachhändler zum bestellenden Kunden automatisiert eine Provision zu leisten.

In der Branche der E-Commerce Systemanbieter wird dieser Lösungsansatz „buy online, pick up in store" genannt.

In vielen Onlinestore-Lösungen ist dieser Absatzkanal bereits in der Software integriert und als Shop-betreibendes Unternehmen kann man recht zeitnah die technische Umsetzung des Konzepts vornehmen.

Beispielhaft können wir zu diesem Thema die nachstehenden Anbieter, Dienstleister oder Literatur empfehlen. Hier finden Sie bei Bedarf kompetente Unterstützung und aussagekräftiges Informationsmaterial.

Anbieter / Dienstleister / Informationsmaterial

Wachstum durch Direktvertrieb im E-Commerce: Chancen und Risiken im Online-Handel für herstellende Unternehmen, Christian Flick, ISBN 3842880782

Welchen Nutzen bringt die Änderung (Prozessoptimierung / Kostensenkung / ROI, Pro/Contra)?

| ROI prognostiziert | 4 – 6 Jahre | |

Der Onlinevertrieb ist ein nicht aufzuhaltender gesellschaftlicher Wandel und darüber hinaus von Seiten der Konsumenten explizit gewünscht. Verschließt sich ein Unternehmen vor dieser Entwicklung, um seinen vorhandenes Vertriebsnetz zu schonen, kann dies mittelfristig problematisch bis existenzgefährdend werden.

Sicherlich sind Investition im sechsstelligen EUR-Bereich für die Schaffung einer qualifizierten E-Commerce Lösung vonnöten, doch ist anhand des vorhandenen und prognostizierten Wachstums in diesem Feld ein Return-of-Invest innerhalb weniger Jahre realistisch.

Der Fachhandel wird aus seiner Sichtweise mit der nötigen Sensibilität behandelt und profitiert vom Onlinehandel des Herstellers.

Weitere und tiefgehende Informationen zu dieser Thematik bietet der Mitautor Christian Flick im vorstehenden Fachbuch „Wachstum durch Direktvertrieb im E-Commerce".

KVP		mittel		IT-Prozesse / Technologie

Einführung einer Wettbewerbsprodukte-Datenbank

Marktkenntnisse für Vertriebsgespräche nutzen und den USP der Eigenprodukte herausstellen

Was möchte ich ändern?

Bei Herstellern von Markenprodukten, die sich in einem umfassenden Wettbewerbsumfeld befinden, besteht das Wissen über vergleichbare Marktbegleiterprodukte in der Regel punktuell verteilt. Mitarbeiter der Abteilungen Produktmanagement und Vertriebsaußendienst kennen das jeweilige Marktumfeld innerhalb ihrer zuständigen Bereiche. Andere Kollegen sind hier oftmals außen vor. Bei Fluktuation unter den genannten Mitarbeiter geht derartige Marktkenntnis verloren.

Wie möchte ich es ändern (inkl. Umsetzungsdauer kurz-/mittel-/langfristig)?

Mithilfe der Einführung einer Wettbewerbsprodukte-Datenbank lassen sich diese Informationen nachhaltig dokumentieren und für alle relevanten Mitarbeiter transparent sichtbar machen.

So können bspw. Mitarbeiter im Vertriebsinnendienst, die den Verkaufsberater eines Fachhändlers am Telefon haben, schnell das äquivalente Eigenprodukt anhand eines Wettbewerbsproduktes herausfinden und nennen, und auch gleich den Wettbewerbsvorteil für das eigene Produkt über eine in der Datenbank hinterlegte USP-Argumentation ergänzen. Die Herstellung von Verbindungen zwischen Eigen- und Mitbewerberprodukten und auch die Nennung von USPs bzw. Vorteilsargumentationen sind dabei klassische Aufgaben des Produktmanagements.

Darüber hinaus lassen sich über eine derartige Datenbanklösung Marktpreise beobachten. Die Außendienstler melden dem System einzelne ausgezeichnete Preise der Wettbewerbsprodukte und über Auswertungen ganzer Zeiträume lässt sich ein Preisindex herstellen, der auch der Preisfindung und -überarbeitung für die eigenen Produkte dienlich sein kann.

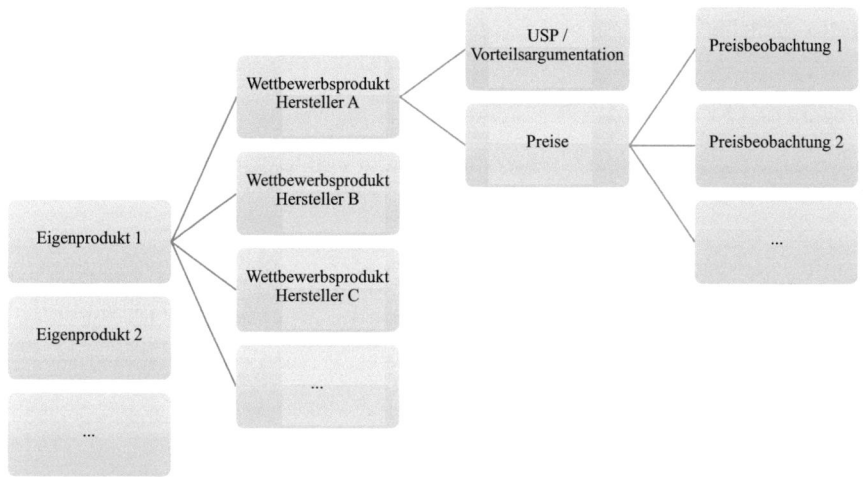

Abbildung 15: Hierarchischer Aufbau einer Wettbewerbsprodukte-Datenbank (Quelle: Christian Flick / Mathias Weber)

Die Schaffung einer derartigen Lösung über einen Dienstleister im Bereich Softwareentwicklung dauert erfahrungsgemäß zwischen einem viertel und einem halben Jahr. Die initiale Zusammenstellung der dort einzustellenden Informationen kann parallel im Unternehmen durch Produktmanagement und Vertrieb vonstattengehen.

Die Aktualisierung der Informationen, gerade im Hinblick auf Überarbeitung des Produktportfolios im eigenen Hause wie auch bei den Marktbegleitern, ist dabei eine stetige Aufgabe.

Welchen Nutzen bringt die Änderung (Prozessoptimierung / Kostensenkung / ROI, Pro/Contra)?

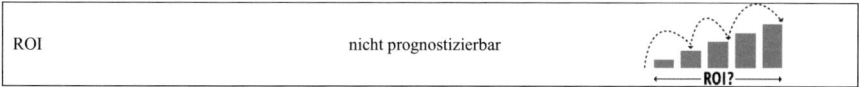

Ein ROI ist für die Einführung einer Wettbewerbsprodukte nicht messbar, allerdings wird der Handlungsspielraum für den Vertrieb in erheblichem Maße gesteigert, indem umfassende und dokumentierte Marktinformationen in den Vertrieb Einzug halten. Darüber hinaus macht sich ein Unternehmen unabhängiger von einzelnen Mitarbeitern und deren Kenntnis über den Markt.

| KVP  | mittel | | IT-Prozesse / Technologie |

Einführung IT-gestützter Workflows

Schnelle und fundierte Freigaben sicherstellen und verwalten

Was möchte ich ändern?

In vielen geschäftlichen Vorgängen innerhalb der Industrie wie z.B. beim Abschluss von Verträgen müssen mehrere fachliche bzw. übergeordnete Stellen innerhalb eines Unternehmens ihre Freigabe erteilen. Bspw. könnte ein Szenario sein, dass der ausführende Einkaufssachbearbeiter bei der Beschaffung von Rohstoffen im Wert mehrerer hunderttausend Euro in der Bestellanforderung (BANF) im Sinne eines Vier- oder Mehr-Augen-Prinzips die Unterschrift des Abteilungsleiters und auch ggf. einer Person mit Handlungsvollmacht oder Prokura benötigt, bevor die Bestellung erfolgen darf. Auf konventionellem Wege, der Weitergabe der ausgedruckten BANF von Stelle zu Stelle, dauert der Prozess lange und ist nur schwer in seinem Status zu überwachen.

Wie möchte ich es ändern (inkl. Umsetzungsdauer kurz-/mittel-/langfristig)?

Derartige Workflows und somit strukturierte Abläufe lassen sich optimal IT-gestützt abbilden. Zu präferieren wäre eine Lösung innerhalb bestehender Software im Unternehmen, mit denen die beteiligten Mitarbeiter ohnehin täglich arbeiten. Dies könnte z.B. ein ERP-System wie SAP sein. Konkret würde im genannten Beispiel die vollständige BANF softwareseitig abgebildet werden.

Der Disponent würde seine Bestellanforderung gleich in die Software eintragen, anschließend würde der nächste mit Prüfung bzw. Freigabe betraute Mitarbeiter diesen Fall in seiner digitalen ToDo-Liste einsehen können. Zusätzlich könnten automatische Notifier per E-Mail proaktiv auf die notwendige Bearbeitung aufmerksam machen. Bei Freigabe der BANF im System würde diese an den nächsten relevanten Kollegen weitergegeben werden, bei Nichtfreigabe erhielte der initiale Antragssteller die BANF mit Begründung zurück.

Ergänzend wäre es denkbar, jede Weitergabe innerhalb des Workflows mit einer Bearbeitungsfrist zu belegen. Die Software würde über eine Erinnerungsfunktion sicherstellen, dass der bearbeitende Mitarbeiter seine Aufgabe innerhalb der Frist wahrnimmt. Eine Stellvertreterfunktion im Falle von Abwesenheiten wäre ebf. eine typische Funktionalität innerhalb eines IT-gestützten Workflows.

Sollte das Unternehmen in Teilbereichen mit der Methode „Management by Exception" operieren, so ließen sich notwendige Freigaben automatisiert steuern. Im genannten Beispiel könnte eine derartige Regel lauten, dass BANF bis zu einer Investitionshöhe von 10.000 EUR keine Freigabe einer Person mit Handlungsvollmacht oder Prokura erfordern. Die Workflow-Anwendung würde i.d.F. nur den Abteilungsleiter als freigebende Stelle einbeziehen.

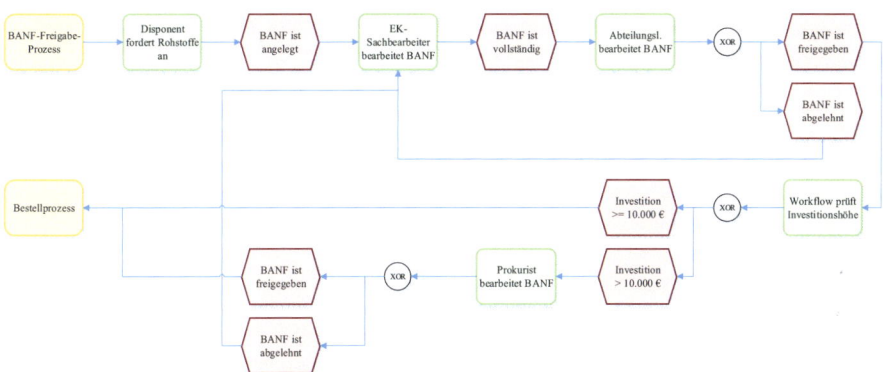

Abbildung 16: Beispiel-Workflow in der Rohstoffbeschaffung (Quelle: Christian Flick / Mathias Weber)

Die Einführung einer solchen Lösung bedingt eine vorhandene strukturierte Entscheidungs- und Freigabestruktur im Unternehmen. Je nach Trägersystem (z.B. SAP) kann es sich um ein Einführungsprojekt im fünf- bis sechsstelligen EUR-Bereich sowie mehrerer Monate Laufzeit handeln.

Welchen Nutzen bringt die Änderung (Prozessoptimierung / Kostensenkung / ROI, Pro/Contra)?

Mithilfe eines IT-gestützten Workflows ließen sich auf der einen Seite Aufwände für die Herbeiführung von Entscheidungen und Freigaben reduzieren, allerdings ist ein ROI nur bedingt zu berechnen. Der primäre Benefit liegt in der Sicherstellung der Prozessqualität und schnellen bzw. fristgerechten Freigaben und damit in der Optimierung der operativen Vorgänge.

Eine Schwierigkeit könnte bei konsequenter Einführung u.U. die nicht mehr vorhandene Flexibilität darstellen. Ein im Unternehmen auf lange Zeit gelebter „kurzer Dienstweg" wäre i.d.F. nicht mehr zu nutzen.

KVP		hoch		IT-Prozesse / Technologie

Einführung von Dokumenten-Management

Mit einer DMS-Software ein Unternehmen schneller und effizienter verwalten

Was möchte ich ändern?

In vielen mittelständischen Unternehmen ist noch immer Papier das vorherrschende Medium für Dokumente und Korrespondenz jeglicher Art. Der ökologische Aspekt, Papierherstellung verbraucht selbst bei Recyclingmaterial Unmengen an kostbarem Wasser, als auch der wirtschaftliche Faktor der hohen Kosten für Papier und Toner/Tinte sind bereits im Bereich der allgemeinen Papiervermeidung zu berücksichtigen (siehe hierzu das Kapitel „Optimiertes Ausdruckverhalten").

In diesem KVP-relevanten Umsetzungskonzept soll es jedoch vor allem um das Handling von Dokumenten gehen. Bei rein Papier-basierten Verwaltungsvorgängen ist man aus heutiger Sicht mit folgenden Nachteilen konfrontiert, die wertvolle Arbeitszeit binden und effektives Arbeiten einschränken:

- Dokumente sind nur an einer zentralen Stelle positioniert und müssen im Bedarfsfall erst geholt werden. Wenn mehrere Mitarbeiter gleichzeitig ein Dokument benötigen, kann es „Chaos" geben.

- Falls dennoch Kopien im Hause unterwegs sind, werden Notizen zum Vorgang nicht zusammengeführt.

- Dokumente sind im Aktenordner nur nach einem möglichen Sortierkriterium eingeordnet, z.B. alphabetisch.

- Man kann in ausgedruckten Dokumenten nur sehr schwerlich per Auge nach bestimmten Begrifflichkeiten, Datumsangaben usw. suchen.

- Wenn ein Dokument abhandenkommt, muss es beim Geschäftspartner noch einmal angefordert werden, oder ist gar nicht mehr wiederherstellbar.

- Nicht alle Dokumente können ständig in einem feuersicheren Raum untergebracht werden. Im Brandfall droht Totalverlust.

Wie möchte ich es ändern (inkl. Umsetzungsdauer kurz-/mittel-/langfristig)?

Ein sogenanntes Dokumenten-Management-System (DMS) kann hier Abhilfe schaffen. Im Wesentlichen ermöglicht es, Dokumente digital zu archivieren, für alle relevanten Mitarbeiter zugänglich zu machen und mit anderen Dokumenten sowie mit Geschäftsvorgängen aus dem ERP-System zu verknüpfen (z.B. Wareneingangskontrollblatt mit Bestellung und Lieferschein).

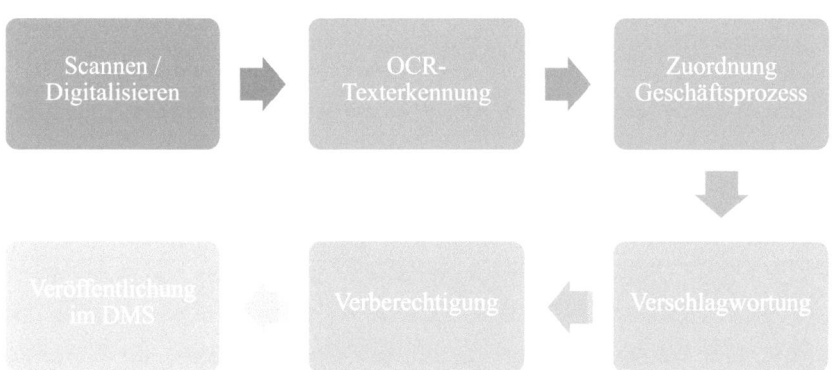

Abbildung 17: Beispielhafter Workflow für das Hinzufügen eines Dokumentes (Quelle: Christian Flick / Mathias Weber)

Dabei steht vor allem ein komfortables, intuitives und schnelles Handling im betriebswirtschaftlichen Alltag im Vordergrund. Jeder berechtigte Mitarbeiter kann schnell, parallel zu anderen Kollegen und einfach zum passenden Dokument kommen. Dabei spielt es keine Rolle, ob er nach einer Suche z.B. nach Geschäftspartner, Datum, Suchbegriff vorgeht, oder innerhalb eines Zeitraums nach Alphabet recherchiert oder auch nach Art des Dokumentes wie z.B. Auftragsbestätigung. Er findet das Dokument und auch die verknüpften weiteren Dokumente und Geschäftsvorgänge zügig, kann die Informationen aufnehmen und auch noch, für alle sichtbar, Notizen zum Dokument eintragen. Dies erleichtert erheblich das Teamwork im kaufmännischen und auch technischen Ablauf.

Weitere gängige Zusatznutzen in den Funktionalitäten sind:
- Checkin-/Checkout-Prozess für Änderungen an Dokumenten
- Versionierung von Dokumenten
- Verschlagwortung / Tagging
- Revisionssicherheit / Gewährleistung vorgegebener Archivierungsfristen
- Sicherstellung von Datenkonsistenz

Die technische IT-Komponente derartiger Systeme sorgt dafür, dass die Dokumente gegen Zerstörung jeglicher Art geschützt sind. Hier sind z.B. zu nennen:

- Tägliches Backup der Daten an einem dezentralen Ort
- Positionierung der Server in einem feuersicheren, zugangslimitierten und klimatisiertem Raum im Unternehmen
- Spiegelung der Server für eine Ausfallsicherung bei Hardwareschäden

Die technische Umsetzung kann zur reinen Verwaltung von Dokumenten sowohl mit gängiger Intranet-Portalsoftware wie Microsoft SharePoint vonstattengehen als auch mit spezialisierter Dokumenten-Management-Software. Einige exemplarische Anbieter sind unten genannt. Auch ERP-Systeme wie SAP bieten als Zusatzmodul DMS-Komponenten, die eine nahtlose Integration in das ERP-System versprechen und auf die bereits vorhandene Infrastruktur, z.B. das Nutzermanagement, aufsetzen. Der größte Vorteil von DMS ist, dass diese i.d.R. auch das Scannen, Zuordnen und die OCR-Texterkennung der Dokumente handeln.

Für kleinere Unternehmen, die die Investition in eigene Infrastruktur und Softwarelizenzen scheuen, bieten sich Cloud-basierende DMS an, die in einem Mietmodell vergütet werden. Zu beachten ist hier, dass die Daten physikalisch an vielen externen Orten liegen und daher eine Überprüfung nach Sicherheitsaspekten anzuraten ist.

Aus zeitlicher Sicht ist die Einführung eines Dokumenten-Management-System als eindeutig langfristig anzusehen. Neben der Evaluierung und Auswahl eines DMS muss dieses technisch implementiert und ggf. über Schnittstellen mit dem ERP-System verbunden werden. Anschließend sind durch das vorhandene Personal oder zeitweise eingesetzte Zusatzkräfte Altdaten im DMS zu importieren. Auch das Schulen aller relevanten Mitarbeiter ist entsprechend einzuplanen. Das Budget kann schnell fünf- bis sechsstellige EUR-Dimensionen erreichen.

Beispielhaft können wir zu diesem Thema die nachstehenden Anbieter, Dienstleister oder Literatur empfehlen. Hier finden Sie bei Bedarf kompetente Unterstützung und aussagekräftiges Informationsmaterial.

Anbieter / Dienstleister / Informationsmaterial
nscale DMS, Ceyoniq Technology GmbH (Kyocera Group), www.ceyoniq.com
DocuWare, www.docuware.com/de
SAP Content Server, www.sap.com
OpenText, www.opentext.de
Microsoft SharePoint, products.office.com/de-de/sharepoint/collaboration
DMSFührer – Eine Übersicht der DMS-Systeme, www.dmsfuehrer.de

Welchen Nutzen bringt die Änderung (Prozessoptimierung / Kostensenkung / ROI, Pro/Contra)?

ROI prognostiziert	4 – 6 Jahre	

Der Gewinn an Komfort bei der täglichen Arbeit und die mögliche Optimierung der Prozesse stehen hier außer Frage. Allerdings ist dieses Argument für den Transport des Nutzens gegenüber der notwendigen Investition in Hard- und Software sowie auch initial in Arbeitsaufwand nicht allein zielführend.

Die Entscheiderfraktion im Unternehmen ist in vielen Fällen nur mit belastbaren Zahlen zu überzeugen. Daher ist es ratsam, eine beispielhafte Berechnung von durchschnittlichen Suchzeiten (lt. einer Studie der Berkeley Universität pro Mitarbeiter pro Tag 2,0 Stunden) multipliziert mit der Mitarbeiteranzahl des Unternehmens durchzuführen. Diese Stundenanzahl sollte als Mitarbeiterkosten auf drei und fünf und zehn Jahre der Investition in ein DMS im Rahmen einer ROI-Prognose gegenübergestellt werden. Das Prinzip lässt sich nicht pauschal für jedes Unternehmen rechnen, weshalb eine individuelle Betrachtung vonnöten ist.

Hat die Führungsebene im Unternehmen erkannt, dass die Einführung mittel- bis langfristig bereits wirtschaftlich lohnenswert wäre, kommen auch die zweitrangigen Argumentationen der einfacheren Auffindbarkeit und Verwaltung von Dokumenten zum Tragen.

Es handelt sich bei Nutzung eines DMS um ein lebendiges Projekt, das auch nach Einführung ständig reflektiert und im Konzept verfeinert sowie verbessert werden sollte. Dazu bietet sich ein eigenes KVP-Gremium, zusammengesetzt aus Key-Usern der nutzenden Abteilungen an.

| KVP | ~~~ | mittel | ⏱ | IT-Prozesse / Technologie |

Einsatz von EDI für Key Accounts

Automatisierte Auftragsschnittstellen bieten Großkunden einen außerordentlichen Service-Level und erhöhen die Kundenbindung.

Was möchte ich ändern?

In vielen Unternehmen gehen Bestellungen von Kunden, auch Großkunden mit hoher Bestellanzahl, per Fax oder E-Mail ein.

Gerade große Kunden im Bereich von über 200 Mitarbeitern besitzen oftmals bereits ein professionelles Beschaffungsmodul im Rahmen ihrer jeweiligen Warenwirtschaft (E-Procurement) und erfassen daher die zu bestellenden Artikel ohnehin in ihrem Warenwirtschaftssystem. Von dort wird in der Folge z. B. ein Fax oder PDF-Dokument per E-Mail an den Lieferanten verschickt.

Dies verursacht beim Lieferanten einen hohen personellen Aufwand für eine manuelle Auftragserfassung im Warenwirtschaftssystem. Des Weiteren besteht ein erhöhtes Risiko für Erfassungsfehler bei der manuellen Übertragung der Aufträge.

Wie möchte ich es ändern (inkl. Umsetzungsdauer kurz-/mittel-/langfristig)?

Am Beispiel eines Großhändlers für technische Produkte aus den Bereichen Hydraulik und Pneumatik lässt sich feststellen, wie mit standardisierten technischen Schnittstellen (EDI, Electronic Data Interchange) eine automatisierte Auftragsübertragung vom Warenwirtschaftssystem des Kunden an das des Lieferanten vorgenommen werden kann, obgleich diese möglicherweise unterschiedlichen Typs sind. Dabei werden die Daten aus dem Quellsystem in das notwendige Format für das Zielsystem passend konvertiert.

Im konkreten Fall hat der genannte Großhändler u. a. einem großen Kunden aus dem Bereich Küchengroßgeräte per EDI an sein SAP ERP angebunden. Auch der Kunde verfügte i.d.F. über SAP.

EDI ist als Zusatzmodul in den meisten etablierten Warenwirtschaftssystemen wie SAP, Microsoft Navision und Oracle erhältlich. Für die Implementierung der Schnittstelle ist Abstimmungsaufwand durch die jeweilige interne IT oder ein externes Systemhaus notwendig. Generell kann EDI kurz- bis mittelfristig in Einsatz gebracht werden.

Dabei muss es nicht bei der Übertragung von Aufträgen bleiben, auch Auftragsbestätigungen, Lieferavise und Rechnungen wären im Rahmen der definierten Prozesse übermittelbar.

Welchen Nutzen bringt die Änderung (Prozessoptimierung / Kostensenkung / ROI, Pro/Contra)?

| ROI prognostiziert | 1 – 3 Jahre | |

Neben einer fehlerlosen und vollautomatisierten Übertragung der Aufträge, die signifikant die Bindung von Personalressourcen reduziert, beschleunigen Unternehmen mit EDI-Einsatz die Auftragsbearbeitungsprozesse erheblich und damit auch die Abwicklungs- und Auslieferungszeiten.

Als Zusatznutzen lässt sich allein die Bereitstellung von EDI-Schnittstellen als sehr überzeugendes Argument in der Akquise von Neukunden verwerten.

Nebenbei reduziert man mit dem Einsatz von EDI Papiernutzung und verbessert seine ökologische Bilanz.

Nicht zu vergessen ist die Tatsache, dass Unternehmen, die ihre Schlüsselkunden per EDI anbinden, eine hohe Kundenbindung erzeugen.

| KVP |  | mittel | ⏱ | IT-Prozesse / Technologie |

Einsatz von Product Information Management (PIM)

Einheitliche Pflege von Produktdaten sowie automatisierte Publikation in unterschiedlichsten Medien

Was möchte ich ändern?

Markenartikel produzierende Unternehmen und Händler/Großhändler geben viele unterschiedliche Medien mit Produktinformationen heraus: Kataloge, Preislisten, Typenlisten, Produkt-Datenblätter, Websites mit Produktübersichten, Online-Shops usw. Diese werden in vielen Fällen unabhängig voneinander und manuell erstellt bzw. mit Inhalten bestückt. Neben einem erheblichen und mehrfachen Aufwand für Satz und Datenbestückung besteht ein hohes Risiko, dass die ausgegebenen Produktdaten nicht einheitlich bzw. nicht auf einem gleichen Informationsstand bestehen, da diese Publikationen oftmals ohne Zusammenhang verwaltet werden.

Wie möchte ich es ändern (inkl. Umsetzungsdauer kurz-/mittel-/langfristig)?

Die Lösung für diese unkoordinierte Produktdaten-Problematik liegt im Einsatz eines PIM-Systems (Product Informationen Management). Eine solche Softwarelösung erlaubt die Strukturierung von Produktinformationen, z. B. unterteilt nach Marken, Produktkategorien, Anwendungsbereichen, die Hinterlegung von werblichen bzw. vertrieblichen Produktbeschreibungen und -auslobungen sowie die Verwaltung von mit Produkten verknüpften Mediendateien wie Fotos, Videos, Gebrauchsanweisungen.

Hat man seine Produktdaten und Mediendateien zentral und strukturiert in Verwaltung, können die Publikationen automatisiert mit diesen Daten bestückt werden. Bspw. können Druckerzeugnisse wie Kataloge und Preislisten per „Database Publishing" automatisch gesetzt werden, eine einmal definierte Vorlage gibt die Gestaltung der generierten Seiten vor. Ein Online-Shop kann täglich Änderungen im PIM-System per Schnittstelle automatisch empfangen. Konkret bedeutet dies: Sobald ein neues Produkt im PIM-System eingepflegt wird, steht dieses in den Print- und Digital-Medien zur Verfügung und man stellt die einheitliche Datenbasis sicher.

Des Weiteren unterstützt eine PIM-Lösung optimal das Übersetzungsmanagement. Sollen die Publikationen in mehreren Sprachen erstellt werden, so muss jeder Begriff bzw. jede Phrase nur einmalig je Sprache übersetzt werden (sog. „Translation Memory").

Warum nutzt man nicht gleich das ERP-System als Datenbasis? Daten in einem ERP-System wie SAP haben vorrangig die Aufgabe, im kaufmännischen Kontext genutzt zu werden, z.B. in Rechnungen. Dabei werden Artikelbezeichnungen oftmals auf 30 Zeichen o.ä. limitiert und daher abgekürzt. Dies behindert einen Einsatz der Daten in Publikationen wie Katalogen. Dennoch ist es wichtig, dass Artikelinformationen aus dem ERP-System wie Artikelnummern und Preise ebf. für Publikationen wie Preislisten zur Verfügung stehen. Dies wird i.d.R. über eine tägliche Schnittstelle zwischen ERP- und PIM-System sichergestellt. Dabei bleibt das ERP das „führende" System für die Anlage von Artikeldaten.

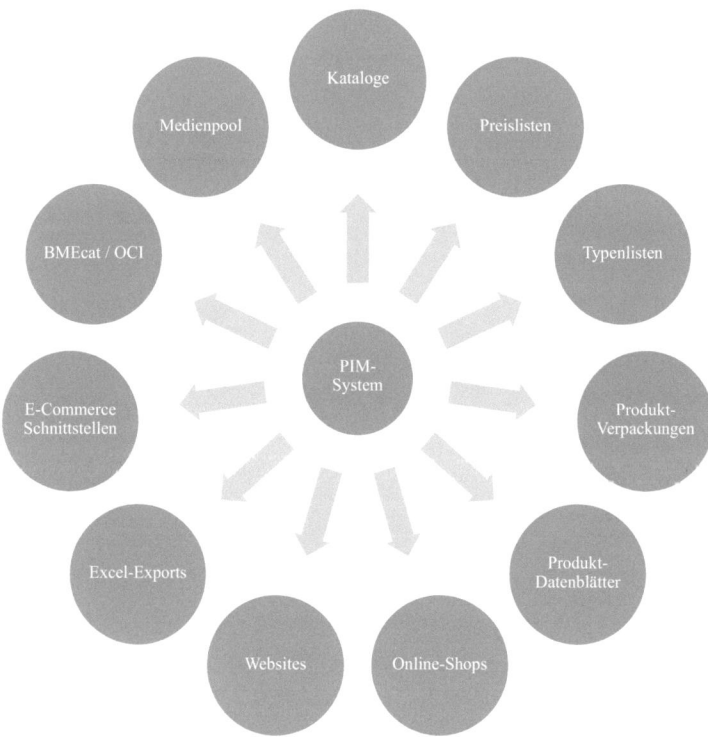

Abbildung 18: Typische Ausgaben eines PIM-Systems (Quelle: Christian Flick / Mathias Weber)

Aus Erfahrung ist die Einführung eines PIM-Systems mit einer Projektlaufzeit von sechs bis zwölf Monaten anzusetzen. Die Budgetgrößen liegen dabei zwischen 50.000 EUR und mittleren sechsstelligen Beträgen, je nach funktionalem Umfang.

Beispielhaft können wir zu diesem Thema die nachstehenden Anbieter, Dienstleister oder Literatur empfehlen. Hier finden Sie bei Bedarf kompetente Unterstützung und aussagekräftiges Informationsmaterial.

Anbieter / Dienstleister / Informationsmaterial
Enterprise Marketing Management Lösungen
CONTENTSERV GmbH, www.contentserv.de
PIMA² Multimedia-Datenbank
AP Design GmbH, www.apdesign.de
eBook „Product Information Management für Markenartikler", www.pim-buch.de

Welchen Nutzen bringt die Änderung (Prozessoptimierung / Kostensenkung / ROI, Pro/Contra)?

ROI prognostiziert	1 – 3 Jahre	

Es ist recht einfach möglich, den ROI einer PIM-Lösung zu berechnen. Dazu muss man die bisherigen Kosten für den Satz von Katalogen, Preislisten und die Datenpflege von Online-Shops/Websites usw. der Investition in das PIM-System gegenüberstellen. Nach Erfahrungswerten ist ein ROI nach ein bis zwei Jahren realistisch. Im Zentrum einer derartigen Lösung stehen dabei die Abteilungen Produktmanagement, Marketing und Vertrieb.

Neben der Aufwandsersparnis und der qualitativen Zusammenführung der Produktdaten ist die gewonnene Flexibilität ein gutes Argument für die Einführung der Lösung. Es ist z.B. schnell und einfach möglich, individuelle kundenspezifische Kataloge und Preislisten zu erstellen. Steht das System erst einmal zur Verfügung, so werden sukzessive zahlreiche Begehrlichkeiten geweckt, wie Kunden des Unternehmens noch besser bedient werden können.

Nicht zu unterschätzen ist, dass die Einführungsphase eines solchen Systems einen hohen Aufwand für die erstmalige Bestückung von bestehenden Daten im Unternehmen mit sich bringt. Allerdings profitiert man sofort danach durch erhebliche Aufwandsersparnis bei der folgenden Erstellung von Publikationen.

Kreativkräfte wie Mediengestalter werden bei Einführung, insbesondere der Automatisierung von Printerzeugnissen, möglicherweise zunächst eine Verdrängung durch softwaregestützte Roboter vermuten. Allerdings sind die Gestaltungsarbeiten nach wie vor zu leisten, lediglich der Satz fällt weg und erlaubt die volle Konzentration auf die kreativen Prozesse.

Ein Markenartikler mit vielen Publikationen multipliziert mit mehreren Sprachen wird ohne den Einsatz eines PIM-System kaum mehr in der Lage sein, schnell und qualitativ hochwertig neue Produktkollektionen in die Kommunikation zu bringen.

Ein Zusatznutzen ergibt sich durch die strukturierte Ablage von Mediendateien wie Fotos. Diese können über einen sog. „Medienpool" berechtigten Mitarbeitern verfügbar gemacht werden. Durch die Zuordnung der Mediendateien zu Produkten ergibt sich eine optimale Auffindbarkeit. Dies kann zu erheblicher Entlastung von Mitarbeitern im Marketing im Rahmen von Bildrecherche für Vertriebsmitarbeiter o.ä. führen.

BVW	mittel	IT-Prozesse / Technologie

IT-gestützte Konfiguratoren im vertrieblichen Einsatz

Mit Hilfe von visualisierten Konfigurationsschritten lassen sich zusammenhängende Produkte und auch Produkte mit Optionen optimal vermarkten.

Was möchte ich ändern?

Nicht alle produzierenden Unternehmen und Großhändler vertreiben Fixprodukte, die ein in sich abgeschlossenes System bzw. eine All-in-one-Lösung darstellen. Oftmals ergeben erst mehrere Einzelartikel im Zusammenhang ein funktionierendes Produkt. Oder aber ein Produkt hat viele Optionen und wählbare Merkmale sowie Add-ons, die im Rahmen einer Preisliste nur bedingt nachvollziehbar gezeigt werden können.

Dazu kommt, dass in vielen Fällen nicht alle Einzelartikel oder Optionen miteinander kombinierbar sind, was den Transport der Informationen zum Kunden ungleich erschwert. Eine Preisermittlung für den Kunden und auch für den internen Sachbearbeiter ist in solchen Fällen ein aufwändiger und komplizierter Vorgang.

Wie möchte ich es ändern (inkl. Umsetzungsdauer kurz-/mittel-/langfristig)?

Bei einer solchen Anforderung können softwaregestützte Konfiguratoren zum Einsatz kommen. In diesen werden die komplexen Regelwerke für miteinander verknüpfte Artikel, Optionen und Kompatibilitäten hinterlegt und damit greifbar gemacht.

Am Beispiel von auf Maß gefertigten Rollos und Plissees aus dem Bereich Sonnenschutz soll dies verdeutlicht werden: Neben recht simplen Optionen wie Montageart (z.B. im Fensterrahmen, unter der Decke, mit Klemmträgern) oder dem Dekor (Auswahl aus über 100 Dekoren, die entweder transparent, blickdicht oder abdunkelnd sind) kann ein individuelles Maß auf den Millimeter genau für Höhe und Breite angegeben werden. Die Preisregeln bemessen sich i.d.F. in 10 cm-Schritten.

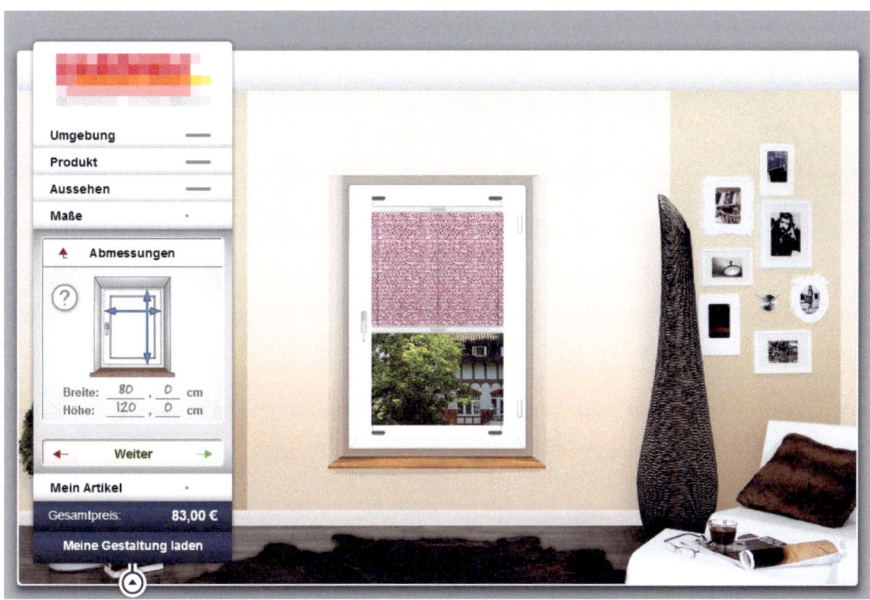

Abbildung 19: Webshop-Konfigurator für Rollos und Plissees auf Maß (Quelle: Christian Flick / Mathias Weber)

Derartige Lösungen sollten führend im Warenwirtschaftssystem des Unternehmens Umsetzung finden. SAP z.B. stellt hier das Modul VC (Variant Configuration) zur Verfügung. Für eine gleichzeitige Übertragung der Konfigurationsschritte, Regeln und Visualisierungen in einen Webshop kann sich als Schnittstelle SAP IPC (Internet Pricing and Configurator) bedient werden. Die Umsetzungsdauer für die Einführung von softwaregestützten Konfiguratoren ist realistisch mit sechs bis zwölf Monaten einzuschätzen.

Beispielhaft können wir zu diesem Thema die nachstehenden Anbieter, Dienstleister oder Literatur empfehlen. Hier finden Sie bei Bedarf kompetente Unterstützung und aussagekräftiges Informationsmaterial.

Anbieter / Dienstleister / Informationsmaterial
Schnittstellen zwischen SAP VC/IPC zu Webshops:
ORISA Software GmbH, www.orisa.de
Visuelle Konfiguratoren in Webshops:
AP Design GmbH, www.apdesign.de

Welchen Nutzen bringt die Änderung (Prozessoptimierung / Kostensenkung / ROI, Pro/Contra)?

ROI	nicht prognostizierbar	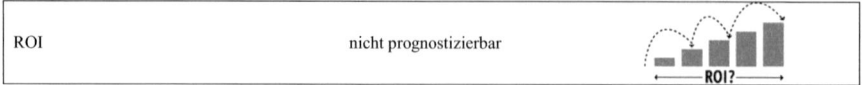

Von einer Konfigurationslösung auf Produktebene profitieren sowohl die Kunden als auch das Unternehmen selbst. Für Vertriebsinnendienst und -außendienst des Unternehmens stellt ein Konfigurator ein wichtiges Werkzeug für eine fehlerreduzierte Angebotsplanung und Auftragserfassung dar.

Die Kunden können ggf. per Webshop bzw. E-Commerce-Plattform direkt die für sie passenden Produkte zusammenstellen, visualisieren und bestellen.

Im ersten Moment bedarf eine Konfigurationslösung mittlerer bis hoher Investitionen in Lizenzkosten, individueller Softwareanpassung sowie internem Personaleinsatz. Ein ROI (Return-of-Invest) kann nur schwer ermittelt werden, da Fehlerreduktion und Mehrumsätze oftmals nicht direkt mit einer einzelnen konkreten Maßnahme wie dieser in Zusammenhang zu bringen sind. Dennoch ist die Investition in ein Konfigurationssystem aus Erfahrungswerten lohnenswert, sofern ein Unternehmen mind. 20% an Produkten der o.a. Art im Portfolio enthält sowie perspektivisch E-Commerce mit diesen Produkten betreiben möchte.

| KVP  | mittel | | IT-Prozesse / Technologie |

Nutzung einer Vertragsdatenbank

Unternehmen sollten den Überblick über ihre Verträge wahren und die Fristen im Blick behalten.

Was möchte ich ändern?

In Unternehmen existieren in den unterschiedlichsten Abteilungen zahlreiche Verträge wie z. B. Pachtverträge, Provisionsvereinbarungen, Mietverträge, Wartungsverträge, Softwarelizenzverträge, die als Entwurf auf Dateiservern lagern und unterzeichnet in Aktenordern abgelegt sind.

Fristen für Kündigungen und Verlängerungen werden dabei oftmals nur bei Bedarf nachrecherchiert, wo es bereits zu spät sein kann, rechtzeitig zu reagieren. Viele Fristen sind gar nicht im Blickfeld der zuständigen Mitarbeiter und so verlängern sich Verträge unbemerkt zu vor langer Zeit vereinbarten Konditionen.

Wie möchte ich es ändern (inkl. Umsetzungsdauer kurz-/mittel-/langfristig)?

Über eine strukturierte Vertragsdatenbank-Lösung können Verträge zentral verwaltet werden. Dabei werden sowohl die editierbaren Vertragsdokumente (z.B. Word-Dokumente) als auch die unterzeichneten Scans (z.B. im PDF-Format) eingestellt. Die Verträge können Organisationseinheiten bzw. Kostenstellen zugeordnet werden, sodass automatisiert aktuelle und prognostizierte Kosten ermittelt werden können, z.B. bei Pachtverträgen, die sich jährlich verlängern.

Wichtig bei einer Vertragsdatenbank ist es, dass komplexe Regeln für Laufzeiten und Kündigungsfristen definiert werden können, z.B. eine jährliche Laufzeit mit automatischer Verlängerung sowie einer Kündigungsfrist von drei Monaten zum Vertragsjahresende.

Für die Bereitstellung und Auffindbarkeit der Verträge für Benutzer, die nach Schreib- und Leserecht sowie Organisationseinheit/Kostenstelle zu berechtigen sind, hat eine solche Softwarelösung einen zugänglichen Vertragspool, zumeist als browserbasiertes Web-Frontend im Intranet, das per VPN-Zugang auch externen Personen wie einer Rechtsanwaltskanzlei bereitsteht. Dabei sollten umfangreiche Suchfunktionen, z.B. nach Vertragspartner, Ablaufdatum und Vertragsart, zur Verfügung stehen, darüber hinaus Exportmöglichkeiten in

Microsoft Excel (z.B. eine Liste aller Dienstleistungsverträge, die im 1. Quartal des kommenden Jahres kündbar sind).

Für die Dateneinpflege der Verträge ist ein zwei- oder mehrstufiger Freigabe-Workflow denkbar, sodass ein Vier-Augen-Prinzip die Qualität der vorgehaltenen Daten sicherstellt.

Eine besonders effiziente Funktionalität für die Benutzer sind konfigurierbare automatische Notifier für die Benachrichtigung bei Erreichen von Kündigungsfristen. So müssen Benutzer nicht proaktiv nach zu kündigenden Verträgen suchen, sondern werden automatisiert vom System benachrichtigt. Z.B. möchte ein Einkäufer zwei Wochen vor Erreichen des nächsten Kündigungsdatums eines Vertrages per E-Mail informiert werden.

Ein Einführungsprojekt für eine Vertragsdatenbank ist mit ca. 6-12 Monaten als mittelfristiger Zeitraum zu sehen. Der größte Arbeitsaufwand neben der technischen Implementierung ist die einmalige Zusammenstellung aller relevanten Verträge aus ihren bisherigen Quellen und die manuelle Übertragung in die Datenbank. Ist diese Initialaufgabe erledigt, wird das Verwalten der Verträge zukünftig entscheidend vereinfacht.

Für die konkrete Softwarelösung bietet sich auf der einen Seite eine Stand-Alone-Plattform an, die u.a. von der AP Design GmbH entwickelt und vertrieben wird. Für Unternehmen mit SAP im Einsatz kann ein entsprechendes Modul über die Fa. top flow GmbH bezogen werden.

Beispielhaft können wir zu diesem Thema die nachstehenden Anbieter, Dienstleister oder Literatur empfehlen. Hier finden Sie bei Bedarf kompetente Unterstützung und aussagekräftiges Informationsmaterial.

Anbieter / Dienstleister / Informationsmaterial
Vertragsdatenbank Stand-Alone: AP Design GmbH, www.apdesign.de
Vertragsdatenbank in SAP: top flow GmbH, www.top-flow.de/produkte/top-xrm-akten-in-sap/vertragsakte-top-contract-rm

Welchen Nutzen bringt die Änderung (Prozessoptimierung / Kostensenkung / ROI, Pro/Contra)?

| ROI | nicht prognostizierbar | 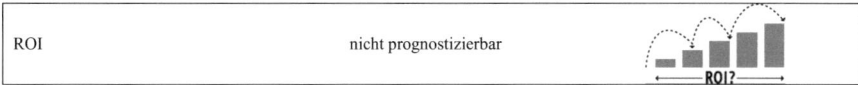 |

Aus Erfahrung ergibt sich der größte Nutzen für die Abteilungen Recht, Einkauf und IT. Neben der schnellen Verfügbarkeit und Einsichtnahme der Verträge für berechtigte Benutzer ergibt insbesondere die automatische Benachrichtigung für die rechtzeitige Einhaltung von Kündigungsfristen einen immanenten Vorteil für Unternehmen. Resultierend daraus eröffnet sich die Chance, Konditionen rechtzeitig vor automatischer Vertragsverlängerung nach zu verhandeln und so Kosten zu senken.

Ein ROI ist ggf. mit der Gegenüberstellung von Software- und IT-Kosten sowie dem einmaligen Personalaufwand zu der Ersparnis durch über die Datenbank initiierte Vertragsverhandlungen kalkulierbar.

BVW		niedrig		IT-Prozesse / Technologie

Onlineconferencing - Videokonferenzen im Unternehmen nutzen

Durch die Nutzung von Online-Konferenztechnik schnelle, kostengünstige und effiziente Meetings mit Videoübertragung führen

Was möchte ich ändern?

Viele Gesprächsthemen erfordern für den direkten Dialog lange und teure Dienstreisen, die Zeit und Ressourcen in Anspruch nehmen. Dieser Zustand ist in vielen Fällen zu optimieren und durch moderne Videokonferenztechnik zu ersetzen. Auch bei spontanen und dringlichen Austauschgesprächen bietet sich diese Technik als brauchbare und moderne Alternative an.

Wie möchte ich es ändern (inkl. Umsetzungsdauer kurz-/mittel-/langfristig)?

Zahlreiche Anbieter stellen Onlineportale zur Verfügung, auf denen man sich registrieren und anschließend einwählen kann. Dann kann man den Gesprächspartner dazu einladen und per Konferenzkamera bzw. WebCam und Headset oder Mikrofon eine schnelle Videokonferenz mit Ton und Bild abwickeln. Integriert man diese Technik in den täglichen Betriebsablauf, kann sowohl viel Geld als auch Zeit gespart werden. Auch wenn sich diese Technik nicht für alle Austauschgespräche eignen wird, kann man enorme Einsparpotenziale damit erzeugen.

Beispielhaft können wir zu diesem Thema die nachstehenden Anbieter, Dienstleister oder Literatur empfehlen. Hier finden Sie bei Bedarf kompetente Unterstützung und aussagekräftiges Informationsmaterial.

Anbieter / Dienstleister / Informationsmaterial
GoToMeeting by Citrix, www.gotomeeting.de
Marktüberblick Webkonferenz-Software, www.webconferencing-test.com

Welchen Nutzen bringt die Änderung (Prozessoptimierung / Kostensenkung / ROI, Pro/Contra)?

ROI prognostiziert	1 – 3 Jahre	

Pro-Argumente
- Kostengünstige Version des Konferenzführens.
- Zeitlich hochattraktiv und effizient.
- Schneller und spontaner visueller Dialog zwischen zwei Parteien ohne lange Dienstreisen möglich.

Contra-Argumente
- Der persönliche Kontakt fehlt, ein wesentlicher Teil bei sehr wichtigen Themen.
- Bei brisanten Entscheidungen ist der direkte Blickkontakt nicht zwingend vorhanden.

| BVW |  | niedrig | ⏱ | IT-Prozesse / Technologie |

QR-Codes auf Produkten

Mit dem Einsatz von QR-Codes kann man seinen Kunden einen exzellenten Service bieten und direkte Kommunikation fördern.

Was möchte ich ändern?

Viele Informationen zu Produkten, die ein Kunde von einem Unternehmen erworben hat, muss dieser aufwändig recherchieren oder beim Lieferanten erfragen. Dazu gehören z.B. Bedienungsanleitungen oder Service-Kontaktdaten. Dies bindet auf allen Seiten Personal in nicht unerheblicher Größenordnung.

Wie möchte ich es ändern (inkl. Umsetzungsdauer kurz-/mittel-/langfristig)?

Mithilfe von QR-Codes lassen sich Informationen verknüpfen. QR steht für „Quick Response" und damit übersetzt für eine schnelle Beantwortung eines Bedürfnisses wie z.B. „Wie nehme ich ein Produkt erstmalig in Betrieb/Gebrauch?".

Konkret lassen sich über QR-Codes Websites verlinken, Kurztexte darstellen und Kontaktdaten/Telefonnummern/E-Mail-Adressen verknüpfen.

Ein QR-Code kann direkt als Etikett auf ein Produkt geklebt werden oder aber mit auf die Produktverpackung gedruckt werden. Per Smartphone oder Tablet können diese dann abgescannt werden. Bei dem Großteil der Smartphone- und Tablet-Anwender ist diese Funktionalität etabliert und bekannt. Darüber hinaus sind QR-Code Scanner-Apps auf heutigen mobilen Endgeräten meist vorinstalliert.

Die Erstellung von QR-Codes ist auf vielen Portalen im Internet kostenfrei und bedarf damit keiner Budgetplanung, abgesehen von Druck/Etiketten. Der Einsatz ist damit auch sehr kurzfristig planbar.

Abbildung 20: Beispielhafter QR-Code (Quelle: Christian Flick / Mathias Weber)

Beispielhaft können wir zu diesem Thema die nachstehenden Anbieter, Dienstleister oder Literatur empfehlen. Hier finden Sie bei Bedarf kompetente Unterstützung und aussagekräftiges Informationsmaterial.

Anbieter / Dienstleister / Informationsmaterial
Kostenfreier QR-Code-Generator: http://goqr.me/de/

Welchen Nutzen bringt die Änderung (Prozessoptimierung / Kostensenkung / ROI, Pro/Contra)?

ROI prognostiziert	1 – 3 Jahre	

Im Praxiseinsatz bieten sich QR-Codes insbesondere dafür an, umfangreiche Informationen auf einer Website darzustellen und über den QR-Code aufrufbar zu machen. Das können z.B. Bedienungsanleitungen im PDF-Format sein, Video-Tutorials auf YouTube oder Kontaktformulare auf Websites. So kann bspw. ein Hersteller eines elektrischen Küchengeräts eine Einführung in die Handhabung als Video verfügbar machen. Ein Maschinenhersteller wäre in der Lage, seinen Kunden über den QR-Code zu einem Kundendienst-Formular auf seiner Website zu leiten, in dem die genaue Maschinenbezeichnung und der Kunden intern schon mit übergeben wird.

Der Nutzen kann für beide Seiten hoch sein. Im ersten genannten Fall kann der Käufer des elektrischen Küchengerätes ohne auch nur zu „googeln" oder ein Handbuch zu lesen schnell und einfach in die Bedienung eingewiesen werden. Der Hersteller reduziert beiläufig Rückfragen an ihn und seine Handelspartner. Im zweiten genannten Fall kann der Kunde schnell eine Störungsmeldung an den Maschinenhersteller absetzen und der Hersteller weiß in dem Fall schon konkret, um welche Maschine es sich handelt.

Generell vereinfachen QR-Codes erheblich produktrelevante Interaktionen zwischen Kunde und Lieferant.

BVW	mittel		IT-Prozesse / Technologie

Schulungsserver im Unternehmen integrieren

Mit Hilfe eines Schulungsservers hausinterne Kurzschulungen durchführen und betriebliches Wissen sinnvoll teilen

Was möchte ich ändern?
Bei der Erweiterung von Teams und z.b. auch bei der jährlichen Integration von neuen Auszubildenden im Unternehmen stellt sich automatisch die Frage, wie man das nötige Basiswissen am besten weitergeben kann. Lose und oftmals alte Zettelsammlungen bieten sich dafür nicht mehr an, weil es modernere und effektivere Lösungen dafür gibt. Z.B. der Aufbau eines eigenen werksinternen Schulungsservers, der viele Daten bevorratet und auch die Umsetzung von einer Schulung nachhalten kann.

Wie möchte ich es ändern (inkl. Umsetzungsdauer kurz-/mittel-/langfristig)?
Die Nutzung und auch die Einsatzmöglichkeiten von einem Schulungsserver im Intranet einer Firma sind vielschichtig, denn man kann ihn z.B. für hausinterne Kurzschulungen nutzen. Vorteil: Es ist synchron zum Tagesgeschäft ohne große Störungen abbildbar, eine schnelle Lernaufnahme ist ebenfalls möglich. Ein zusätzlicher Vorteil ist die freie Zeiteinteilung und auch der Einsatz verschiedener Medien ist leicht umsetzbar (z.B. Filme, Word, Excel, PPT, fachliche Hörbücher etc.). Man kann fertige Schulungen kaufen und von anderen Firmen bei Zustimmung auch übernehmen, z.B. aus dem eigenen Lieferantennetzwerk oder aber auch anderen seriösen Quellen.

Ein solcher Server mit entsprechendem Portal kann auch ideal zum Einsatz im Bereich von Weiterbildungen der Mitarbeiter im IT-Sektor genutzt werden. Ebenso ist ein automatisierter Test zur Erfolgskontrolle technisch durchführbar (z.B. 14 Tage nach der Schulung als Multiple Choice Test). Auch bei betrieblichen Sicherheits- und Datenschutzunterweisungen, Verfahrensanweisungen, Messverfahrenseinführungen, Vertriebsschulungen im Bereich des Umgangs mit Kunden, Netiquette etc. ist der Einsatz von diesem Verbesserungsvorschlag unschlagbar hilfreich.

Man kann auch eine allgemeine Wissensdatenbank auf dem Schulungsserver anlegen, wo z.B. Fachwissen über SAP bereichsübergreifend angeboten wird (Beispiele: SAP Bestellungen anlegen, SAP Rechnungen erfassen, SAP Lieferscheine erstellen). Ein Schulungsserver dient als Wissensmultiplikator, der u.a. auch Auszubildende stetig schult und übergreifendes Wissen innerhalb des Betriebes teilt.

Ein derartiger virtueller Schulungsserver ist dank OpenSource-Plattformen wie „Moodle" kostenlos sowie schnell aufzubauen und im Unternehmen zu integrieren.

Beispielhaft können wir zu diesem Thema die nachstehenden Anbieter, Dienstleister oder Literatur empfehlen. Hier finden Sie bei Bedarf kompetente Unterstützung und aussagekräftiges Informationsmaterial.

Anbieter / Dienstleister / Informationsmaterial
Moodle eLearning Plattform, www.moodle.de

Welchen Nutzen bringt die Änderung (Prozessoptimierung / Kostensenkung / ROI, Pro/Contra)?

ROI	nicht prognostizierbar	

Neben dem Wissenstransfer hat der Schulungsserver auch eine Kontrollfunktion für die Arbeitgeber und natürlich auch allgemein für die jeweilige Führungsebene, damit sichergestellt werden kann, ob alle Mitarbeiter ausreichend Basisinformationen zum Start ihrer jeweiligen Tätigkeit erhalten haben. Dieses kann vor gravierenden Handhabungsfehlern (z.B. im Brandschutz etc.) schützen und lebensnotwendig sein.

Auch der sichere Umgang mit IT-Systemen kann ideal automatisiert mit einem solchen Schulungsserver erfolgen. Diese Lösung ist produktiv, da beim Vermitteln von Wissen weniger Fehler entstehen und auch, weil Mitarbeiterarbeitszeit von Dritten somit bestmöglich anderweitig eingesetzt werden kann. Gleichzeitig kann die inhaltliche Wiederholung vom Schulungsteilnehmer stetig erfolgen, ohne Scheu davor zu haben, nochmal die Kollegen das Gleiche zu fragen und somit ggf. als lernschwach wahrgenommen zu werden.

Projektmanagement

KVP		niedrig		Projektmanagement

Besprechungen mit einem klaren Regelwerk strukturieren

Agenda, Zeitlimit, Ziele, Eskalationsszenarien, das sind Spielregeln in einem Regelwerk mit dem Ziel der effizienten Schaffung einer „gesunden Meetingkultur" in jedem Unternehmen

Was möchte ich ändern?

Jeder Arbeitstag und somit auch jedes Meeting ist zeitlich limitiert. Selbstverständlich sollte man immer das Ziel im Auge behalten, eine Besprechung effizient, zielorientiert und lösungsorientiert zu gestalten. Damit auch jeder Gesprächspartner seinen Part in dem Meeting einbringen kann und eine gesunde Gesprächskultur vorherrscht, sollte ein klares Regelwerk für Besprechungen im Unternehmen erstellt werden.

Wie möchte ich es ändern (inkl. Umsetzungsdauer kurz-/mittel-/langfristig)?

Durch die hausinterne Erstellung eines Meeting-Regelwerks sollte jedes Unternehmen eine Roadmap für Besprechungen vorweisen und leben. Diese kann selbstverständlich von Unternehmen zu Unternehmen speziell und vielschichtig sein, jedoch lassen sich als Anregung folgende Beispiel-Eckdaten hierfür nennen:

1. Pünktliches Erscheinen zum Termin und ein gut vorbereitetes Auftreten sind selbstverständliche Basis.

2. Telefone (Handys, Smartphones etc.) sind zu Beginn der Besprechung zu deaktivieren, keine Störungen von außen gewünscht.

3. Zuhören ist genauso wichtig, wie die Benimmregel, dass sich alle Teilnehmer des Meetings gegenseitig ausreden lassen.

4. Wir respektieren andere Meinungen und versuchen den Hintergrund dieser Auffassung konstruktiv zu durchleuchten.

5. Offene und konstruktive Diskussionen sind gewünscht, persönliche Angriffe sind nicht gewollt und destruktiv.

6. Ein Moderator kann darauf achten, dass die Themenrelevanz zur Einladung passt und kann darauf sachlich und fair hinweisen, bzw. das Gespräch dann lenken.

7. Ein sauberer Besprechungsraum wurde zu Beginn vorgefunden, dieser Zustand wird ebenso wieder hergestellt.

8. Die Raumordnung wird nicht verändert, es wird darauf geachtet, dass Stühle wieder am Tisch stehen, Licht ausgeschaltet wird, Abfälle ordnungsgemäß entsorgt wurden und dass der PC und auch Beamer ausgeschaltet sind.

Beispielhaft können wir zu diesem Thema die nachstehenden Anbieter, Dienstleister oder Literatur empfehlen. Hier finden Sie bei Bedarf kompetente Unterstützung und aussagekräftiges Informationsmaterial.

Anbieter / Dienstleister / Informationsmaterial

Meetings planen und moderieren, Anita Bischof / Klaus Bischof / Andreas Edmüller / Thomas Wilhelm, ISBN 3648028693

Welchen Nutzen bringt die Änderung (Prozessoptimierung / Kostensenkung / ROI, Pro/Contra)?

Effizienzsteigerung

Der Nutzen dieses Regelwerks ist breit gefächert und wird sich komprimiert betrachtet als gute Möglichkeit für das jeweilige Unternehmen erweisen, Meetings zu optimieren und zu straffen, diese im Vorfeld besser zu organisieren und auch wertvolle Arbeitszeit für alle Seiten ideal zu nutzen. Fokussiert man wichtige Zielsetzungen im Unternehmen, ist das Regelwerk als Orientierung für ein faires und transparentes Miteinander schnell unentbehrlich. Rahmt man diese „Spielregeln" hochwertig ein, findet dieser Platz in jedem Besprechungsraum. So wird indirekt dafür mit gesorgt, dass diese Rahmenbedingungen im Alltag auch bedacht werden und vor allem täglich in die Tat umgesetzt werden können.

KVP 	mittel		Projektmanagement

Einführung von Projektmanagement

Einheitliche Prozesse bei der Planung, Umsetzung und Überwachung von Projekten und Aufträgen sparen Zeit und Kosten.

Was möchte ich ändern?

Viele Unternehmen agieren bei Projekten und Aufträgen, die nicht dem Standard entsprechen und individuell zu sehen sind, nach der Methode „Die Arbeit zeigt den Weg". Dieses Verfahren birgt viele nicht abzusehende Risiken und Wendungen und erlaubt keine seriöse Zeit- und Budgetplanung.

Zu bedenken ist in diesem Kontext, dass die Märkte, der Wettbewerb und der Innovationsdruck immer schneller werden. Des Weiteren möchten Entscheider und Auftraggeber permanent über den Status auf dem Laufenden gehalten werden.

Wie möchte ich es ändern (inkl. Umsetzungsdauer kurz-/mittel-/langfristig)?

Bei der Einführung von Projektmanagement in einem Unternehmen geht es nicht zwingend darum, sich für ein Audit und eine Zertifizierung fit zu machen. Vielmehr sollen Best Practices als standardisierte Abläufe etabliert werden, damit die Aufträge und Projekte reibungsloser durch die Instanzen gehen.

Dabei kann man sich sehr gut an den Vorgaben von renommierten Instituten wie PMI orientieren. Konkret gefasst sollte ein unternehmensinternes Handbuch die bei jedem Projekt, ob groß oder klein, ob intern oder durch Kundenauftrag, vorzunehmenden Prozesse auflisten und beschreiben und so als Leitfaden für alle Mitarbeiter dienen. Dabei sollten Projekte immer zielgetrieben sein (siehe auch Kapitel „Stets zielorientiert arbeiten").

Ein wesentlicher Bestandteil einer Projektplanung ist die Definition eines Projektstrukturplans (PSP, auch Work Breakdown Structure genannt). In diesem werden die vorzunehmenden „Arbeitspakete" (AP), die thematisch zusammenhängende Einzelaufgaben von bis zu 40 Stunden Gesamtaufwand zusammenfassen, in sinnvoll gegliederte Teilprojekte (TP) organisiert. Für die folgenden Planungsschritte wie Kostenkalkulation und Zeitplanung inkl. Definition von Meilensteinen ist dieser PSP Grundlage.

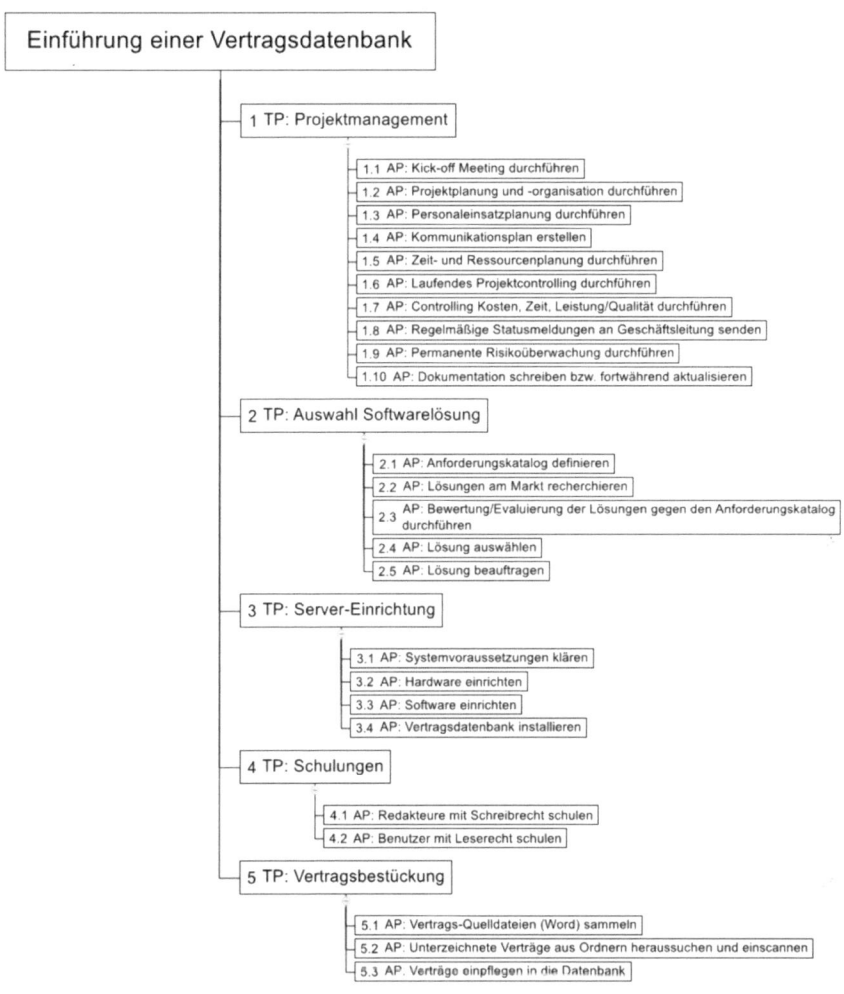

Abbildung 21: Beispielhafter PSP für die Einführung einer Vertragsdatenbank (Quelle: Christian Flick / Mathias Weber)

Es ist im Rahmen von Projektmanagement nicht zwingend erforderlich, dass der Projektleiter Fachkompetenz in der zu erledigenden Aufgabe besitzt. Bei ihm stehen vielmehr Methodenkompetenz, Kommunikationsgabe und die Soft Skills eine Rolle, denn er muss das fachliche Projektteam mit Aufgaben bewirtschaften, überwachen und stetig motivieren. Dabei ist es hilfreich, wenn er mit ausreichender Personalverantwortung ausgestattet wird, und wenn es eingeschränkt nur für den Projektzeitraum der Fall ist.

Beispielhaft können wir zu diesem Thema die nachstehenden Anbieter, Dienstleister oder Literatur empfehlen. Hier finden Sie bei Bedarf kompetente Unterstützung und aussagekräftiges Informationsmaterial.

Anbieter / Dienstleister / Informationsmaterial
Buchempfehlung:
Projektmanagement: Leitfaden zum Management von Projekten, Projektportfolios und projektorientierten Unternehmen, Gerold Patzak / Günter Rattay, ISBN 3714302662
Projektmanagement-Institute/-Verbände:
PMI, www.pmi.org
GPM, www.gpm-ipma.de

Welchen Nutzen bringt die Änderung (Prozessoptimierung / Kostensenkung / ROI, Pro/Contra)?

ROI	nicht prognostizierbar	

Wer in Projekten, Teilprojekten und Arbeitspaketen „denkt", wer eine sinnvolle Zeit-/Kosten- und Ressourcenplanung vornimmt, wer laufend im Projektteam und zum Auftraggeber kommuniziert, wird schnell erkennen, dass Projektmanagement die Abläufe weitestgehend optimiert, ohne dabei kreative Prozesse, z.B. im Rahmen von Produktentwicklung, einzuschränken.

Dabei sollte man sich nicht in Normen „verfangen", sondern die für sich und sein Unternehmen am besten passenden Bausteine heraus nehmen und nutzen.

Zwar haben derartig gemanagte Projekte zunächst einen höheren Planungsaufwand (aus Erfahrung ca. 10-20% des Umsetzungsaufwands) gegenüber der Methode „Die Arbeit zeigt den Weg", allerdings lassen sich durch die aufgrund sauberer Planung wegfallenden Reaktionsaktivitäten erhebliche Zeiteinsparungen erreichen.

Darüber hinaus lassen sich Planabweichungen deutlich früher erkennen und die Auswirkungen auf Zeit und Budget besser in kontrollierbare Bahnen lenken.

Ein Erfolgsfaktor ist nicht zuletzt die Motivation der projektbeteiligten Mitarbeiter. Durch die ständige aufmerksame Kommunikation und den zentralen Teamgedanken im Projektmanagement fühlt sich jeder Mitarbeiter als wichtige Komponente und anerkannt.

| KVP |  | niedrig | ⏱ | Projektmanagement |

Einsatz eines strukturierten Problemlösungsprozesses

Probleme im betrieblichen Kontext schneller und lösungsorientierter abstellen

Was möchte ich ändern?

Tauchen im betrieblichen Ablauf Probleme auf, so stehen zunächst die Konsequenzen im Fokus. Sofortmaßnahmen, die in Folge des Problems getroffen werden, behandeln in den meisten Fällen nur die Auswirkungen, nicht jedoch die Ursachen. Oftmals hängt dies zusammen mit der Erwartungshaltung von Mitarbeitern, dass eine Auseinandersetzung mit Problemen und Erforschung der Quellen einen erheblichen Aufwand verursachen würde und überaus komplex wäre.

Wie möchte ich es ändern (inkl. Umsetzungsdauer kurz-/mittel-/langfristig)?

Es empfiehlt sich der Einsatz eines strukturierten und einheitlichen Ablaufs, der immer und bei allen Arten von Problemen genutzt werden kann:

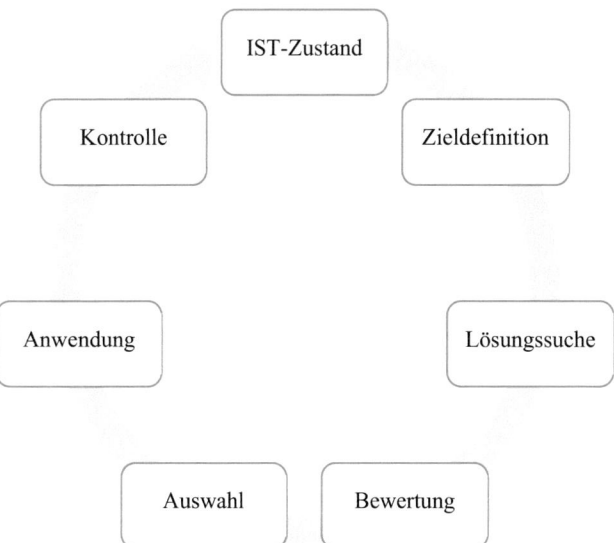

Abbildung 22: Strukturierter Problemlösungsprozess (Quelle: Christian Flick / Mathias Weber)

IST-Zustand

Zunächst gilt es, den Status Quo zu ermitteln. Wo, in welcher Form, wann und wie oft tritt das Problem auf? Dies wird in den meisten Fällen ausgehend von den Auswirkungen betrachtet. Zahlen, Daten und Fakten untermauern die Tragweite des Problems.

Zieldefinition

Welche Situation soll nach Lösung des Problems vorzufinden sein? Hier gilt es insbesondere, spezifische und nach Möglichkeit messbare Ziele festzulegen (vgl. Kapitel „Ziele SMART formulieren").

Lösungssuche

Basierend auf den definierten Zielen sollte nun eine Lösungssuche stattfinden. Es bietet sich an, hier im Team mit mehreren fachkompetenten Mitarbeitern zu agieren und Kreativtechniken wie z.B. Brainstorming einzusetzen.

Bewertung

Ebf. im Team können die gefundenen bzw. recherchierten Lösungsansätze nun bewertet werden. Die Bewertungskriterien und -gewichtungen sind dabei individuell abzustimmen.

Auswahl

Je nach Bewertung der Lösungen wird eine der Varianten ausgewählt. Möglicherweise ist dies durch einen Entscheider in einer höheren hierarchischen Ebene vorzunehmen. I.d.F. empfiehlt sich der Einsatz eines Management Summaries (vgl. Kapitel „Schnellere Entscheidungen durch Management Summary"), um eine schnelle und klare Auswahl zu fördern.

Anwendung

Die ausgewählte Lösung wird praktisch angewandt bzw. als Prozess eingeführt.

Kontrolle

Je nach Problemstellung sollte die nun eingesetzte Lösung einmalig oder permanent reflektiert werden. Die Frage ist, ob das Problem im Sinne der Zieldefinition gelöst wurde. Falls nicht, sollte der Problemlösungsprozess wiederum durchlaufen werden. Im Erfolgsfall ist der erfolgte Problemlösungsprozess auf jeden Fall schriftlich zu dokumentieren, damit dieses Wissen bei ähnlich gelagerten Problemen in der Zukunft genutzt werden kann.

Dieses Verfahren lässt sich bei allen erdenklichen Problemstellungen einsetzen, sei es in kaufmännischen bzw. organisatorischen oder auch technischen Bereichen. Eine Etablierung im Unternehmen kann denkbar kurzfristig initiiert werden.

Welchen Nutzen bringt die Änderung (Prozessoptimierung / Kostensenkung / ROI, Pro/Contra)?

Effizienzsteigerung 

Gibt man als Unternehmen seinen Mitarbeitern einen strukturierten Problemlösungsprozess als Orientierungsleitfaden an die Hand, so lässt sich der Aufwand für die Ursachenermittlung und nachhaltige Lösung von Problemen erheblich senken. Darüber hinaus wird es nach Erfahrung zu deutlich effektiveren und wirkungsvolleren Lösungen kommen, da es eine intensive und objektive Auseinandersetzung mit dem Problem gibt.

| KVP |  | niedrig | ⏱ | Projektmanagement |

Einsatz von Kreativtechniken

Querdenken fördern für die Entwicklung neuer und besserer Produkte und Prozesse

Was möchte ich ändern?

Ein lange Jahre eingespieltes Team und erfahrene Mitarbeiter sind für jedes Unternehmen ein elementarer Erfolgsfaktor. Dies bildet die Grundlage für eine exzellente Kompetenz im jeweiligen Fachgebiet der Firma.

Allerdings steht lange Erfahrung in einer etablierten Struktur und deren in Folge auftretende „Erhabenheit" in manchen Fällen notwendigen kreativen Findungsphasen im Wege. Die Wirtschaft dreht sich durch Technologisierung und Globalisierung zunehmend schneller und erfordert Lösungen für Produkte, Dienstleistungen und interne Prozesse, die über bisher erfolgreiches Handeln deutlich hinausgehen.

Wie möchte ich es ändern (inkl. Umsetzungsdauer kurz-/mittel-/langfristig)?

Um auch etablierte Köpfe des Unternehmens zu einer neuen Blickrichtung auf wirtschaftliche Situationen zu bewegen, existieren unterschiedliche Kreativitätstechniken, die das Einnehmen anderer Perspektiven und den bekannten „Blick über den Tellerrand" in spielerischer Art und Weise befördern. An dieser Stelle werden drei alternative sehr einfach durchzuführende Vorgehensweisen kurz vorgestellt:

<u>Brainstorming</u>

Hierbei handelt es sich um einen Ideenfindungsprozess durch mehrere Personen, um Wissen zu bündeln. Dabei findet eine Dokumentation der genannten Ideen und Stichwörter ohne jegliche Wertung und Kritik in der Findungsphase statt. Erst später findet eine Bewertung durch den Fachbereich Anwendung. Bei einem Brainstorming existieren keine gedanklichen Limits, der Phantasie wird freier Lauf gelassen. Des Weiteren ist ein Brainstorming durch und durch demokratisch, Hierarchien werden hier bewusst ausgeblendet, um Hemmungen vorzubeugen. Das Treffen wird spontan und kurz gehalten, es wird angeleitet durch eine unparteiische Moderation, die lediglich die Einhaltung der Regeln überwacht, ggf. zurück zum Kernthema führt und bei Bedarf die Teilnehmer aktiviert.

6-Hat-Methode

Sechs Personen werden abwechseln „gezwungen", eine bestimmte Grundhaltung zur besprochenen Fragestellung einzunehmen. Damit wird ein aktiver Perspektivenwechsel durchgeführt und jeder Teilnehmer ist animiert, über dafür und dagegen sprechende Argumente fundiert nachzudenken.

Die Rollen bzw. Eigenschaften sind entsprechend der Hutfarbe wie folgt definiert:

Weiß:	neutral, ergebnisoffen
Rot:	subjektiv, emotional betrachtend
Schwarz:	negativ, kritisch, risikogetrieben
Gelb:	positiv, chancenorientiert
Grün:	kreativ, innovativ, Alternativen suchend
Blau:	kontrollierend, dokumentierend, moderierend

Fragenkaskade

Wie beim intuitiven Nachfragen eines Kindes handelt es sich bei der Fragenkaskade um eine lösungsentwickelnde Kreativitätstechnik. So wird nach jeder nicht vollständig klaren oder zufriedenstellenden Antwort immer das „Warum?" hinterhergeschickt, bis eine schlüssige Lösung oder Idee genannt wurde, die ausreichend detailliert gefasst ist. So ergeben sich sukzessive interessante Betrachtungsweisen, auf die man aller Wahrscheinlichkeit nach so nicht gekommen wäre.

Möchte man über einen betrieblichen Verbesserungsvorschlag eine dieser Kreativtechniken im Unternehmen einführen, z.B. in den Bereichen Forschung & Entwicklung oder Arbeitsvorbereitung, so ist zu empfehlen, konkrete Fragestellungen für einen ersten Anwendungsfall direkt mit einzureichen.

Beispielhaft können wir zu diesem Thema die nachstehenden Anbieter, Dienstleister oder Literatur empfehlen. Hier finden Sie bei Bedarf kompetente Unterstützung und aussagekräftiges Informationsmaterial.

Anbieter / Dienstleister / Informationsmaterial

Denkwerkzeuge der Kreativität und Innovation, Florian Rustler, ISBN 978-3907100813

Kreativitätstechniken: Kreative Prozesse anstoßen, Innovationen fördern, Hendrik Backerra / Christian Malorny / Wolfgang Schwarz, ISBN 978-3446412330

Welchen Nutzen bringt die Änderung (Prozessoptimierung / Kostensenkung / ROI, Pro/Contra)?

Effizienzsteigerung

Neue kreative Ideen, die dennoch durchdacht sind, führen zu den notwendigen Innovationen, um ein Unternehmen auch in Zukunft wettbewerbsfähig zu halten und ein gesundes Wachstum zu ermöglichen.

Dabei fallen abgesehen vom Personalressourceneinsatz keine Kosten an.

KVP		mittel		Projektmanagement

Einsatz von Quality Gates in der Produktion

Durch ein Netz an Messpunkten die Qualität im Produktionsprozess sicherstellen

Was möchte ich ändern?

Produziert ein mittelständisches Unternehmen mit gleichen Maschinen unterschiedliche Erzeugnisse, ggf. auch je Auftrag individuell konstruierte, so ist ein unternehmensweit eingesetztes umfassendes und zu zertifizierendes Qualitätsmanagementsystem (QMS) nur schwer und mit hohem Aufwand einzuführen. Dennoch muss ein gegenüber seinen Kunden abgegebenes Qualitätsversprechen im Rahmen einer Null-Fehler-Vorgabe voll erfüllt werden.

Wie möchte ich es ändern (inkl. Umsetzungsdauer kurz-/mittel-/langfristig)?

In dieser vorliegenden Situation verspricht die Einsetzung von Quality Gates eine pragmatische und effektive Abhilfe. Zwischen einzelnen Produktionsschritten werden Messpunkte anhand von spezifischen Qualitätskriterien definiert. Erst bei Erfüllung dieser ergebnisorientierten Kriterien dürfen Produktionserzeugnisse den nächsten Step im Fertigungsprozess erreichen. Somit agieren die Quality Gates wie eine Art „Schranke", die sich erst bei positiver Kontrolle öffnet.

Dabei sind die Quality Gates den etablierten Prozessen und Rahmenbedingungen angepasst. Die Kriterien sind im Idealfall allen relevanten Mitarbeitern, die im Produktionsprozess involviert sind, bekannt. Durch diese Transparenz wird die Qualität konkret messbar und beurteilbar. In der Praxis können Checklisten die genauen Prüfvorgänge an den Quality Gates dokumentieren.

Das Verfahren der Quality Gates lässt sich nicht nur in einer industriellen Produktion anwenden, sondern auch z.B. im Bereich der Softwareentwicklung und im allgemeinen Projektmanagement. Es handelt sich um ein Phasenmodell, das als qualitätsorientiertes Pendant zum der zeitlichen Komponente zugewandten Meilensteinplan angesehen werden kann.

Welchen Nutzen bringt die Änderung (Prozessoptimierung / Kostensenkung / ROI, Pro/Contra)?

ROI	nicht prognostizierbar	

In erster Linie sind Quality Gates eine Sammlung von Werkzeugen, um die Qualität der hergestellten Produkte signifikant zu erhöhen.

Durch dessen Einsatz fallen Fehler frühzeitig auf und nicht erst bei der in vielen Unternehmen erst zum Ende des Produktionsprozesses stattfindenden Qualitätskontrolle. Das spart nicht zuletzt Kosten, denn frühzeitig im Gesamtprozess fehlerhaft produzierte Erzeugnisse durchlaufen nicht mehr die weiteren, i.d.F. unnötigen Produktionsschritte.

Dennoch verleihen Quality Gates dem Unternehmen eine ausreichende Flexibilität, denn sie können fallbezogen kurzfristig in einzelnen Produktionsschritten verändert werden, anders als ein zertifiziertes QMS.

| KVP | ∿∿∿ | niedrig | ⏱ | Projektmanagement |

Kalkulationsfehler vermeiden

Aufwände mit der Delphi-Methode realistisch und abgesichert schätzen

Was möchte ich ändern?

In betriebswirtschaftlichen Kostenkalkulationen, die sich nicht auf Quantität einer Sache wie eines produzierten Produktes oder den Einkauf einer Handelsware beziehen, sondern rein auf den Mitarbeiteraufwand einer Leistung, ist in vielen Fällen ein reines „Bauchgefühl" die verantwortliche Kennzahl. Dies birgt das Risiko, dass Feinheiten der vorzunehmenden Arbeiten nicht oder nur unzureichend Berücksichtigung finden und die Aufwandschätzung zu gering ausfällt, mit der Auswirkung eines defizitären Projektes.

Wie möchte ich es ändern (inkl. Umsetzungsdauer kurz-/mittel-/langfristig)?

Mithilfe der Delphi-Methode wird die systematische Kalkulation von Aufwänden als Gruppenleistung definiert. Mehrere fachkompetente Spezialisten kalkulieren parallel und unabhängig aufgrund der Leistungsanforderung und ihrer jeweiligen Erfahrung die Aufwände für die angefragten Leistungen. Dabei schätzen sie die Aufwände im besten Fall, folglich ohne das Auftreten von Problemen während der Umsetzung, und im schlechtesten Fall. Dazu kommt, übernommen aus der Risikoanalyse (vgl. Kapitel „Risiken analysieren und überwachen") des Projektes bzw. der Projektanfrage, ein kalkulatorisch zu berücksichtigender Risikofaktor.

Aus dieser sogenannten Schätzklausur werden die individuellen Ergebnisse aller beteiligten Experten zusammengetragen und verglichen. Anschließend wird, nach Besprechung der Ergebnisse, die Prozedur im Rahmen einer oder auch weiterer Schleifen mit dem Ziel der Konkretisierung bzw. Annäherung wiederholt.

Arbeitspaket	Bester Fall	Schlechtester Fall	Mittelwert	Risikofaktor	Final
1.1 Steuergerät montieren	16 Std.	28 Std.	22 Std.	1,1	24,2 Std.

Abbildung 23: Tabelle Schätzklausur eines Mitarbeiters (Quelle: Christian Flick / Mathias Weber)

Voraussetzung dafür ist, dass die Projektanforderung in einzelne Arbeitspakete (vgl. Kapitel „Einführung von Projektmanagement") aufgeteilt ist und folglich sehr feinteilig kalkuliert werden kann. Ein Arbeitspaket sollte 80 Stunden Aufwand nicht überschreiten und innerhalb einer Organisationseinheit wie einer Fachabteilung zuzuordnen sein.

Die Einführung des methodischen Vorgehens kann bei den betreffenden Mitarbeitern kurzfristig und ohne finanzielle Investitionen vonstattengehen.

Welchen Nutzen bringt die Änderung (Prozessoptimierung / Kostensenkung / ROI, Pro/Contra)?

Effizienzsteigerung

Im Vergleich zum „Bauchgefühl" finden auch hier insbesondere Erfahrungswerte als Basis der Aufwandschätzung Anwendung, allerdings inhaltlich deutlich fundierter und durch mehrere fachkompetente Mitarbeiter untermauert. Darüber hinaus wird die Aufwandschätzung in dieser Methode durch mehrere Durchläufe in ihrer Nähe zum Realaufwand essentiell vertieft.

In der Folge werden Projekte und Aufträge, deren Kalkulation in dieser Form methodisch durchgeführt wurde, deutlich rentabler. Ferner müssen in weniger Fällen die schwierigen und aus Kundensicht ungeliebten Nachforderungsgespräche geführt werden.

KVP		mittel		Projektmanagement

Kommunikation fördern

Erfolgreiche Projekte durch gezielte und regelmäßige Kommunikation sicherstellen

Was möchte ich ändern?

Bei einer Befragung von Projektleitern und Entscheidern in Unternehmen gaben 36% an, dass Projekte insbesondere an Kommunikationsproblemen scheitern (lt. Studie Engel/Holm für GPM und PA Consulting Group). Missverständnisse oder auch nicht weiter getragene und somit fehlende Informationen erschweren eine optimale und zielorientierte Zusammenarbeit der Projektbeteiligten und führen in Folge zu inhaltlichen Versäumnissen, Konflikten und Zeitverlust.

Wie möchte ich es ändern (inkl. Umsetzungsdauer kurz-/mittel-/langfristig)?

Die Bearbeitung eines Projektes bzw. einen Auftrags erfordert eine geordnete und ausreichende Kommunikation. Dazu sind folgende Bausteine anzuraten:

<u>Regelmäßige Absprachen</u>

Sowohl intern mit den projektbeteiligten Kollegen als auch mit dem Auftraggeber sollte stetig ein Austausch über den Stand der Dinge und offene Fragen stattfinden. Es bietet sich jeweils ein fester wiederkehrender Termin an, eine sogenannte „Jour-fixe".

<u>Perspektiven</u>

Ein oft auftretendes Problem in der Kommunikation ist eine unterschiedliche Sichtweise der Beteiligten, in der Tiefe wie in der Breite. Der Sender einer Information hat möglicherweise eine ganz andere Bedeutung im Sinn als im Verständnis des Empfängers ankommt. Gerade ein Projektleiter ist angehalten, mit der nötigen Empathie zu agieren und vorher zu überlegen, wie er Informationen gegenüber unterschiedlichsten Zielgruppen so verständlich wie möglich und ohne Interpretationsspielraum transportiert. Auch der Faktor, dass Informationen sowohl in der Sach- als auch in der Beziehungsebene von unterschiedlichen Personen aufgenommen werden können, sollte im Rahmen eines bewussten Perspektivwechsels Berücksichtigung finden.

Informationsfluss

Darüber hinaus sollte festgelegt werden, welche Person oder Personengruppe welche Informationen in welcher Form (z.B. per E-Mail, Intranet, vis-á-vis) in welchem Turnus bzw. zu welchen Zeitpunkten erhalten soll. Dabei bietet es sich an, die Ebene der Kommunikation in den folgenden Abstufungen zu regeln:

- Wer erstellt die Dokumenten/Informationen?
- Wer erhält die Informationen als Themenverantwortlicher/Entscheider?
- Wer ist zu auf jeden Fall informieren?
- Wer hat Zugang zu den Informationen (bei Bedarf)?

Bezogen auf KVP bedeutet dies, ein Unternehmen sollte initial für seine Mitarbeiter feste Kommunikationsregeln, -mittel und -zeitpunkte als Leitfaden an die Hand geben, deren Zusammenspiel zielführend ist. Durch stetige Weiterentwicklung und Qualifikation neuer und bestehender Mitarbeiter sollte ein kontinuierlicher Ausbau dieses Vorgehens vonstattengehen.

Beispielhaft können wir zu diesem Thema die nachstehenden Anbieter, Dienstleister oder Literatur empfehlen. Hier finden Sie bei Bedarf kompetente Unterstützung und aussagekräftiges Informationsmaterial.

Anbieter / Dienstleister / Informationsmaterial

Kommunikation im Projekt: Schnell, effektiv und ergebnisorientiert informieren, Tomas Bohinc, ISBN 978-3869365589

Professionelle Projektkommunikation: Mit sechs Fallbeispielen aus unterschiedlichen Branchen, Katja Nagel, ISBN 978-3714302301

Welchen Nutzen bringt die Änderung (Prozessoptimierung / Kostensenkung / ROI, Pro/Contra)?

Effizienzsteigerung

Gute Kommunikation ist ein wesentlicher Erfolgsfaktor in Projekten und Aufträgen. Wenn man die Projektkommunikation kontinuierlich fördert und damit optimiert, profitieren alle Beteiligten. Aus dieser Sicht handelt es sich um eine obligatorische Maßnahme für jedes Unternehmen jeder Größe.

KVP	niedrig	Projektmanagement

Nutzung von SWOT Analysen im Unternehmen

Durch gezielte Analysetechnik Stärken, Schwächen, Chancen und betriebliche Bedrohungen einschätzen und bewerten können

Was möchte ich ändern?

Die SWOT Analyse durchleuchtet ein Projekt oder auch ein ganzes Unternehmen, um einen aktuellen Stand aufzunehmen. Die Methode dient u.a. dazu, Stärken auszubauen, Schwächen zu reduzieren, Chancen aktiv zu nutzen und Bedrohungen im Vorfeld zu identifizieren sowie abzustellen. Durchlebt man diese Analyse in allen Facetten, erhält man ein ganzheitliches und komprimiertes Gesamtbild von einem sogenannten IST-Zustand.

Wie möchte ich es ändern (inkl. Umsetzungsdauer kurz-/mittel-/langfristig)?

Hat man die SWOT Methode erfolgreich im eigenen Unternehmen integriert, kann man diese nicht nur erfolgreich in Management-Präsentationen nutzen, sondern auch Maßnahmen für Folgeschritte ableiten. Wenn man den Aufbau diese Analyse betrachtet, sieht man eine 4-Felder-Matrix, die in die Betrachtungsfelder Strengths, Weaknesses, Opportunities und Threats geteilt ist:

1. Strengths / Stärken: Stärken werden erörtert. Was können wir, worin sind wir besser als andere Marktbegleiter usw.
2. Weaknesses / Schwächen: Schwächen werden festgestellt. Was können wir noch nicht so gut im Vergleich zu wichtigen Wettbewerbern usw.
3. Opportunities / Chancen: Chancen werden erörtert. Welche Möglichkeiten haben wir, welche externen Chancen kann man nutzen, wie z.B. Markttrends etc.
4. Threats / Gefahren: Gefahren werden bewertet und festgehalten. Welche Gefahren lauern und könnten uns schaden, z.B. negative Marktbewegungen, die gegen unser Sortiment sprechen würden usw.

Beispielhaft können wir zu diesem Thema die nachstehenden Anbieter, Dienstleister oder Literatur empfehlen. Hier finden Sie bei Bedarf kompetente Unterstützung und aussagekräftiges Informationsmaterial.

Anbieter / Dienstleister / Informationsmaterial

Excel-Vorlagen etc., www.swot-analyse.net

Welchen Nutzen bringt die Änderung (Prozessoptimierung / Kostensenkung / ROI, Pro/Contra)?

Effizienzsteigerung	

Siedelt man dieses i.d.R. strategische Management-Tool in der eigenen Firma an, kann man Projekte gezielter im Vorfeld bewerten und einschätzen. Es ist hilfreich für wichtige Bestandsaufnahmen, die sowohl für laufende Geschäfte, als auch im Business-Plan für Start-Ups wertvolle Anwendung finden. Ebenso wird es auch in einer strategischen Marketingplanung häufig eingesetzt, um Fehler zu minimieren und den richtigen Weg für die werbeorientierte Firmenauslobung zu finden. Ergänzt man die Anwendungsbereiche für die SWOT Technik, findet man auch in der Projektplanung und im Selbstmanagement außergewöhnliche Einsatzzwecke.

Zur Erstellung der Analyse ist kein wirklich elementares und sehr tiefes Fachwissen nötig. Man kann dies in einfache kleine Teilschritte aufteilen:

1. Ziele werden definiert
2. Vorgehensweisen werden beschrieben
3. Interne Analysen (Stärken und Schwächen erörtern und sammeln)
4. Externe Analysen (Chancen und Risiken erörtern und Fakten sammeln)
5. Maßnahmen gezielt ableiten

Fazit

Die Verwendung einer SWOT Analyse ist visuell formuliert wie die Nutzung eines Navigationssystems im PKW auf einer Dienstreise. Es würde auch ohne gehen, jedoch hat man mit ihr die höhere Chance, Zieldistanzen besser einzuschätzen, den optimalen Weg zu finden und final auch das anvisierte Ziel planmäßig zu erreichen.

| KVP |  | niedrig | ⏱ | Projektmanagement |

Risiken analysieren und überwachen

Ein Kunde stellt mit einer Anfrage einen lukrativen Auftrag in Aussicht. Jetzt gilt es, nicht ausschließlich umsatzgetrieben zu denken und über potentielle Risiken hinwegzusehen.

Was möchte ich ändern?

Aufträge sind im ersten Moment ein rein positives Unterfangen. Doch in vielen Fällen ergeben sich Störfaktoren, was insbesondere die Kosten in die Höhe treiben kann und damit die Kalkulation gefährdet, oder den Zeitplan ins Wanken bringt. Das magische Dreieck aus Time/Budget/Quality verliert sein Gleichgewicht.

Die negativen Auswirkungen sind defizitäre Projekte und unzufriedene Kunden, die möglicherweise die Geschäftsbeziehung beenden.

Wie möchte ich es ändern (inkl. Umsetzungsdauer kurz-/mittel-/langfristig)?

Bereits bei der Anfrage des Kunden ist zu empfehlen, die Umsetzung eines Auftrags auf mögliche Risiken zu reflektieren. Dabei gilt es, sich konstruktiv und sachlich mit den Risiken auseinanderzusetzen und dies durch fachlich relevante Mitarbeiter vornehmen bzw. überprüfen zu lassen. Wichtig ist, dass die Risiken nicht nur zu Beginn einmalig definiert werden, sondern auch regelmäßig während der Auftragsumsetzung überprüft und aktualisiert werden. Auch die Planung vorbeugender bzw. auch reagierender Maßnahmen kann im Vorfeld sinnvoll sein.

Im Folgenden eine tabellarische Vorlage als Hilfestellung für eine sinnvolle Risikoanalyse, die schnell in Unternehmen eingeführt werden kann:

Nr.	Risiko-beschreibung	Wahrscheinlichkeit in %	Auswirkungen	Tragweite	Präventive Maßnahmen	Korrektive Maßnahmen

Tragweite: 1 = gering / zu vernachlässigen, 5 = hoch kritisch / projektgefährdend

Abbildung 24: Tabelle Risikoanalyse (Quelle: Christian Flick / Mathias Weber)

Welchen Nutzen bringt die Änderung (Prozessoptimierung / Kostensenkung / ROI, Pro/Contra)?

Effizienzsteigerung 

Die ermittelten Risiken sollten je nach Auswirkung, Wahrscheinlichkeit und Tragweite zu Konsequenzen im Budget in Form von Risikozuschlägen und im Timing im Bereich von Pufferzeiten führen. Damit behält das Unternehmen die Kontrolle und minimiert die Gefahr von Kostensteigerungen und zeitlichen Problemen.

| KVP | ~~~~ | niedrig | ⏱ | Projektmanagement |

Schnellere Entscheidungen durch Management Summary

Die wesentlichen Informationen für Entscheider auf einer Seite zusammenfassen

Was möchte ich ändern?

Entscheider in Unternehmen haben grundsätzlich für einzelne Themen nur eingeschränkt Zeit zur Verfügung. Darüber gehört es nicht zu ihrem Aufgabengebiet, sich fachlich mit sämtlichen Details einer Fragestellung oder Thematik auseinanderzusetzen. Oftmals erhält diese Personengruppe jedoch nur unzureichende Informationen und ist gezwungen, sich mit den möglichen Varianten ihrer zu treffenden Entscheidung und deren Auswirkungen selbst zu beschäftigen. Dies verzögert das eigentliche Treffen von Entscheidungen erheblich.

Wie möchte ich es ändern (inkl. Umsetzungsdauer kurz-/mittel-/langfristig)?

Ein sog. Management Summary oder auch Executive Summary hat das Kernziel, auf einer DIN A4-Seite komprimiert alle wesentlichen Informationen zu einer zu treffenden Entscheidung darzustellen. Dabei ist eine klare und eindeutige Formulierungsweise anzuwenden, die keinen Spielraum für Interpretationen lässt. Darüber hinaus ist ein Management Summary inhaltlich so aufzusetzen, dass ein fachlicher Laie Thema und Handlungsempfehlung uneingeschränkt nachvollziehen kann.

Die folgenden elementaren Bausteine eines Management Summarys sind zu empfehlen (Quelle: Dr. Georg Angermeier, Veröffentlichung im Projekt-Magazin 16/2012):

1. Worum geht es?
   Verantwortungs-/Organisationsbereich und Fragestellung
2. Welche Entscheidung ist zu treffen?
   1-2 Sätze zur konkreten Entscheidung
3. Welche Optionen gibt es?
   Auflistung und kurze Beschreibung der Handlungsoptionen, ggf. mit Pro/Contra
4. Nach welchen Kriterien wurden diese Optionen beurteilt?
   Muss- und Kann-Kriterien der Bewertungsgrundlage
5. Welche dieser Optionen wird empfohlen?
   Handlungsempfehlung mit Begründung und notwendigen einzuleitenden Maßnahmen

Verfasst werden sollte ein Management Summary durch die entsprechenden fachlich kompetenten Mitarbeiter, für die es allerdings eine Herausforderung darstellen kann, ihre umfangreichen Detailinformationen auf Entscheider-Sichtweise zu kürzen und vor allem eine Priorisierung vorzunehmen. Dennoch ist das Werkzeug des Management Summary sehr kurzfristig und kostenneutral in Unternehmen einzuführen, sofern den Mitarbeitern ein Leitfaden nach vorstehender Struktur zur Verfügung gestellt wird.

Welchen Nutzen bringt die Änderung (Prozessoptimierung / Kostensenkung / ROI, Pro/Contra)?

Effizienzsteigerung

Es erschließt sich von selbst, dass Entscheider erheblich von einheitlichen Management Summarys profitieren, denn sie haben alle erforderlichen Informationen zur Ausübung ihrer Pflicht im Rahmen einer Thematik auf einen Blick. Ihre Ressource Zeit wird optimal genutzt.
Auf Seiten der fachlichen Mitarbeiter ist nach Einführung von Management Summarys mit schnelleren Entscheidungen sowie einer signifikanten Reduzierung von Rückfragen zu rechnen.

Zusätzlich kann es für ein fundiertes Ergebnis von Vorteil sein, als fachkompetenter Mitarbeiter im Rahmen der Definition von Optionsbeschreibungen und Handlungsempfehlung einen Perspektivwechsel durchzuführen und damit Aspekte einzubeziehen, die vorher nicht im Bewusstsein waren.

| KVP  | niedrig | ⏱ | Projektmanagement |

Umsetzung eines konsequenten Change Request Managements in Aufträgen

Änderungen von Kundenanforderungen erkennen und die Auswirkungen aktiv steuern

Was möchte ich ändern?

Individuelle Aufträge im Dienstleistungssektor und in der produzierenden bzw. konstruierenden Industrie weisen nahezu immer eine Varianz im Leistungsumfang gegenüber der ursprünglichen Planung auf. Selbst wenn eine aufwändige Planung z.B. mit Pflichtenheften und Prototypen durchgeführt wurde, ändern sich im Auftragsverlauf Anforderungen. In etlichen Fällen wird dies seitens des beauftragten Unternehmens hingenommen und ohne betriebswirtschaftliche sowie planerische Auseinandersetzung mit umgesetzt.

Dass geänderte Anforderungen, die oftmals einen Mehraufwand in der Umsetzung verursachen, vergütet werden, ist so in keiner Weise sichergestellt, ein defizitärer Auftrag droht. Des Weiteren können die genannten Mehraufwendungen zu Verzögerungen im Zeitplan führen, wobei dies dem Auftraggeber möglicherweise nicht bewusst ist und die „Schuld" für einen verfehlten Fertigstellungstermin beim beauftragten Unternehmen gesucht wird.

Wie möchte ich es ändern (inkl. Umsetzungsdauer kurz-/mittel-/langfristig)?

Auch in Aufträgen mit Festpreis ist es essentiell, dass zusätzliche oder geänderte Anforderungen von Kunden identifiziert und hinsichtlich ihrer Auswirkungen auf das Budget, aber auch Zeitplanung und Qualität untersucht werden. Dies stellt man über ein konsequentes Change Request Management her, ein Werkzeug aus dem Projektmanagement.

Genauso wichtig wie die Erkennung und Analyse von Änderungsanforderungen (RFC = Request For Change) ist die Kommunikation mit dem Kunden bzw. der Entscheidungsinstanz beim Kunden oder im eigenen Unternehmen. Alternative Vorgehensweisen und zusätzliche Kosten sind in jedem Fall durch den Auftraggeber freizugeben, damit der weitere Projektverlauf bzw. die Auftragsabwicklung störungsfrei vonstattengehen kann. Darüber hinaus ist frühzeitige, proaktive und offene Kommunikation der Auswirkungen, etwa auf die

Zeitplanung, das präferierte Mittel, um Streit mit dem Auftraggeber in der Fertigstellungsphase vorzubeugen.

Die Feststellung einer Änderungsanforderung erfolgt i.d.R. über eine ausdrückliche Bitte des Auftraggebers. Allerdings kann eine solche auch im Projektverlauf durch das ausführende Unternehmen erkannt werden, wenn inzwischen vorgesehene Anforderungen nicht mit dem vereinbarten Leistungsumfang des Auftrags übereinstimmen. Durch die offizielle Feststellung, dass es sich bei einer Anforderung um einen „Change" handelt, erhält die Änderung die notwendige Aufmerksamkeit und wird nicht als Bagatelle „abgetan". Im nächsten Schritt erfolgt eine Analyse und Bewertung der Änderung und ihrer Auswirkungen durch die fachlichen Mitarbeiter. Darauf basierend stellt man den Change bzw. alternative Optionen dem Auftraggeber zur Entscheidung, z.B. über ein Management Summary (siehe hierzu das Kapitel um Buch „Schneller Entscheidungen durch Management Summary").

Hat sich der Auftraggeber entschieden, die Änderungsanforderung umzusetzen, so sind nicht nur die zusätzlichen Kosten für die Abrechnung zu dokumentieren. Insbesondere die Zeitplanung der nächsten Arbeitspakete, Aufgaben und Meilensteine bis hin zur Fertigstellung ist anzupassen und zu kommunizieren.

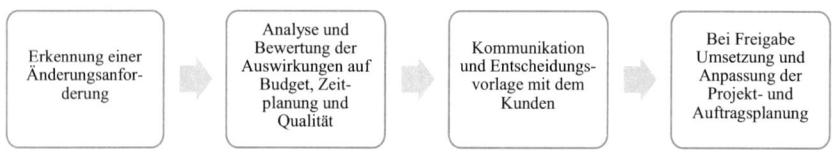

Abbildung 25: Beispielhafte Behandlung eines Change Requests (Quelle: Christian Flick / Mathias Weber)

Dieses Verfahren kann kurzfristig im Unternehmen bzw. auch in Teilbereichen des Unternehmens Einzug finden. Verwaltung und Nachhaltung von Änderungsanforderungen lässt sich optimal über eine professionelle Projektmanagement-Software vornehmen.

Beispielhaft können wir zu diesem Thema die nachstehenden Anbieter, Dienstleister oder Literatur empfehlen. Hier finden Sie bei Bedarf kompetente Unterstützung und aussagekräftiges Informationsmaterial.

Anbieter / Dienstleister / Informationsmaterial

Projektmanagement-Software:
BBL-Software GmbH, www.projekta.eu

Welchen Nutzen bringt die Änderung (Prozessoptimierung / Kostensenkung / ROI, Pro/Contra)?

Effizienzsteigerung

Möchte ein Unternehmen in Aufträgen aufgetretene und vom Kunden durch abweichende Anforderungen verursachte Mehraufwendungen vergütet erhalten, so ist der Einsatz des hier genannten Verfahrens alternativlos. In Folge der Einführung werden Mehreinnahmen zu verzeichnen sein, die im besten Fall die Mehraufwände vollständig decken. Darüber hinaus werden unkalkulierte Verzögerungen in Projekten erheblich reduziert.

Die Einführung des Prozesses ist nicht mit Investitionskosten verbunden, es ist lediglich eine thematische Qualifizierung der relevanten Mitarbeiter erforderlich.

Neben der genannten offenen Kommunikation sollten bestehende Kunden behutsam und sukzessive an den neuen Prozess und die damit verbundene konsequente Abrechnung von neuen Anforderungen gewöhnt werden, um Unmut zu vermeiden.

KVP	mittel	Projektmanagement

Verantwortlichkeiten klar definieren

Mit Organigrammen und der RACI-Methode für Transparenz im Projekt sorgen

Was möchte ich ändern?

In vielen Projekten ist nicht eindeutig bekannt, welcher Beteiligte welche Rolle hat, wer für welchen Fachbereich verantwortlich zeichnet und welche Personen in Entscheidungen einzubeziehen sind. Besonders problematisch ist es dann, wenn in einem Projekt Mitarbeiter mehrerer Abteilungen involviert sind. Dann gibt es disziplinarisch vorgesetzte Abteilungsleiter, die in Konkurrenz zum Projektleiter stehen, der womöglich nur die fachliche Weisungsbefugnis, limitiert auf das Projekt, besitzt.

In diesem Fall ist ein Mitarbeiter „Diener zweier Herren" und in der Regel verunsichert, wessen Anweisungen er im Zweifel Folge zu leisten hat.

Wie möchte ich es ändern (inkl. Umsetzungsdauer kurz-/mittel-/langfristig)?

Um derartige Unklarheiten präventiv zu vermeiden, sollte im Rahmen der Planung eines Projektes eine klare und eindeutige Rollenverteilung sowie Befugnisvergabe festgelegt und schriftlich transparent dokumentiert werden.

Für den übergeordneten Blick sollte ein Projekt-Organisationsdiagramm angefertigt werden, das die Hierarchie darstellt. Dieses muss durch die Geschäftsleitung genehmigt werden, womit es einen offiziellen Charakter erhält.

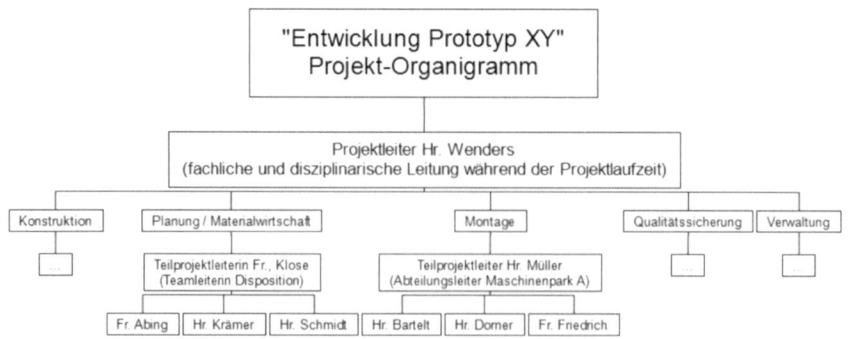

Abbildung 26: Beispielhaftes Projekt-Organigramm (Quelle: Christian Flick / Mathias Weber)

Im Detail sollte in Folge auf Teilprojektebene ein sogenanntes RACI-Diagramm erstellt werden. Die einzelnen zu verteilenden Befugnisse werden dabei wie folgt definiert:

Responsible

Wer ist verantwortlich für die Durchführung des Arbeitspaketes? Dies kann z.B. ein Teilprojektleiter sein oder auch in kleinen Projektteams der mit der Umsetzung beauftragte Mitarbeiter.

Accountable

Wer genehmigt die Kosten für die Durchführung des Arbeitspaketes? In der Regel eine Person aus der Leitungsebene.

Consulted

Wer ist fachlich zu konsultieren bzw. beratend zu involvieren, allerdings ohne aktive Durchführung und ohne Entscheidungsbefugnisse?

Informed

Welche Personen sind über das Ergebnis zu informieren bzw. dürfen auf Nachfrage informiert werden?

Arbeitspaket	Hr. Müller	Hr. Meier	Hr. Schulze	Fr. Muster
1.1 Steuergerät montieren	R	A	C	I

Abbildung 27: Beispielhaftes RACI-Diagramm (Quelle: Christian Flick / Mathias Weber)

Dieser Vorschlag als Verbesserungsprojekt richtet sich insbesondere an Projektleiter, die das Verfahren selbst einsetzen können und auch im gesamten Unternehmen etablieren möchten.

Welchen Nutzen bringt die Änderung (Prozessoptimierung / Kostensenkung / ROI, Pro/Contra)?

Effizienzsteigerung

Der optimierte Prozess ist nicht erst die schriftliche Dokumentation der Verantwortlichkeitsstruktur sowie die Kommunikation an die relevanten Mitarbeiter, sondern in erster Linie die von der Unternehmensleitung gestützte klare Entscheidung, wer im Projekt wem gegenüber weisungsberechtigt ist.

Das Unternehmen profitiert sukzessive durch immer „runder" laufende Projekte und weniger Konflikte im Bereich Weisungskompetenzen und Ressourcenverteilung.

KVP	mittel		Projektmanagement

Vertragsstruktur für das Unternehmen aufbauen

Mit Hilfe von Geheimhaltungsvereinbarungen, Einkaufs- und Verkaufsbedingungen vertragliche Grundlagen für die Zusammenarbeit mit Lieferanten schaffen

Was möchte ich ändern?

Damit bei Lieferantenkontrakten und Dienstleisterbeauftragungen klare Spielregeln vorhanden sind, sollte in jedem gut aufgestellten Unternehmen eine plausible und übersichtliche Vertragsstruktur vorhanden sein. Diese beinhaltet u.a. die Vorlage einer Geheimhaltungsvereinbarung zum gegenseitigen Schutz von Daten und Know-how, die Vorlage von einem Vertrag für die Einkaufsbedingungen, als auch für die Verkaufsbedingungen in gesonderter Form.

Wie möchte ich es ändern (inkl. Umsetzungsdauer kurz-/mittel-/langfristig)?

Mit der Hilfe eines guten Wirtschaftsjuristen kann man in wenigen Wochen eine individuelle Vertragsstruktur für die eigene Firma aufbauen und z.B. auf der Unternehmenswebsite veröffentlichen. Ist ein Unternehmen jedoch noch relativ klein und kann nur mit eingeschränkten Budgets arbeiten, könnten auch allgemeine Vorlagen für solche Verträge passend sein. Derartige allgemeine Muster-Vorlagen findet man u.a. auch bei der Industrie- und Handelskammer (IHK). Ob hierbei jedoch alle individuellen Vertragsinhalte enthalten sind und ob diese allgemeinen Vorlagen somit ausreichend sind, muss ein Unternehmer i.d.R. immer selbst beantworten und in letzter Konsequenz auch ebenso selbst verantworten.

Beispielhaft können wir zu diesem Thema die nachstehenden Anbieter, Dienstleister oder Literatur empfehlen. Hier finden Sie bei Bedarf kompetente Unterstützung und aussagekräftiges Informationsmaterial.

Anbieter / Dienstleister / Informationsmaterial
Musterverträge der IHK Frankfurt a. M., www.frankfurt-main.ihk.de/recht/mustervertrag/ihk/
Bundesverband der Wirtschaftsjuristen e. V. (WJFH), www.wjfh.de

Welchen Nutzen bringt die Änderung (Prozessoptimierung / Kostensenkung / ROI, Pro/Contra)?

ROI	nicht prognostizierbar	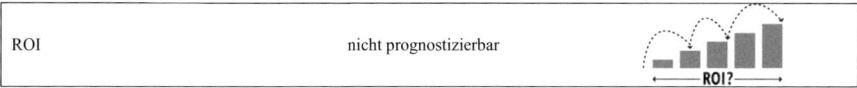

Durch die Einführung und Integration einer Vertragsstruktur werden allseitig klare Regeln und Vereinbarungen getroffen, die im täglichen Berufsleben zwischen Kunden und Lieferanten eingehalten werden müssen. Hierbei sorgen Verträge sowohl für die Einhaltung gegenseitiger Vereinbarungen im Umgang mit vertraulichen Daten wie z.B. technischen Zeichnungen, als auch über geschäftliche Rahmeninhalte durch Einkaufs- und Verkaufsbedingungen eines Unternehmens. Sofern eine Zusammenarbeit reibungslos, kooperativ und kulant funktioniert, benötigt man eine solche Vertragsstruktur häufig nur in der Theorie. Wendet sich allerdings der gegenseitige Umgang innerhalb einer Geschäftsbeziehung ins Negative, so ist eine klare vertragliche Struktur bzw. ein komplettes Vertragswerk unschätzbar wertvoll.

Anmerkung für die betriebliche Praxis:
Veröffentlicht man diese Verträge auf der eigenen Firmenwebseite, so kann jeder Interessent diese schnellstmöglich und automatisch abrufen und verwenden. Im Alltag kann z.B. somit ein neuer Lieferant die firmeneigene Geheimhaltungsvereinbarung schnell ausdrucken, unterzeichnen und übersenden.

Möchte man für das Unternehmen die Abrufbarkeit dieser Verträge auf der Unternehmenswebseite noch schneller gestalten, kann man sog. Verlinkungen erstellen, die man dann den jeweiligen Lieferanten oder auch Kunden nennt. Zum Beispiel:

www.musterfirma.de/geheimhaltungsvereinbarung
www.musterfirma.de/einkaufsbedingungen
www.musterfirma.de/verkaufsbedingungen

Ebenso kann man sich bei z.B. Bestellungen an Lieferanten direkt auf diese Links beziehen, ohne alle Inhalte nochmal einzeln in jeder Bestellung nennen zu müssen. Beispielformulierung: „Wir bestellen gemäß unserer aktuellen Einkaufsbedingungen. Diese finden Sie unter www.musterfirma.de/einkaufsbedingungen".

KVP		niedrig		Projektmanagement

Verzögerungen durch fehlerhafte Fertigstellungsgrade vermeiden

Mit Hilfe der Einführung standardisierter Methoden lässt sich eine seriöse Schätzung des Fertigstellungsgrades erreichen.

Was möchte ich ändern?

Mitarbeiter neigen dazu, den Status ihrer Aufgaben in Aufträgen und Projekten mit „fast fertig", 99% und ähnlichen subjektiven Werten anzugeben. Wird dies seitens der Führungskräfte und Projektleiter unreflektiert übernommen, kommt es oftmals zu sehr spät oder auch zu spät erkannten Verzögerungen des Gesamtprojektes oder -auftrags.

Denn klassischerweise dauert die Abarbeitung des letzten noch fehlenden Prozents über zehn Projekt der Gesamtprojektdauer, ähnlich verhält es sich beim Netto-Aufwand.

Wie möchte ich es ändern (inkl. Umsetzungsdauer kurz-/mittel-/langfristig)?

Es existieren unterschiedliche Ansätze für eine Fertigstellungsgradmessung, die den typischen Fehler der gegenüber der Realität zu weit fortgeschrittenen Schätzung vermeiden.

Einen radikalen Weg geht die 0/100-Methode. Hier ist eine Aufgabe oder ein Arbeitspaket entweder fertiggestellt oder nicht. Entsprechend findet ein weiter Fortschritt in den Arbeiten keine Berücksichtigung, weshalb diese Methode in der Praxis oftmals keine Anwendung findet. Genauer arbeitet an dieser Stelle das 50/50-Prinzip. Hier gibt es die drei alternativen Statusangaben 0%, 50% und 100%, allerdings lassen diese gegenüber der 0/100-Methode die Angabe eines gewissen Fortschritts zu, ohne diesen dabei zu hoch zu interpretieren.

Empfehlenswert ist in diesem Kontext die Methode „Percentage-of-Completion", denn hier finden die konkret noch zu erwartenden Aufwände auf Stunden- oder Personentagebasis Verwendung. Diese werden ins Verhältnis gesetzt zu den bisher angefallenen Aufwendungen. Damit lassen sich über die Fertigstellungsgradmessung hinaus Mehraufwendungen gegenüber dem ursprünglich kalkulierten Aufwand sehr schnell erkennen.

Im folgenden Beispiel sind für ein Arbeitspaket 24 Stunden Aufwand kalkuliert worden. Bisher wurden 20 Stunden geleistet. Der fachlich eingebundene Mitarbeiter hat angegeben, dass das Arbeitspaket zur Vollendung noch geschätzte 8 Stunden benötigen wird.

$$\frac{\text{Std. geleistet}}{\text{Std. geleistet + Std. zu erwarten}} \quad \frac{20}{20+8} \quad = 71\% \text{ Fertigstellungsgrad}$$

(Std. ursprünglich kalkuliert)   (24)   (= 4 Std. Mehraufwand)

Abbildung 28: Berechnung Percentage-of-Completion (Quelle: Christian Flick / Mathias Weber)

In Einsatz gebracht werden können diese Methoden sehr kurzfristig, denn sie lassen sich auch in laufende Projekte und Aufträge im Rahmen des allgemeinen Projektmanagements integrieren und erfordern keine besondere Qualifizierung des koordinierenden Personals.

Welchen Nutzen bringt die Änderung (Prozessoptimierung / Kostensenkung / ROI, Pro/Contra)?

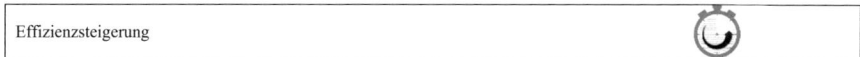

Effizienzsteigerung

Standardisierte Messungsmethoden erlauben eine maximal seriöse und weitestgehend realistische Schätzung des Fertigstellungsgrades. Dadurch unterbleiben in der Folge Gesamtverzögerungen durch zu spät erkannte Störungen und Teilverspätungen.

Ein weiterer Nutzen könnte je nach Methodenwahl sein, dass Mehraufwände gegenüber der ursprünglichen Kalkulation besser auffallen und das Unternehmen möglicherweise die Abrechnung dieser Mehrkosten initiieren kann.

| KVP | ~~~ | mittel | ⏱ | Projektmanagement |

Ziele SMART formulieren

Konkrete und messbare Zielvorgaben ermöglichen eine optimale Erfüllung.

Was möchte ich ändern?

Oftmals haben im betrieblichen Kontext definierte Ziele in erster Linie „gefühlte" Ergebniswerte. Ein Beispiel: „Das Projekt hat das Ziel, die Rüstzeit der Maschine spürbar zu reduzieren". Dieses Ziel ist sehr unkonkret. Für den einen ist „spürbar" eine halbe Sekunde, der andere interpretiert dies mit zehn Minuten. Darüber hinaus sind keine Details angegeben, unter welchen Rahmenbedingungen dieses Ziel vorgegeben wird. Sollen die Rüstzeiten generell verkleinert werden oder bei bestimmtem Erzeugniswechsel? Gelten Ausnahmen bei Individualproduktion? Derart „schwammig" formulierte Ziele erlauben keine objektive Erfolgskontrolle und erschweren durch ihre Unklarheit die Umsetzung für die beteiligten Mitarbeiter und auch die Koordinierung durch den Projektleiter.

Wie möchte ich es ändern (inkl. Umsetzungsdauer kurz-/mittel-/langfristig)?

Ganz gleich, ob es sich um Projektziele, um übergeordnete Unternehmensziele oder auch individuelle Zielvereinbarungen mit Mitarbeitern bei Einstellung oder im Jahresgespräch handelt, so sollten die Ziele stets folgende Kriterien nach dem etablierten SMART-Modell erfüllen:

<u>S</u>pezifisch

Präzise und nicht interpretationsfähige Anforderungen begünstigen die Erarbeitung eines Ziels.

<u>M</u>essbar

Durch exakt vorgegebene Ergebniswerte muss eine genaue Erfolgskontrolle ermöglicht werden.

<u>A</u>nspruchsvoll bzw. <u>A</u>ttraktiv

Für die Motivation der Beteiligten muss das Ziel einen Anreiz bzw. eine Herausforderung darstellen und darf nicht auf dem Niveau einer Alltagsaufgabe liegen.

Realistisch

Die Erreichung des Ziels muss mit den eingesetzten Ressourcen grundsätzlich möglich sein.

Terminiert

Es muss unmissverständlich und konkret angegeben sein, in welchem Zeitraum das Ziel erfüllt werden soll.

Auch in laufenden Projekten und Vorhaben sollte man sich stets hinterfragen und reflektieren, ob die definierten Ziele entsprechend „SMART" formuliert sind.

Auf das genannte Beispiel bezogen sollte das Ziel daher eher lauten: „Das Projekt hat das Ziel, die durchschnittliche Rüstzeit der Maschine bei Serienproduktion innerhalb eines Zeitraums von zwei Wochen um mindestens 15% zu reduzieren."

Ein betrieblicher Verbesserungsvorschlag könnte die sukzessive Anwendung dieser Methode über einen internen Arbeitskreis mit Mitgliedern strategischer Unternehmensbereiche anstoßen, sodass zukünftige Projekt- und anderweitige Ziele immer spezifischer und messbarer werden, bis eine flächendeckende Etablierung im Unternehmen gegeben ist.

Welchen Nutzen bringt die Änderung (Prozessoptimierung / Kostensenkung / ROI, Pro/Contra)?

Effizienzsteigerung

Je konkreter, messbarer und realistischer Ziele definiert sind, umso besser können diese aktiv erreicht werden und auch auf positive Umsetzung geprüft werden. Gerade das ausführende Personal profitiert von klaren Vorgaben, von denen sie sich je nach Ziel in der Projektlaufzeit oder in dem Geschäftsjahr leiten lassen können.

Ein unternehmensweiter Leitfaden in diesem Zusammenhang kann eine gute Orientierungshilfe für die bestehende Belegschaft als auch neue Mitarbeiter darstellen. Da die Einführung des genannten Prinzips keine externen Kosten generiert und einen hohen Nutzen aufweist, kann sie als nahezu obligatorisch für jede Unternehmensgröße angesehen werden.

Personalmanagement

| KVP | | niedrig | | Personalmanagement |

Aktive Förderung von sportlichem Ausgleich der Belegschaft

Die wertvolle Ressource „Mitarbeiter" gesund und produktiv halten

Was möchte ich ändern?

Probleme in der Lenden- und Halswirbelsäule sind die am zweithäufigsten auftretende Berufskrankheit (lt. Statista.de „Anteil von Berufskrankheiten in Deutschland nach Art der Erkrankung in den Jahren 2010 bis 2014"). Dies betrifft sowohl Mitarbeiter, die am Schreibtisch arbeiten, als auch solche in produktionsnahen Tätigkeiten. Dazu kommen stressbedingte Risiken im Herz-Kreislauf-System. Durch die krankheitsbedingten Fehlzeiten und auch körperlichen Einschränkungen bei Ausübung der Arbeit haben Unternehmen mit Umsatzausfällen, sinkenden Produktivitätskennzahlen und hohen Rekrutierungs- sowie Einarbeitungskosten zu kämpfen.

Wie möchte ich es ändern (inkl. Umsetzungsdauer kurz-/mittel-/langfristig)?

Es empfiehlt sich für Unternehmen, präventiv für sportlichen Ausgleich ihrer Mitarbeiter zu sorgen. Zwar führen erfahrungsgemäß Teile der Belegschaft regelmäßigen Vereins- oder Studiosport im privaten Rahmen durch, doch kommt selbst hier oft der ausgleichende Charakter zu den spezifischen beruflichen Belastungen zu kurz.

Als geeignete Maßnahme wäre u.a. denkbar, dass das Unternehmen in einem Wochenturnus im eigenen Hause einen Fitnesscoach bereitstellt, der in einem geeigneten Raum z.B. rumpfstabilisierende Übungen mit der Belegschaft durchführt oder auch zeigt, wie man während kurzer Arbeitspausen seinen Körper mobilisiert und Verspannungen löst. Darüber hinaus gibt es immer mehr Unternehmen, die ihren Mitarbeitern einen eigenen Fitnessraum mit Sportgeräten zur kostenfreien Verwendung zur Verfügung stellen.

Alternativ können Firmen, die nicht die räumlichen Möglichkeiten besitzen, Fitnessclub-Mitgliedschaften teilweise oder vollständig für ihre Mitarbeiter finanzieren. Ein weiterer denkbarer Anwendungsfall wäre es, einen Lauftreff für Mitarbeiter zu organisieren und gemeinsame Teilnahmen an Firmenläufen zu fördern.

Diese Maßnahmen sind Teil eines umfassenden Betrieblichen Gesundheitsmanagements (BGM), können jedoch auch ohne dessen weitreichenden Rahmen in Unternehmen eingeführt werden. Ein entsprechender betrieblicher Verbesserungsvorschlag wäre hier anzuraten.

Wichtig ist, dass die Teilnahme an den bereitgestellten Maßnahmen immer freiwillig ist. Dennoch ist davon auszugehen, dass durch den gewissen Gruppendruck überdurchschnittlich viele Mitarbeiter die Angebote in Anspruch nehmen.

Beispielhaft können wir zu diesem Thema die nachstehenden Anbieter, Dienstleister oder Literatur empfehlen. Hier finden Sie bei Bedarf kompetente Unterstützung und aussagekräftiges Informationsmaterial.

Anbieter / Dienstleister / Informationsmaterial

Bundesweite Anbieter von Firmenfitness:
www.qualitrain.net
www.firmenfitness-online.de
www.fitnessfirst.de/kooperationen/firmenfitness/

Welchen Nutzen bringt die Änderung (Prozessoptimierung / Kostensenkung / ROI, Pro/Contra)?

ROI prognostiziert	1 – 3 Jahre	

Neben aktivem Belastungsausgleich für das Personal und der damit verbundenen Reduktion von Fehlzeiten können die Mitarbeiter besser Stresssituationen bewältigen, haben durch die gemeinsame Aktivität ein höheres Verbundenheitsgefühl und nicht zuletzt eine größere Bindung zum Unternehmen. In Folge dieser Motivationssteigerung steht eine höhere Produktivität durch leistungsfähigere Mitarbeiter.

Interessant für Unternehmen ist nicht zuletzt, dass diese die Förderleistungen zur Gesundheit ihrer Mitarbeiter mit bis zu 500 Euro pro Mitarbeiter und Jahr lohnsteuer- und sozialversicherungsfrei erbringen können (lt. §3 Nr. 34 EStG).

| KVP |  | mittel | | Personalmanagement |

Aktive Talentförderung durch Mentoren

High Potentials durch Begleitung eines Mentors halten und als Führungskräfte aufbauen

Was möchte ich ändern?

Gerade der aufstrebende Mittelstand „verschläft" es in der Regel, kompetente Nachwuchsführungskräfte aus der eigenen Belegschaft aufzubauen. Dies betrifft insbesondere die Ebene Abteilungsleiter, Teamleiter und Projektleiter. Drohen dann Teile der Führungskräfte in absehbarer Zeit in den Ruhestand zu gehen, folgt oftmals eine panikartige und kostenintensive Rekrutierung externer Führungskräfte, die dann auch erst eine langwierige Einarbeitungszeit benötigen. Viele High Potentials, die im eigenen Unternehmen ausgebildet wurden, in einer Anstellung waren oder ein Praktikum als Trainee/Werksstudent absolviert haben, haben dieses dann bereits aufgrund fehlender Karriereperspektiven verlassen.

Wie möchte ich es ändern (inkl. Umsetzungsdauer kurz-/mittel-/langfristig)?

Nehmen wir beispielhaft an, ein junger Mitarbeiter aus dem Bereich Produktionsplanung / AV hat durch gute Leistungen und ein überdurchschnittliches Engagement Aufmerksamkeit erregt. Darüber hinaus wird er von Kollegen jeden Alters als Ansprechpartner respektiert und geschätzt. Idealerweise ist er dabei, sich nebenbei fachlich weiterzubilden, z.B. als Techniker, oder hat dies bereits erfolgreich absolviert.

So ein Mitarbeiter ist für das Unternehmen „Gold wert". Erkennt man dies nicht und lässt ihn jahrelang in seiner bestehenden Position, wird er möglicherweise zu einem anderen Unternehmen wechseln, das ihm angemessene Karrierechancen offeriert.

Hier ist es sinnvoll, eine permanente bewusste Identifizierung von High Potentials in der Belegschaft einzuführen und diesen Mitarbeitern einen erfahrenen Mentor beratend und begleitend zur Seite zu stellen. Dieser Mentor kann dem Talent neutral einen optimalen Weg vom Kollegen zum Vorgesetzten ebnen, sodass die Nachwuchsführungskraft nicht „in das kalte Wasser geschmissen wird".

Dabei muss der Mentor nicht zwingend aus dem gleichen Fachbereich stammen, nehmen doch übergreifende Methodenkompetenz und Soft Skills einen hohen Stellenwert in Führungspositionen ein.

Ein derartiger Mentor kann als Ansprechpartner in allen Belangen der Führungskompetenz dienen. Dabei können auch Coaching-Elemente eine Rolle spielen, z.B. zur Vorbereitung auf die ersten Zielvereinbarungsgespräche als Vorgesetzter.

Ein betrieblicher Verbesserungsvorschlag in diesem Kontext sollte bereits konkrete Ideen bieten, welche Personen im Unternehmen sich aus welchen Gründen als Mentor eignen würden. Des Weiteren ist der Prozess der unternehmensindividuellen Talenterkennung zu beschreiben, sodass der BVW-Ausschuss alle notwendigen Informationen für eine Einführung des Programms zur Verfügung hat.

Beispielhaft können wir zu diesem Thema die nachstehenden Anbieter, Dienstleister oder Literatur empfehlen. Hier finden Sie bei Bedarf kompetente Unterstützung und aussagekräftiges Informationsmaterial.

Anbieter / Dienstleister / Informationsmaterial
Mentoring: Das Praxisbuch für Personalverantwortliche und Unternehmer, Nele Graf / Frank Edelkraut, ISBN 3658021691
Führen, Fördern, Coachen: So entwickeln Sie die Potenziale Ihrer Mitarbeiter, Elisabeth Haberleitner / Elisabeth Deistler / Robert Ungvari, ISBN 3492253431

Welchen Nutzen bringt die Änderung (Prozessoptimierung / Kostensenkung / ROI, Pro/Contra)?

Effizienzsteigerung	

Mithilfe des Einsatzes von eigenen Personalressourcen, ohne Generierung externer Kosten, lassen sich die Führungskräfte von Morgen aufbauen. Mittelfristig gesehen profitiert ein Unternehmen durch Reduktion von Rekrutierungskosten und die Sicherstellung einer gleichbleibenden Arbeitsqualität auf hohem Niveau nach den eigenen Maßstäben.

Insofern ist ein solches Programm nahezu obligatorisch für Unternehmen in der mittelständischen Industrie, die immer häufiger mit großen Konzernen um die Gunst von talentiertem Personal „kämpfen" müssen.

BVW		niedrig		Personalmanagement

Attraktive und erholsame Aufenthaltsräume schaffen

Durch die Schaffung von attraktiven Aufenthaltsräumen gezielte Mitarbeitermehrwerte bieten und die allgemeine Motivation und Zugehörigkeit zum Unternehmen steigern

Was möchte ich ändern?

Helle, freundliche und einladende Aufenthalts- und Pausenräumen in Firmen sorgen schnell für einen positiven Impuls in der allgemeinen Mitarbeitermotivation. Genau hier sollte man sich hinterfragen, ob in diesem Bereich eine kleine oder auch größere Überholung der Räumlichkeiten angemessen wäre.

Wie möchte ich es ändern (inkl. Umsetzungsdauer kurz-/mittel-/langfristig)?

Durch die Erneuerung eines Aufenthaltsraumes wird eine ansprechende und erholsame Umgebung für die Pausenzeiten geschaffen, welche von allen Mitarbeitern genutzt werden kann. Oftmals ist eine neue Bestuhlung oder auch nur ein neuer Anstrich mit angenehmen Farben ein kleines Investment, welches den Mitarbeitern zeigt, dass man am Wohlbefinden der Belegschaft hohes Interesse hat.

Ebenso können solche kleinen Maßnahmen die Motivation der Mitarbeiter deutlich erhöhen, da jeder einzelne merken darf, dass man Wertschätzung und indirekte Bemühungen erfährt. Es mag sich im ersten Moment trivial anhören, jedoch sind gerade solche kleinen Stellschrauben ein Investment, welches indirekt sehr schnell zugunsten des Unternehmens zurückgeführt werden kann. Vergleiche der Situationen und Umsetzungsmöglichkeiten gelten natürlich auch für die allgemeinen Büro- und Verwaltungsräume und ebenso für den Sanitärbereich innerhalb des Betriebs.

Beispielhaft können wir zu diesem Thema die nachstehenden Anbieter, Dienstleister oder Literatur empfehlen. Hier finden Sie bei Bedarf kompetente Unterstützung und aussagekräftiges Informationsmaterial.

Anbieter / Dienstleister / Informationsmaterial

Schöner Wohnen Farbe, www.schoener-wohnen-farbe.com/de/gestaltung/raumwirkung/

Welchen Nutzen bringt die Änderung (Prozessoptimierung / Kostensenkung / ROI, Pro/Contra)?

| ROI | nicht prognostizierbar | 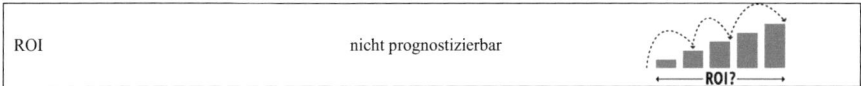 |

Durch gezielte Maßnahmen dieser Art werden Anerkennung und Wertschätzung an die Mitarbeiter vermittelt, denn man gibt sich Mühe und zeigt als Unternehmensleitung, dass man auch Interesse am Wohlbefinden der Belegschaft hat. Hierdurch können Motivationssteigerungen im gesamten Team erzielt werden und zusätzlich die jeweilige innere Zugehörigkeit zum Unternehmen aufgebaut werden.

Anmerkung

Gerade solche Themen werden in vielen alteingesessenen, renommierten Unternehmungen häufig und unbewusst vernachlässigt. Insofern soll diesem Randthema hiermit beispielhaft Aufmerksamkeit verschafft werden.

BVW		niedrig		Personalmanagement

Auslobung zum Mitarbeiter des Monats

Durch die Bewertung und Auslobung eines Mitarbeiters des Monats besonderen Talenten danken und dies als Motivationsgrundlage für alle nutzen

Was möchte ich ändern?

Mitarbeiter kann man nicht allein mit leichtem Druck und/oder Gehaltserhöhungen motivieren. Die persönliche Wertschätzung und Anerkennung für besondere Leistungen von Teammitgliedern sollten entsprechend in einem Unternehmen gewertet und ausgelobt werden.

Wie möchte ich es ändern (inkl. Umsetzungsdauer kurz-/mittel-/langfristig)?

In einem neutralen Komitee in einer Firma sollte über die Einführung der Auslobung zum Mitarbeiter des Monats nachgedacht werden. Geht man diesen Weg, so hat man die Chance, einzelnen Talenten aber auch High-Performern gebührend zu danken. Dies kann andere Kollegen motivieren, auch Überdurchschnittliches zu leisten und im Grunde immer das Beste aus sich herauszuholen. Natürlich muss eine solche Bewertungsgrundlage objektiv, neutral und fair sein, damit diese Auslobung auch anerkannt und nicht hausintern von anderen Mitarbeitern abgelehnt wird.

Beispielhaft können wir zu diesem Thema die nachstehenden Anbieter, Dienstleister oder Literatur empfehlen. Hier finden Sie bei Bedarf kompetente Unterstützung und aussagekräftiges Informationsmaterial.

Anbieter / Dienstleister / Informationsmaterial
1001 Ideen, Mitarbeiter zu belohnen und zu motivieren: ... denn Geld allein macht nicht glücklich, Bob Nelson, ISBN 3868812873

Welchen Nutzen bringt die Änderung (Prozessoptimierung / Kostensenkung / ROI, Pro/Contra)?

Effizienzsteigerung

Integriert man dieses System, kann es eine Stellschraube für gezielte Mitarbeitermotivation sein. Zusätzlich stellt es ein Bewertungssystem dar, das nicht nur auf entgeltliche Belohnung setzt, sondern auf Wertschätzung und Anerkennung für besondere Leistungen gegenüber der Belegschaft. Betreibt man eine solche Auslobung weitgehend intransparent, besteht die Gefahr, dass dieses System betriebsintern nicht anerkannt und abgelehnt wird. Insofern sollte man sich im Vorfeld in einem gesonderten Projektteam über die Chancen und Risiken austauschen und diese für die jeweilige Unternehmung einschätzen und bewerten.

BVW	niedrig		Personalmanagement

Azubi-Patenschaften entwickeln und Gruppendynamik nutzen

Durch die Integration von sog. Azubi-Paten innerhalb der Ausbildung eine bessere Gruppendynamik erzielen und Wissen zielgerecht weitergeben

Was möchte ich ändern?

Falls in großen Firmen die Anzahl der neuen Auszubildenden hoch ist, hat der Ausbildungsleiter sehr viele Aufgaben zu erfüllen. Um dies zu optimieren, bietet es sich an, im Unternehmen sog. Azubi-Patenschaften zu integrieren. Gemeint ist damit die Zuordnung von einem z.B. 3. Lehrjahr-Azubi zu einem Ausbildungsanfänger. Der Neuling hat dann neben seinem Ausbildungsleiter einen festen Ansprechpartner, der bereits viele Tätigkeiten, Abläufe und Kollegen im Unternehmen persönlich kennt.

Insofern schafft dieses für alle neuen Berufsanfänger Vertrauen, da „von Azubi zum Azubi" gefragt, i.d.R. deutlich weniger Berührungsängste vorhanden sind. Des Weiteren wird der Ausbildungsleiter spürbar entlastet und der bereits erprobte Auszubildende im 3. Lehrjahr bekommt Verantwortung seines Betriebs übertragen, was sehr motivierend wirken kann.

Wie möchte ich es ändern (inkl. Umsetzungsdauer kurz-/mittel-/langfristig)?

Ist die Integration von sog. Azubi-Patenschaften erfolgreich im Unternehmen umgesetzt, kann dies ein fester Bestandteil der Ausbildungsstrategie des jeweiligen Arbeitgebers werden. Dort, wo gefördert, motiviert, entlastet und Vertrauen geschenkt wird, ist ein guter Nährboden für die nächste Generation der Fachkräfte gegeben.

Beispielhaft können wir zu diesem Thema die nachstehenden Anbieter, Dienstleister oder Literatur empfehlen. Hier finden Sie bei Bedarf kompetente Unterstützung und aussagekräftiges Informationsmaterial.

Anbieter / Dienstleister / Informationsmaterial
Hilfe, ein Azubi kommt! Was Azubibetreuer wissen müssen: Ein Wegweiser für Ausbildungsbeauftragte, Sabine Bleumortier, ISBN 386522833X

Welchen Nutzen bringt die Änderung (Prozessoptimierung / Kostensenkung / ROI, Pro/Contra)?

Effizienzsteigerung

Betrachtung der wesentlichen Nutzungsvorteile:

- Übergabe von Verantwortung an ältere Auszubildende (Vertrauen geben).
- Erhöhung der Gruppendynamik.
- Entlastung der eigentlichen Ausbilder.
- Wohlfühlen für neue Auszubildende steigern.
- Firmenzugehörigkeitsgefühl steigern.
- Kontaktbarriere für Berufsanfänger senken (von Azubi zum Azubi gesprochen).

BVW		niedrig		Personalmanagement

Besprechungen im Stehen führen

Durch das Führen von kleinen Meetings an Standtischen spürbar mehr Agilität und Zeiteffizienz schaffen

Was möchte ich ändern?

Um spontane Sonderthemen bzw. Randthemen schnell in der nötigen hausinternen Gruppe besprechen zu können, bietet es sich an, einen Bereich mit Stehtischen im Unternehmen zu schaffen, an dem man „Quick-Meetings" spontan einberufen kann und kompakte Themen agil und schnell besprechen, aber auch zeiteffizient entscheiden und einvernehmlich im Direktdialog lösen kann.

Wie möchte ich es ändern (inkl. Umsetzungsdauer kurz-/mittel-/langfristig)?

Durch die Einrichtung von einem Randbereich mit Stehtischen z.B. in der Nähe der Kantine und/oder des Aufenthaltsraums eines Unternehmens, kann die Möglichkeit der spontanen und schnellen „Meeting-Kultur" bei Kompaktthemen harmonisch als Neuerung in die Firma integriert werden.

Beispielhaft können wir zu diesem Thema die nachstehenden Anbieter, Dienstleister oder Literatur empfehlen. Hier finden Sie bei Bedarf kompetente Unterstützung und aussagekräftiges Informationsmaterial.

Anbieter / Dienstleister / Informationsmaterial
Tod durch Meeting: Eine Leadership-Fabel zur Verbesserung Ihrer Besprechungskultur, Patrick M. Lencioni / Brigitte Döbert, ISBN 3527504656

Welchen Nutzen bringt die Änderung (Prozessoptimierung / Kostensenkung / ROI, Pro/Contra)?

Effizienzsteigerung

Pro-Argumente
- Mehr Agilität und Zeiteffizienz erzielbar.
- Der Dialog bei kleinen Themen läuft schneller und ist weniger starr.
- Themenrelevante Kommunikationssteigerung im Unternehmen, kleine Stand-Meetings können schnell und spontan geführt werden.
- Die Abwechslung sorgt für Kreativitätssteigerung.
- Gefühlt hierarchiefreie Dialoge aufgrund agiler Gesprächsrunde.

BVW	mittel		Personalmanagement

Betriebliche Zutrittskontrolle durch Transpondertechnik

Mit Transponderanwendungen und Zahleneingabeeinheiten Bereichszutritte steuern

Was möchte ich ändern?

In einem wirtschaftlich wachsenden Unternehmen wachsen nicht nur neue Strukturen, sondern auch Räumlichkeiten (Hallen, Tore) etc. Hierbei wird es immer wichtiger, aus Sicherheitsgründen Bereichszutritte gezielt steuern und regeln zu können. Dies hilft dabei, ungewollten innerbetrieblichen und außerbetrieblichen Zutritt durch Personen zu regeln und auch zu verwalten. Einerseits ist das eigene Unternehmen dafür verantwortlich, externe Menschen vor Unfällen auf seinem Gelände zu schützen und ebenso wichtig ist es andererseits, Know-how und Firmeneigentum fachgerecht und bestmöglich zu sichern.

Wie möchte ich es ändern (inkl. Umsetzungsdauer kurz-/mittel-/langfristig)?

Durch die Integration von Transponder-Erkennungseinheiten an jedem Tor und an jeder äußeren Zugangstür können Eintrittsmöglichkeiten perfekt gesichert werden. Der jeweilige Zugang öffnet sich nur bei positiver Transpondererkennung. Zusätzlich kann man in einem zentralen System bei Transponderverlust gezielt und schnell einzelne Transponderchips sperren lassen. Dies ist ein unschätzbarer Wert, den man mit einem normalen Standardschlüssel nicht gewährleisten könnte.

Ebenso kann man als Firma auch mit Zahleneingabeeinheiten arbeiten. Der Vorteil hieran ist, dass sich die Mitarbeiter mit einem speziellen Code und dessen Eingabe Zutritt verschaffen können. Jedoch ist dieser von sog. Dritten schnell bei der Eingabe zu erkennen und insofern keine sichere Grundlage für eine sorgsame Unternehmenszutrittskontrolle.

Beispielhaft können wir zu diesem Thema die nachstehenden Anbieter, Dienstleister oder Literatur empfehlen. Hier finden Sie bei Bedarf kompetente Unterstützung und aussagekräftiges Informationsmaterial.

Anbieter / Dienstleister / Informationsmaterial

ABUS Seccor, www.abus-seccor.de

Welchen Nutzen bringt die Änderung (Prozessoptimierung / Kostensenkung / ROI, Pro/Contra)?

| ROI | nicht prognostizierbar | 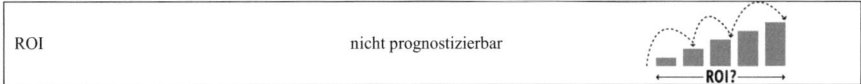 |

Die Implementierung von Zutrittskontrollen in Unternehmungen sichert geistiges und materielles Firmeneigentum vor dem Zugriff von unberechtigten Dritten. Ebenso kann man mit Transpondern, Chips, Sonderschlüsseln oder auch Zahleneingabeeinheiten bewusst in der Firmenleitung steuern, welche Mitarbeiter in welche Firmenbereiche gelangen dürfen. Dieses Konzept verlangt sicher im ersten Umsetzungsschritt ein gewisses Grundinvestment, jedoch sollte es mittelfristig zu einem deutlich höheren Sicherheitsstandard führen, der für renommierte und wachsende Unternehmen ein „Muss" bedeuten sollte.

| BVW |  | niedrig | ⏱ | Personalmanagement |

Betriebsärztliche Vorsorge und Impfmaßnahmen organisieren

Um Mitarbeiter bestmöglich vor gesundheitlichen Beeinträchtigungen zu bewahren, empfiehlt es sich, eine betriebsärztliche Vorsorge im Unternehmen einzuführen

Was möchte ich ändern?

Es sollte die Einführung von regelmäßigen kostenfreien Gesundheitsvorsorgen im Betrieb für die Sektoren Schutzimpfungen (z.B. Grippe), Sehtest, Hörtest usw. überlegt werden. Der Arbeitgeber sollte es fördern, dass die Mitarbeiter gesund und fit bleiben, damit diese dem Unternehmen lange Zeit mit voller Kraft, Gesundheit und Energie zur Seite stehen können. Unabhängig von gesetzlichen Pflichtkontrollen und ggf. vorgeschriebenen Untersuchungen sollte ein Arbeitgeber gerade die anfälligen Bereiche wie Hörstärke und Sehkraft in regelmäßigen Testverfahren untersuchen, damit man bei stärkeren Problemhäufungen auch gezielte Gegenmaßnahmen planen und rechtzeitig einleiten kann.

Wie möchte ich es ändern (inkl. Umsetzungsdauer kurz-/mittel-/langfristig)?

Durch Aufstellung von internen Jahresplänen kann man mit einem Facharzt diese Intervallkontrollen einplanen und durchführen. In einer zuvor vorzunehmenden Abstimmung mit dem optional vorhandenen Betriebsrat, Personalvorstand und der Geschäftsleitung kann ein agiler und hilfreicher Gesundheitsvorsorgeplan für die Mitarbeiter erarbeitet werden.

Beispielhaft können wir zu diesem Thema die nachstehenden Anbieter, Dienstleister oder Literatur empfehlen. Hier finden Sie bei Bedarf kompetente Unterstützung und aussagekräftiges Informationsmaterial.

Anbieter / Dienstleister / Informationsmaterial

PIMA Health Group GmbH, www.pima.de

Welchen Nutzen bringt die Änderung (Prozessoptimierung / Kostensenkung / ROI, Pro/Contra)?

| ROI | nicht prognostizierbar | 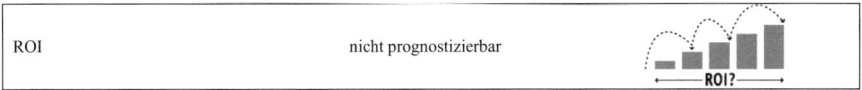 |

Durch die betriebliche Gesundheitsvorsorge kann der Gesundheitszustand der einzelnen Mitarbeiter individuell geschützt werden. Bei auffälligen Beschwerden können zusätzlich gezielte Gegenmaßnahmen im Betrieb oder in der Verwaltung getroffen werden. Ebenso zeigt man hiermit als Arbeitgeber eine erstrebenswerte und wichtige Wertschätzung für seine Belegschaft. Dieses Transportieren von Anerkennung sollte sich im Gegenzug grundsätzlich und gesamtheitlich betrachtet positiv auf die Mitarbeitermotivation auswirken.

BVW		niedrig		Personalmanagement

Betriebszeitung digital zur Verfügung stellen

Durch die Umstellung von einer Betriebszeitung in Papierform auf eine digitale Variante Kosten senken und Möglichkeiten der Direktkommunikation schaffen

Was möchte ich ändern?

Eine Betriebszeitung kann digital erzeugt und per E-Mail-Verteiler an Mitarbeiter bereitgestellt werden. Zusätzlich lassen sich auch Direkt-Links zu Beispielthemen, Produktvideos, Mitarbeitervorstellungen etc. einbinden.

Wie möchte ich es ändern (inkl. Umsetzungsdauer kurz-/mittel-/langfristig)?

Durch die Umstellung einer Betriebszeitung auf eine Digitalversion können Informationen schneller und in höherer Taktung fließen. Wichtige Neuigkeiten können regelmäßig betriebsintern übertragen werden und Mitarbeiterprofile mit persönlichen Infos etc. können zusätzlich je nach Wunsch und Zustimmung der Mitarbeiter eingebracht werden. Dies erhöht die Teamzugehörigkeit, die Sympathie untereinander und somit final auch das Arbeits- und Betriebsklima in der Unternehmung.

Beispielhaft können wir zu diesem Thema die nachstehenden Anbieter, Dienstleister oder Literatur empfehlen. Hier finden Sie bei Bedarf kompetente Unterstützung und aussagekräftiges Informationsmaterial.

Anbieter / Dienstleister / Informationsmaterial

Skrippy – Enjoy Publishing, www.skrippy.com

Welchen Nutzen bringt die Änderung (Prozessoptimierung / Kostensenkung / ROI, Pro/Contra)?

ROI prognostiziert	1 – 3 Jahre	

Pro-Argumente

- Kosten senken, da gedruckte Betriebszeitungen teuer sind.
- Ökologischer Mehrwert, da digitale Medien ressourcenschonend sind.
- Verlinkungen zu anderen Fachthemen und Produktvideos integrierbar.
- Schnellerer Informationsfluss im Unternehmen möglich.
- Schnellere Erscheinungsintervalle möglich.

BVW	mittel	Personalmanagement

Dienst-E-Bikes als win/win nutzen

Finanziell attraktiv für Unternehmen und Arbeitnehmer, umweltbewusst, gesundheitsorientiert

Was möchte ich ändern?

Es ist in Unternehmen des Mittelstands gängige Praxis, leistungsfähige Mitarbeiter mit einem Dienstwagen zu belohnen, selbst wenn diese nicht im Außendienst tätig sind. Dabei ist ein Firmenwagen nicht nur ein Vorteil für den Mitarbeiter, der den geldwerten Vorteil mit einer 1%igen Pauschale versteuert und dafür durch diese Gehaltsumwandlung einen höheren Gegenwert erhält, sondern stellt auch für den Arbeitgeber eine finanziell lohnende Alternative zur Auszahlung von entsprechend mehr Bruttogehalt dar. Dennoch ist die Anzahl der Dienst-PKW aus Budgetgründen begrenzt und nicht jeder verdiente Mitarbeiter kann in den Genuss dieses Benefits kommen.

Des Weiteren ist zu überlegen, ob PKWs zwingend notwendig sind. Ist der Standort des Unternehmens im Stadtzentrum, wohnen viele der Mitarbeiter in unmittelbarer Nähe zum Unternehmen, möchte man als umweltbewusste Firma wahrgenommen werden?

Wie möchte ich es ändern (inkl. Umsetzungsdauer kurz-/mittel-/langfristig)?

Seit einer Entscheidung der Landesfinanzminister zum Ende des Jahres 2012 ist es auch möglich, Fahrräder und E-Bikes / Pedelecs als Dienstfahrzeuge zu deklarieren. D.h. hier gelten die gleichen gesetzlichen Privilegien wie bei den Dienst-PKWs, die E-Bikes erhalten volle Anerkennung als Firmenfahrzeuge mit privater Nutzung.

Würde ein Arbeitgeber seinen Mitarbeitern als Teil des Gehalts ein E-Bike zur Verfügung stellen, hat der Mitarbeiter lediglich die 1%-Versteuerung zu tragen. Das Unternehmen kann die E-Bikes bequem über spezialisierter Anbieter leasen. Die beiderseitigen finanziellen Vorteile, die man aus dem PKW-Bereich kennt, gelten auch hier in gleicher Weise.

Dazu kommen die nicht zu vernachlässigenden Aspekte, dass sich ein Arbeitgeber über PR ein positives Image durch die Maßnahme aneignen kann. Umweltbewusstsein und gesundheitliche Förderung der Mitarbeiter erfahren eine positive Assoziierung in Öffentlichkeit und Belegschaft.

Die Mitarbeiter werden animiert, mit dem Rad zur Arbeit zu fahren und so fit zu bleiben. Entgegen der landläufigen Meinung erfordern auch elektronisch unterstützte Fahrräder kontinuierliches Treten und somit belastungsausgleichende Bewegung. Durch diese Form der Mobilität fällt nicht zuletzt die Parkplatzsuche in hoch frequentierten Ortsteilen vollständig weg. Der Umweltfaktor wird durch Neutralisierung des CO_2-Ausstosses sowie Verzicht auf Treibstoffe bedient.

Final ist der Faktor nicht zu unterschätzen, dass man mit Dienst E-Bikes weitaus mehr Mitarbeiter motivieren kann, als das mit Dienst-PKWs möglich und gewollt wäre.

Über einen betrieblichen Verbesserungsvorschlag, der die genannten Faktoren und Vorteile benennt, kann ein entsprechendes Programm im Unternehmen eingeführt werden. Die Firma müsste lediglich einen Rahmenvertrag mit einem der nachfolgend beispielhaft genannten Anbieter abschließen und die Kommunikation innen und außen steuern.

Beispielhaft können wir zu diesem Thema die nachstehenden Anbieter, Dienstleister oder Literatur empfehlen. Hier finden Sie bei Bedarf kompetente Unterstützung und aussagekräftiges Informationsmaterial.

Anbieter / Dienstleister / Informationsmaterial
LeaseRad GmbH, www.jobrad.org
Leasing eBike, www.leasing-ebike.de

Welchen Nutzen bringt die Änderung (Prozessoptimierung / Kostensenkung / ROI, Pro/Contra)?

ROI prognostiziert	1 – 3 Jahre	

Eine positive Reputation nach außen, gesunde, fitte und motivierte Mitarbeiter, umweltschonendes Verhalten – und das bei für beide Seiten lohnenswerter, da subventionierter Finanzierung. Etwaige Nachteile sind an dieser Stelle nicht feststellbar.

| BVW | mittel |  | Personalmanagement |

Digitale Kommunikation in betrieblichen Lärmumgebungen

Optimale Team-Kommunikation ermöglichen bei bestmöglichem Gehörschutz

Was möchte ich ändern?

In industriellen Betrieben und auch im Handwerk sind Produktionsmitarbeiter vielfach großem Lärm ausgesetzt. Dies ist auf der einen Seite eine hohe Belastung für die Gehörgänge und auf der anderen Seite wird Kommunikation mit Kollegen und Vorgesetzten erheblich erschwert. Setzen die Mitarbeiter Ohrenstöpsel oder Kopfbügel mit Gehörschutzkapseln ein, müssen diese abgenommen werden, wenn z.B. der Vorarbeiter Anweisungen übermitteln möchte. Während dieser Zeit sind die Gehörgänge gänzlich ungeschützt.

Wie möchte ich es ändern (inkl. Umsetzungsdauer kurz-/mittel-/langfristig)?

Professionelle Headset-Systeme kennt man aus dem Call-Center Segment. Für Mitarbeiter im Kundenservice und der Telefonakquise ist dies ein etabliertes Hilfsmittel der telefonischen Kommunikation.

Mehr und mehr findet dieses Prinzip Einzug in Produktionsbereiche, denn die großen Hersteller bringen immer mehr Modelle auf den Markt, die ideal für den Einsatz in staubigen, feuchten und heißen Umgebungen sowie allgemein unter erschwerten Arbeitsbedingungen geeignet sind. Dabei gibt es sowohl Varianten mit Kopfbügel als auch In-Ear-Modelle, die je nach Anwendung hohen Komfort versprechen.

Neben dem Gehörschutz gegen laute Maschinengeräusche ist insbesondere die digitale Kommunikationsmöglichkeit hervorzuheben. Die Produktionsleitung kann sämtliche Mitarbeiter aktiv ansprechen, ohne direkt vor Ort zu sein, und die Mitarbeiter können sich untereinander sauber und verständlich austauschen.

Beispielhaft können wir zu diesem Thema die nachstehenden Anbieter, Dienstleister oder Literatur empfehlen. Hier finden Sie bei Bedarf kompetente Unterstützung und aussagekräftiges Informationsmaterial.

Anbieter / Dienstleister / Informationsmaterial

3M Peltor, www.comhead.de/headsets-fuer-industrie-und-handwerk/3m-peltor-headsets/

Welchen Nutzen bringt die Änderung (Prozessoptimierung / Kostensenkung / ROI, Pro/Contra)?

ROI prognostiziert	4 – 6 Jahre	

In einer modernen Industrieunternehmung trägt der Einsatz eines solchen Systems zum optimalen Ablauf von Prozessen erheblich bei.

Sicherlich ist die Einführung mit einer hohen Anfangsinvestition verbunden, möchte man alle Produktionsmitarbeiter mit Headset-Systemen ausrüsten, allerdings kann man im Rahmen einer Return-of-Invest-Rechnung die regelmäßigen Ausgaben für nur einmal verwendbare Ohrenstöpsel gegenrechnen.

BVW		niedrig		Personalmanagement

Digitale Zeiterfassungssysteme sinnvoll nutzen

Durch die Verwendung von digitalen Zeiterfassungssystemen eine faire Arbeitszeitentransparenz schaffen

Was möchte ich ändern?

Damit bei flexiblen Arbeitszeiten auch eine faire Zeitentransparenz vorhanden ist, bietet es sich an, eine digitale Lösung für die Datenerfassung zu nutzen. Eine Hardware-Lösung ist oftmals mit hohen Anschaffungskosten und lfd. Wartungskosten verbunden. Ebenso ist eine solche nicht bei mehreren Eingängen und Gebäuden optimal zu nutzen, wenn man nicht mehrere Bedienungseinheiten erwerben möchte.

Wie möchte ich es ändern (inkl. Umsetzungsdauer kurz-/mittel-/langfristig)?

Es gibt zahlreiche Anbieter von digitalen Online-Zeiterfassungssystemen, die mit PCs im Intranet oder Internet ansteuerbar sind und dennoch sicher im Datenhandling konstruiert wurden. Die Account-Erstellung für eine Firma ist in nur wenigen Minuten bei diesen Dienstleistern einzurichten und in vielen Bereichen auch selbsterklärend im Umgang.

Beispielhaft können wir zu diesem Thema die nachstehenden Anbieter, Dienstleister oder Literatur empfehlen. Hier finden Sie bei Bedarf kompetente Unterstützung und aussagekräftiges Informationsmaterial.

Anbieter / Dienstleister / Informationsmaterial

LogMyTime, www.logmytime.de

Welchen Nutzen bringt die Änderung (Prozessoptimierung / Kostensenkung / ROI, Pro/Contra)?

| ROI | nicht prognostizierbar |  |

Gerade für eine faire Mitarbeitergleichstellung in einem Unternehmen mit flexiblen Arbeitszeiten bietet es sich an, IST-Stunden, SOLL-Stunden und auch Überstunden transparent zu protokollieren bzw. zu registrieren. Mit diesen Systemen kann auch für gewisse Leistungsperioden innerhalb eines Projektes oder innerhalb von Projektteams genau festgestellt werden, wie lange ein Projekt an Arbeitszeit benötigt hat. Dies ist hilfreich für die hausinterne Kalkulation von Folgeprojekten bzw. auch für eine unternehmenseigene Effizienzbetrachtung.

| KVP |  | mittel | ⏱ | Personalmanagement |

Einführung einer Qualifikationsdatenbank

Warum hohe Kosten für externe Dienstleister generieren, wenn unter vorhandenen Mitarbeitern ungeahntes und damit ungenutztes Wissen existiert?

Was möchte ich ändern?

Viele Unternehmen sind schnell dabei, externe Dienstleister oder Trainer zu beauftragen, wenn etwa für die Abwicklung eines Auftrags oder die Erledigung neuer Aufgaben bisher nicht vorhandene Fachkompetenz erforderlich ist.

Als Beispiel sei hier genannt: Ein neuer Kunde eines metallverarbeitenden Betriebes mit 150 Mitarbeitern, der aus der Medizin-Branche kommt, die bisher nicht im Kundenportfolio enthalten war, fordert im Rahmen der Beauftragung eine Beratung an zu besonderen Hygiene- und Reinigungsvorschriften der metallischen Erzeugnisse. Sowohl die zuständige Sachbearbeiterin als auch der Konstruktionsplaner des metallverarbeitenden Betriebes weisen keine Kenntnisse in diesem Feld auf und können so den Kunden nicht kompetent bedienen.

Wie möchte ich es ändern (inkl. Umsetzungsdauer kurz-/mittel-/langfristig)?

Würde der metallverarbeitende Betrieb eine Qualifikationsdatenbank einsetzen, die sämtliche Fachkompetenzen, Detailkenntnisse und Erfahrungswerte aller Mitarbeiter des Unternehmens enthält, könnte die zuständige Sachbearbeiterin nun über die Personalabteilung ermitteln lassen, ob irgendein Mitarbeiter aus vorherigen Positionen oder der aktuellen Tätigkeit Erfahrungen mit Medizintechnik sowie den entsprechenden Vorgaben und Normen besitzt. Wird jemand gefunden, können die Ressourcen möglicherweise intern für die angeforderte Beratung des Kunden Einsatz finden und es ist kein Einkauf von externem Know-how erforderlich.

In der Praxis wäre der Datenbestand dieser Lösung recht pragmatisch über ein Selbsterklärungsformular der Mitarbeiter ermittelbar. Ob die Kompetenzen tatsächlich ausreichend für die Anforderungen vorhanden sind, ist dabei erst im konkreten Fall zu überprüfen. Die Chancen überwiegen gegenüber den Risiken.

Welchen Nutzen bringt die Änderung (Prozessoptimierung / Kostensenkung / ROI, Pro/Contra)?

| ROI prognostiziert | 4 – 6 Jahre |  |

Als Unternehmen nutzt man in dem angesprochenen Fall die internen Wissensressourcen bestmöglich aus, bevor Kosten für externe Dienstleister entstehen. Darüber hinaus ergibt sich ggf. als Zusatznutzen eine hohe Motivation für betreffende Mitarbeiter, wenn ihre Kenntnisse in anderen Bereichen des Unternehmens Anerkennung finden. Womöglich ergeben sich sogar bislang nicht voraussehbare Karrierewege für Mitarbeiter, falls ihre Fachkompetenz durch eine Qualifikationsdatenbank erstmals erkannt wird. Und Unternehmen können ggf. vakante Stellen intern ohne Rekrutierungskosten besetzen, auch wenn sie die betreffenden Mitarbeiter auf den ersten Blick „nicht auf dem Papier hatten".

Ein weiterer Faktor ist der Multiplikatoreffekt: Insbesondere bei Software-Kenntnissen können kompetente Mitarbeiter ihre Kollegen schulen und so als Key-User agieren, ohne dass externe Trainer beauftragt werden müssen. Auch dies kann über eine Qualifikationsdatenbank nachgehalten werden: Wer kommt als Trainer/Key-User in Frage?

Eine weitere Anwendungsmöglichkeit wäre es, durch Erhebung aus den vorhandenen Daten Qualifizierungsbedarf für die Mitarbeiter ganzer Abteilungen zu ermitteln.

Zu beachten sind bei Einführung einer Qualifikationsdatenbank die gesetzlichen Vorgaben zum Datenschutz. Es empfiehlt sich eine entsprechende Betriebsvereinbarung, ein Muster kann unter www.hrexperten24.de heruntergeladen werden.

| BVW ●━━━○ | mittel |  | Personalmanagement |

Einführung eines Unternehmensleitfadens

Eine Orientierungshilfe für neue und bestehende Mitarbeiter schaffen

Was möchte ich ändern?

In vielen in ihren Strukturen gewachsenen mittelständischen Unternehmen gibt es zahlreiche „ungeschriebene Gesetze", die bei langjährigen Mitarbeitern bekannt sind, doch nirgendwo schriftlich oder zentral dokumentiert sind. Neue Mitarbeiter, die ohnehin beim Start im Unternehmen mit vielen neuen Begebenheiten konfrontiert sind, stehen dem hilflos gegenüber und können tlw. erst nach vielen Monaten erahnen, welche Regeln in der Firma in welcher Form gelten.

Wie möchte ich es ändern (inkl. Umsetzungsdauer kurz-/mittel-/langfristig)?

Es ist sinnvoll, einen zentralen Unternehmensleitfaden zu formulieren und als offizielles Dokument an alle Mitarbeiter zur Verfügung zu stellen. Ein solcher dient gleichermaßen als Orientierungshilfe und als verbindliche Arbeitsanweisung. Gerade neue Mitarbeiter können sich mithilfe eines Leitfadens optimal in die Strukturen und Regeln des neuen Arbeitgebers einfinden.

Denkbare und sinnvolle Themenblöcke in einem Unternehmensleitfaden sind:
- Wie melde ich mich am Telefon (einheitliche Begrüßung)
- Dresscode für verschiedene Unternehmensbereiche
- Regeln für Heizung / Klimaanlage / Lüften
- Was tun bei Konflikten mit Kollegen (Schlichtungsstelle)
- Verhalten gegenüber Auszubildenden
- Ablauf der ersten Tage für neue Mitarbeiter (Produktschulungen, Sicherheitsunterweisungen)
- Regeln für Vertretung im Krankheits- und Urlaubsfall
- Wie werden Kunden empfangen?
- Regeln für Besprechungen
- Formvorschriften für Protokolle
- Nutzungsvorgaben im Corporate Design
- Ordnung am Arbeitsplatz

- Organigramm / Weisungsbefugnisse
- Rücksichtnahme auf Kollegen
- Urlaubsregelungen / Genehmigungsvorschriften
- Prozessbeschreibungen für Beschaffungsanträge etc.
- Hinweise IT-Netzlaufwerke
- Lautstärke / Musik am Arbeitsplatz
- Private Telefonbenutzung
- Rauchen an vorgesehenen Standorten
- Parkplatznutzung, z.B. Frauenparkplätze
- Einnahme von Nahrung am Arbeitsplatz
- Arbeitsschutzmaßnahmen
- Dienstfahrten / Regelungen Poolfahrzeuge
- Buchung von Besprechungsräumen

Dabei ist ein Unternehmensleitfaden nicht zu verwechseln mit einem Unternehmensleitbild (siehe Kapitel im Buch „Unternehmensleitbild entwickeln und festlegen"). Zwar orientiert sich der Leitfaden an dem Selbstverständnis des Unternehmens, das im Leitbild dokumentiert wurde, geht allerdings sehr ins Detail einzelner Arbeitsabläufe und Verhaltensregeln und ist dabei, anders als ein Leitbild, nur für internen Gebrauch bestimmt.

Initiiert durch einen betrieblichen Verbesserungsvorschlag, könnte ein Leitfaden im besten Fall durch einen Arbeitskreis, bestehend aus langjährigen und mit den undokumentierten aber vorhandenen Regeln vertrauten Mitarbeitern, als Entwurf erstellt werden. Die Geschäftsleitung sollte auf der vorgeschlagenen Basis ihre Änderungen oder Verfeinerungen durchführen und den Unternehmensleitfaden dann zeitnah offiziell einführen.

Welchen Nutzen bringt die Änderung (Prozessoptimierung / Kostensenkung / ROI, Pro/Contra)?

| ROI | nicht prognostizierbar | 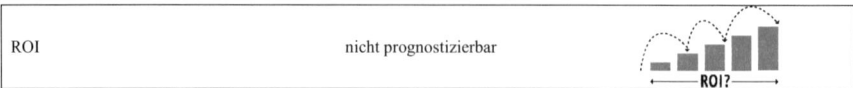 |

Wie bereits beschrieben, profitieren alle Mitarbeiter, ob neu oder bestehend, von dieser klaren und unmissverständlichen Vorgabe. Das Unternehmen kann aus seiner Perspektive die Einhaltung der nun offiziell deklarierten Regeln gegenüber seiner Belegschaft einfordern und damit gewisse Prozesse und Abläufe qualitativ aufwerten.

BVW	mittel		Personalmanagement

Einkaufsbündelungen für Mitarbeiter arrangieren

Durch die Einkaufsbündelungen und Firmenrabattlösungen von Lieferanten und Dienstleistern vor Ort steuerfreie Mehrwerte für die Belegschaft ermöglichen.

Was möchte ich ändern?

Große Firmen haben zwangsläufig eine nennenswerte Anzahl von Mitarbeitern. Im Rahmen der Erstellung von Einkaufsbündelungen können Mehrwerte für die Belegschaft arrangiert werden. Wenn umliegende reizvolle Einkaufsquellen (Restaurants, Fitness-Center, Wäschereien, Friseure etc.) den Umsatz zu sich lenken möchten, kann ein Unternehmen im offenen Dialog wahrscheinlich einen fairen Rabatt für die gesamte Belegschaft erzielen.

Wie möchte ich es ändern (inkl. Umsetzungsdauer kurz-/mittel-/langfristig)?

Nach einer ausführlichen Bedarfsplanung kann man eine Auswahl von regionalen Dienstleistern und Lieferquellen ausfindig machen. Wenn man im Anschluss alle Quellen kontaktiert, entsteht ein regionaler Mix aus Einkaufsmöglichkeiten für die Belegschaft inklusiver reizvoller Rabattierung. Es ist ein steuerfreier Mehrwert für jeden Mitarbeiter, wenn er z.B. 5% beim Friseur spart, 10% im benachbarten Baumarkt und ggf. auch 20% im gegenüberliegenden Restaurant.

Der Vorteil bei den Lieferquellen selbst ist, dass man ein direktes Umsatzplus erwarten kann und somit wird auch die regionale Wirtschaft gestärkt bzw. die lokale Infrastruktur am Leben erhalten wird. Jeder einzelne Mitarbeiter hätte keine bzw. kaum Nachfragemacht und würde nur selten alleine Rabatte dieser Art erzielen können. Insofern ist die Bündelung dieser Einkaufsoptionen durch eine große Firma eine bessere Stellschraube für derartige Mitarbeiter-Einkaufsbündelungen.

Beispielhaft können wir zu diesem Thema die nachstehenden Anbieter, Dienstleister oder Literatur empfehlen. Hier finden Sie bei Bedarf kompetente Unterstützung und aussagekräftiges Informationsmaterial.

Anbieter / Dienstleister / Informationsmaterial

Naked Economics: Entdecken Sie Ihre Liebe zur Ökonomie, Charles Wheelan / Isabel Lamberty-Klaas, ISBN 3527506128

Welchen Nutzen bringt die Änderung (Prozessoptimierung / Kostensenkung / ROI, Pro/Contra)?

ROI prognostiziert	1 – 3 Jahre	

Pro-Argumente

- Motivationssteigerung in der Belegschaft.
- Zugehörigkeitsgedanke zur Firma wird gefördert.
- Steigerung des allgemeinen Teamgedankens.
- Einsparpotenzial für Mitarbeiter wird geschaffen.
- Indirekter Einkommensmehrwert für die Belegschaft.
- Regionale Wirtschaft kann zusätzlich gestärkt werden.
- Erhalt der regionalen Infrastruktur wird gefördert.

KVP		hoch		Personalmanagement

Employer Branding aktiv betreiben

Der Kampf um die besten Köpfe ist im vollen Gange. Mittelständische Unternehmen sollten sich nicht nur gegenüber Kunden, sondern auch potentiellen Mitarbeitern als wertige Marke darstellen.

Was möchte ich ändern?

Gab es früher einen großen Überhang an fachlich geeigneten Bewerbern auf vakante Stellen, so hat sich die Gewichtung inzwischen oftmals um 180° gedreht. Gerade in technischen Bereichen wie im Ingenieurswesen und in der Informatik wird es zunehmend schwieriger, qualifiziertes Personal über konventionelle Wege wie Zeitungsannoncen zu finden. Externes Recruiting als Alternative ist oftmals sehr kostenintensiv, Vermittlungsgebühren von einem halben Jahresgehalt sind keine Seltenheit. Die meisten Absolventen „stürzen" sich auf die großen Konzerne wie z.B. Audi und BMW und würden meist keine Initiativbewerbungen im Mittelstand forcieren.

Wie möchte ich es ändern (inkl. Umsetzungsdauer kurz-/mittel-/langfristig)?

Der Schlüssel für eine mittelfristige Positionierung als attraktiver Arbeitgeber, mit entsprechender Reputation und Bekanntheit in der Zielgruppe, ist aktives Employer Branding (= Markenpositionierung als Arbeitgeber). Plattformen und soziale Medien wie XING erlauben es Unternehmen, ihre Alleinstellungsmerkmale und ihr attraktives Jobumfeld sowie die Karrierechancen aktiv zu kommunizieren und mit potentiellen Bewerbern ins Gespräch zu kommen. Des Weiteren sollte ein Karrierebereich auf der Website der Unternehmen nicht nur die Vakanzen aufführen, sondern auch die Leistungen, die das Unternehmen neuen Mitarbeitern zu bieten hat, und auch das Produkt- und Kundenportfolio.

Ferner sollten sich die Human Resources-Abteilungen darauf einstellen, stetig Bewertungen von Mitarbeitern und zu Vorstellungsgesprächen eingeladenen Bewerbern auf Plattformen wie Kununu zu verfolgen und bei kritischen Rezensionen den öffentlichen Dialog zu suchen. Wer es mit Einwandbehandlung geschickt anstellt, kann z.B. aus einer negativen Bemerkung eines ehemaligen Mitarbeiters einen positiven Eindruck für externe Besucher formen, indem er sachlich, authentisch und mit Empathie reagiert.

Abbildung 29: Karriereseite einer Kommunikationsagentur (Quelle: leonex.de)

Welchen Nutzen bringt die Änderung (Prozessoptimierung / Kostensenkung / ROI, Pro/Contra)?

ROI prognostiziert	1 – 3 Jahre	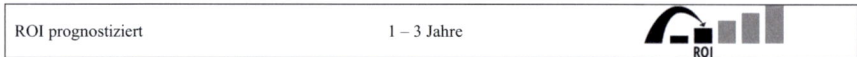

Der Nutzen von Maßnahmen im Bereich Employer Branding lässt sich sicherlich nicht umgehend messen. Allerdings wird man mittelfristig feststellen, dass mehr qualifizierte Bewerbungen auf ausgeschriebene Vakanzen eingehen als vorher und die Mitarbeiterbindung erhöht wird bzw. die Fluktuation sinkt. Voraussetzung dafür ist selbstverständlich, dass man generell neuen und auch bestehenden Mitarbeitern ein angemessenes Umfeld bietet, einen kooperativen Führungsstil, Anerkennung für Leistung und nicht zuletzt Möglichkeiten der individuellen Weiterentwicklung.

Im Übrigen sind die Kosten für die genannten Maßnahmen, abgesehen vom Personaleinsatz, im Vergleich zu nur einer samstäglichen ¼-Seite im Stellenmarkt der Tageszeitung außerordentlich gering.

BVW		niedrig		Personalmanagement

Erste Hilfe-Kästen im Unternehmen professionalisieren

Erste Hilfe Kästen steuern, regelmäßig prüfen lassen und an zentralen Stellen anbringen

Was möchte ich ändern?

Bedenkt man die nicht selten unprofessionell gehandhabten Erste Hilfe-Kästen in zahlreichen Unternehmen, ist es zu erahnen, dass man in diesem Bereich optimieren kann. Die Vollständigkeit dieser Notfallhelfer ist zu überprüfen, ebenso auch die der Ablaufdaten gewisser Inhaltseinheiten. Ein z.B. staubiger alter Erste Hilfe-Kasten, welcher unter Umständen noch irgendwo auf einer Produktionsmaschine oder schwer auffindbar in einem Schreibtisch liegt, stellt keine schnelle und optimale Erste Hilfe dar.

Wie möchte ich es ändern (inkl. Umsetzungsdauer kurz-/mittel-/langfristig)?

Sorgt man sich unternehmensintern nur ungern um solche wichtigen Randthemen, kann man auch einen externen Dienstleister damit beauftragen. Dieser nimmt dann eine Erstberatung mit Analyse vor und kann auch die notwendige Umsetzung zur Erstbestückung steuern und umsetzen. Im Nachgang leisten diese Experten auch die stetige und vorgeschriebene Kontrolle der Verbandskästen und sonstigen Erste Hilfe-Einrichtungen. Dies erzeugt Sicherheit für die Erstversorgung in Notfällen und kann auch entsprechende betriebsinterne Kosten durch den guten Nutzen rechtfertigen.

Beispielhaft können wir zu diesem Thema die nachstehenden Anbieter, Dienstleister oder Literatur empfehlen. Hier finden Sie bei Bedarf kompetente Unterstützung und aussagekräftiges Informationsmaterial.

Anbieter / Dienstleister / Informationsmaterial

WERO GmbH & Co. KG, www.wero.de

Welchen Nutzen bringt die Änderung (Prozessoptimierung / Kostensenkung / ROI, Pro/Contra)?

| ROI | nicht prognostizierbar | 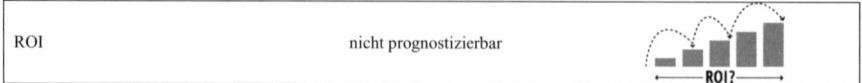 |

Der Humannutzen und die Einhaltung von gesetzlichen Vorschriften sollten hier im Fokus zu betrachten sein. Die Gesundheit der Mitarbeiter ist wichtig, ebenso die Erstversorgung bei Betriebsunfällen, die leider nie zu hundert Prozent vermieden werden können.

BVW	niedrig		Personalmanagement

Gutscheine als Leistungsprämie für Mitarbeiter

Durch Prämienanreize individuelle Leistungen belohnen und fördern

Was möchte ich ändern?

Da auch Mitarbeiter, die nicht von einem gehaltsbedingten Bonusanteil profitieren, gute Lösungsvorschläge außerhalb ihres jeweiligen Haupttätigkeitsbereichs im Unternehmen einbringen können, sollten diese auch bei besonders herausstechenden Vorschlägen mit einer kleinen Aufmerksamkeit anerkannt werden. Dies dient der Motivation des jeweiligen Mitarbeiters und unterstreicht auch eine gute Wertschätzung von der Unternehmensleitung.
Es können dabei sowohl Tankgutscheine, Kinogutscheine oder sonstige Wertgutscheine sein.

Wie möchte ich es ändern (inkl. Umsetzungsdauer kurz-/mittel-/langfristig)?

Bei vielen Dienstleistern kann man solche Wertgutscheine beziehen und wirtschaftlich attraktiv für das eigene Unternehmen einsetzen. Diese sind flexibel und leistungsfördernd als Motivator nutzbar, zusätzlich sind sie bis zu einer gewissen Wertgrenze für das Unternehmen steuerfrei. Sie können sowohl beim Ideenmanagement als Prämie verwendet werden, als auch für besondere Verdienste (Projektleistungen, Überstundenbereitschaft, Einsatzbereitschaft) vergeben werden.

<u>Anmerkung</u>

Der Arbeitgeber darf aktuell bis zum Wert von max. 44 EUR steuerfrei den Mitarbeitern (pro Person und pro Monat) Gutscheine geben. Bei besonderen und persönlichen Ereignissen liegt diese Wertgrenze aktuell bei max. 60 EUR. Bei gesetzlichen Änderungen können sich diese Wertgrenzen verändern, dies ist im Einzelfall individuell zu überprüfen.

Beispielhaft können wir zu diesem Thema die nachstehenden Anbieter, Dienstleister oder Literatur empfehlen. Hier finden Sie bei Bedarf kompetente Unterstützung und aussagekräftiges Informationsmaterial.

Anbieter / Dienstleister / Informationsmaterial
Sodexo Benefits & Rewards Services Deutschland, www.sodexo-benefits.de
BONAGO Belohnungsexperten, www.bonago.de
Edenred, www.edenred.de

Welchen Nutzen bringt die Änderung (Prozessoptimierung / Kostensenkung / ROI, Pro/Contra)?

ROI	nicht prognostizierbar	

Als Nutzen von Prämiensystemen und Gutscheinaktionen sind folgende Bereiche hervorzuheben:
- Mitarbeitermotivation für Leistungen besonderer Art (Überstunden)
- Anerkennung individueller Leistungen (Projektleistungen)
- Belohnung für Verbesserungsvorschläge im Ideenmanagement (Einsparmöglichkeiten aufgezeigt)
- Passives Netto-Zusatzeinkommen für den Arbeitnehmer
- Steuerfreie Vergabe bis zur festgelegten Wertgrenze für das Unternehmen umsetzbar

BVW		niedrig		Personalmanagement

Individuelle Teamförderung durch Team-Building-Maßnahmen

Mit Hilfe der Förderung und des Trainings im Team mehr Gruppendynamik im Unternehmen erzeugen und damit gemeinsame Unternehmensziele besser erreichen

Was möchte ich ändern?

Die Gruppendynamik im Unternehmen zu erhöhen, sollte ein wichtiges Ziel bei einem wachsenden Unternehmen sein. Teammitglieder sollten sich kennenlernen und merken, dass es sich lohnt, gemeinsam im Team stark zu sein, dass es Freude bereitet, gemeinsam für Aufgaben einzustehen und Ziele in der Gruppe zu erreichen.

Wie möchte ich es ändern (inkl. Umsetzungsdauer kurz-/mittel-/langfristig)?

In zahlreichen Angeboten kann man „Team-Building-Maßnahmen" fördern und trainieren.

Es ist eine gute Unternehmensinvestition, um aktive Teamförderung zu betreiben und eine kollektive Gruppendynamik im Unternehmen zu „pushen". Wenn Mitarbeiter sich besser kennen und sich Sympathie und gegenseitiges Vertrauen aufbaut, ist dies ein Mehrwert in der täglichen Zusammenarbeit in der jeweiligen Unternehmung. Nur so kann man auch ehrgeizige Unternehmensziele konsequent abteilungsübergreifend und in großen Teams zu gesetzten Terminen erfolgreich und nachhaltig erreichen.

Beispielhaft können wir zu diesem Thema die nachstehenden Anbieter, Dienstleister oder Literatur empfehlen. Hier finden Sie bei Bedarf kompetente Unterstützung und aussagekräftiges Informationsmaterial.

Anbieter / Dienstleister / Informationsmaterial
erlebniswelten E.O.T. GmbH, www.ew-gruppe.com/outdoorevent/blog/category/events/teambuilding/
ZUSAMMENSPIEL – Teamwork, www.zusammenspiel-teamevent.de
faszinatour Touristik-Training-Event GmbH, www.programme.faszinatour-b2b.de/Event-Training-Beratung/Botschaften-vermitteln-459.vgi
Springest, www.springest.de/management

Welchen Nutzen bringt die Änderung (Prozessoptimierung / Kostensenkung / ROI, Pro/Contra)?

| ROI | nicht prognostizierbar | 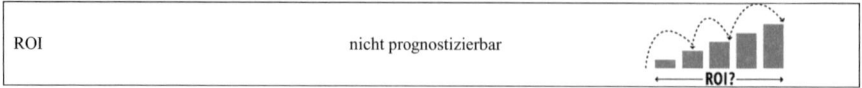 |

Die Vorteile von Teamförderung und Team-Building-Maßnahmen sind wie folgt zu nennen:
- Aufbau von gegenseitigen Vertrauen
- Aufbau und Erweiterung von Sympathie
- Gruppendynamiksteigerung
- Erfahrung der positiven Gemeinsamkeit und kollektiven Zielerreichung
- Lernen mit Freude verbinden

| BVW ●━━━━━○ | niedrig |  | Personalmanagement |

Individuellen Büromöbelkatalog für ein Unternehmen festlegen

Durch die klare Ausstattungsvorgabe in einem firmeneigenen Büromöbelkatalog faire Rahmenbedingungen und eine einheitliche Unternehmensoptik schaffen

Was möchte ich ändern?

Davon ausgehend, dass jeder Mitarbeiter seinen eigenen Geschmack an Optik und an technische Ansprüche hat, ist es sehr schwer, diesem Mix aus Anforderungen im Sektor Büroausstattung gerecht werden zu können. Sowohl aus Gründen der Vereinheitlichung und gleichberechtigter Behandlung, als auch aus Gründen der Wirtschaftlichkeit und Sinnhaftigkeit.

Wie möchte ich es ändern (inkl. Umsetzungsdauer kurz-/mittel-/langfristig)?

Arbeitet man mit einem kompetenten Ausstattungsunternehmen für Büromöbel zusammen, trägt man dafür Sorge, dass auch die Langlebigkeit der Möbel (Schreibtische, Stühle, Ablagefächer, Regale, Trennwände usw.) eingehalten wird. Ebenso wichtig sind der Arbeitsschutz und die Einhaltung von gesundheitserhaltenden Richtlinien zum Wohle der Mitarbeiter. Lässt man sich von seinem Büromöbelberater einen individuellen hausinternen Büromöbelkatalog erstellen, hat dies direkt mehrere Vorteile. Der erste Mehrwert ist, dass durch den abgestimmten Katalog keine falschen Begehrlichkeiten bei den hausinternen Mitarbeitern geweckt werden, der weitere Vorteil ist, dass durch die klare Vorabauswahl eines komprimierten Sortiments ein optisch einheitliches Gesamtbild des Unternehmens durchgängig gelebt wird.

Beispielhaft können wir zu diesem Thema die nachstehenden Anbieter, Dienstleister oder Literatur empfehlen. Hier finden Sie bei Bedarf kompetente Unterstützung und aussagekräftiges Informationsmaterial.

Anbieter / Dienstleister / Informationsmaterial
Assmann Büromöbel, www.assmann.de
AKS Bürosysteme, www.aks-buerosysteme.de

Welchen Nutzen bringt die Änderung (Prozessoptimierung / Kostensenkung / ROI, Pro/Contra)?

| ROI | nicht prognostizierbar |  |

Vorteilsbetrachtung der wesentlichen Nutzungsvorteile:
- Einheitliches Corporate Design (CD) im Unternehmen.
- Gleiche Behandlung / gleicher Ausstattungsstandard im Unternehmen.
- Nur erprobte Möbel werden genutzt (Gesundheit, Langlebigkeit der Möbel etc.).
- Durch gleiche Büromöbel bessere Konditionen im Einkauf erzielen.

KVP	mittel		Projektmanagement

Kontrollinstanz schaffen durch Scannen der einzelnen Fertigungsschritte

Durch Kontrolle von Effizienz im Betrieb nachhaltig Aufträge besser bewerten und kalkulieren

Was möchte ich ändern?

Durch das Scannen von einzelnen Fertigungsschritten (Rückmeldung an das System bei Fertigstellung von einzelnen Teilprozessen in der Produktion) nachhaltig Aufträge besser bewerten zu können, kann ein Ziel sein, die Wirtschaftlichkeit für aktuelle und auch zukünftige Aufträge besser steuern und bewerten zu können. Dies kann für ein herstellendes Unternehmen ein elementarer Schritt für die zukünftige Ausrichtung darstellen.

Wie möchte ich es ändern (inkl. Umsetzungsdauer kurz-/mittel-/langfristig)?

Durch eine Integration von spezieller Fertigungsstandkontrollsoftware ist es für eine Firma möglich, die genaue Effizienz besser bewerten zu können. Fehleinschätzungen bei zukünftigen Angeboten werden damit vermieden und Nachkalkulationen werden zusätzlich erleichtert.

Beispielhaft können wir zu diesem Thema die nachstehenden Anbieter, Dienstleister oder Literatur empfehlen. Hier finden Sie bei Bedarf kompetente Unterstützung und aussagekräftiges Informationsmaterial.

Anbieter / Dienstleister / Informationsmaterial

BleTec Software GmbH, www.bletec.de/loesungen/technik/fertigungszeiterfassung

Welchen Nutzen bringt die Änderung (Prozessoptimierung / Kostensenkung / ROI, Pro/Contra)?

ROI prognostiziert	1 – 3 Jahre	

Der Hauptnutzen liegt in der Transparenz in der Wirtschaftlichkeit einzelner Fertigungsaufträge. Dies spiegelt sich wieder in folgenden Eckdaten:

- Erfassung der IST-Fertigungszeit über ein Scannersystem.

- Eine Nachkalkulation ist systemtechnisch hiermit leicht darstellbar und umzusetzen.

- Fertigungsmaterial kann automatisiert gesteuert werden.

- Chargennummern können hinzugebucht werden.

- Tagesarbeitszeiten und auch Wochenarbeitszeiten sind zum jeweiligen Team oder Projekt automatisiert steuerbar.

- Mehrere Positionen von Aufträgen können automatisch zusammengefasst und bewertet werden.

- Fertigungszeichnungen können mit der Software ebenso projektbezogen angezeigt werden.

- Terminübersichten mit Restfertigungsaufwand in Zeiteinheiten sind möglich.

- Kostenstellenstatistiken mit geplanten Fertigungsständen und realen Fertigungsständen sind abrufbar und vergleichbar.

KVP- und BVW-Reporting an Mitarbeiter

Mit einem stetigen internen KVP- und BVW-Reporting Mitarbeiter über neue Pläne und Umsetzungen informieren

Was möchte ich ändern?

Damit laufende KVP- und BVW-Projekte möglichst allen Mitarbeitern im eigenen Unternehmen bekannt sind, sollte man diese z.B. monatlich als Report intern veröffentlichen. Dies kann über ein schwarzes Brett oder auch über eine digitale oder klassische Betriebszeitung erfolgen.

Wie möchte ich es ändern (inkl. Umsetzungsdauer kurz-/mittel-/langfristig)?

Bedenkt man intensiv die Umsetzung dieser Reportingmaßnahmen, wird der Grund schnell ersichtlich, denn Mitarbeiter wollen auf den aktuellen Stand der strategischen Firmenausrichtung gebracht werden. Hierzu gehören auch eingereichte Verbesserungsvorschläge aus den eigenen Reihen, als auch ergänzende Stellschrauben, welche die Geschäftsleitung als neue Ausrichtung wählt. In der Praxis hat sich erwiesen, dass Mitarbeiter mit neuen Dingen und Prozessen besser umgehen können, wenn sie vorher inhaltlich „abgeholt" und beteiligt worden sind; ein gefühltes Mitspracherecht, das klare Mehrwerte für die Unternehmung schaffen kann.

Welchen Nutzen bringt die Änderung (Prozessoptimierung / Kostensenkung / ROI, Pro/Contra)?

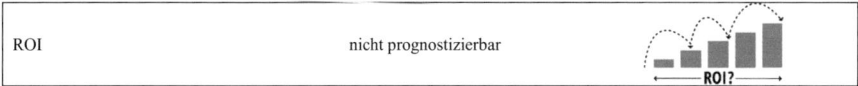

Der Nutzen in der Mitarbeitermotivation ist hier in diesem Umsetzungskonzept primär. Ebenso erhalten alle Mitarbeiter eine Information, welche Verbesserungsvorschläge bereits von anderen Kollegen eingereicht worden sind. Genau dieses führt zur Vermeidung von Doppeleinreichungen und somit auch zur Frustverhinderung bei der Belegschaft.

Ungewissheit sorgt für Angstbildung, insofern ist auch die stetige Informationsvermittlung über höhere strategische Unternehmensziele im Bereich des KVP an die Belegschaft sinnvoll.

Dass hierbei nicht alle vertraulichen Unternehmensdaten und -zahlen preisgegeben werden können, versteht sich.

Ein ernstgenommener Teil innerhalb der Belegschaft zu sein, stärkt in jedem Fall das Selbstvertrauen der Mitarbeiter, das Zugehörigkeitsgefühl zur Unternehmung und auch die Motivation zur täglichen Tätigkeit.

KVP		niedrig		Personalmanagement

Lean Board für Schichtwechseldatenaustausch nutzen

Wichtige Informationen zum Schichtwechsel transparent an die Wechselschichtbelegschaft weitergeben

Was möchte ich ändern?

In zahlreichen Betrieben werden bei Wechselschichten Informationen nicht optimal an die Folgebelegschaft übertragen. Mit Hilfe eines Lean Boards, was nichts anderes als ein rollbarer Flipchart mit Stiften oder ein Whiteboard sein muss, kann man wichtige betriebliche Informationen hinterlassen und den Status (offen oder erledigt) ebenso dahinter vermerken. Hierbei bietet es sich an, unterschiedliche Stiftfarben (rot und blau) zur Kenntlichmachung zu verwenden und das Lean Board an einem gut sichtbaren und zentralen Ort für die Mitarbeiter zu positionieren.

Wie möchte ich es ändern (inkl. Umsetzungsdauer kurz-/mittel-/langfristig)?

Durch die Nutzung eines solchen Lean Boards können in diversen Produktionsbereichen die Schichtleitungen Probleme und Aufgaben protokollieren und direkt vermerken, was bereits erledigt wurde und welche Aufgabe noch zu erledigen ist. Die Akzeptanz und Anerkennung dieser ToDo-Punkte-Sammlung ist klar in der Umsetzung, leicht sichtbar und im jeweiligen Status gut verständlich. Auch späteste Umsetzungsfristen, wann z.B. eine Maschinenreparatur oder sonstige Aufgabe erledigt sein muss, können auf diesem Lean Board vermerkt werden. Insofern bietet man hiermit eine gute Möglichkeit der stetigen Erinnerung und der Nachvollziehbarkeit über eine vollständige Abarbeitung aller Sonderaufgaben.

Beispielhaft können wir zu diesem Thema die nachstehenden Anbieter, Dienstleister oder Literatur empfehlen. Hier finden Sie bei Bedarf kompetente Unterstützung und aussagekräftiges Informationsmaterial.

Anbieter / Dienstleister / Informationsmaterial

Staples Deutschland GmbH & Co.KG,
www.staples.de/pinnwande-flipcharts-whiteboards/cbu/10.html

Welchen Nutzen bringt die Änderung (Prozessoptimierung / Kostensenkung / ROI, Pro/Contra)?

| ROI | nicht prognostizierbar |  |

Mit diesem Informationstool kann man alle besonderen Aufgaben im Schichtbetrieb vermerken und die Daten an alle Kollegen übertragen. Die Lösungsfindung ist erfahrungsgemäß schneller, da nichts mehr in Vergessenheit gerät und alle Mitarbeiter aus dem jeweiligen Bereich vollständig informiert werden. Die Schichtübergabe kann bewusst an einem solchen Board stattfinden und die Funktion eines allgemeinen Schichtbuches im Meisterbüro ideal ergänzen.

Die Verteilung der Verantwortung für Sondertätigkeiten wird offen kommuniziert, was zu einer direkten Übernahme und Zuordnung eines aufgabenbezogenen Verantwortungsgefühls führen wird. Final sorgt eine solche Vorgehensweise für einen fairen Umgang mit derartigen Aufgaben und im Umkehrschluss auch zu einer schnellen und hohen Akzeptanz bei den Kollegen.

| BVW | mittel |  | Personalmanagement |

Maschinenpaten für Maschinen ernennen und Verantwortung definieren

Mittels einer Maschinenpatenernennung klare Zuständigkeiten schaffen und Anlagenzustände optimieren

Was möchte ich ändern?

Maschinen benötigen permanente Wartung und auch eine pflegliche Behandlung, damit diese langfristig im Einsatz bleiben können. Der Sinn einer Maschinenpatenernennung erschließt sich ggf. nicht sofort. Erklärt man dies in Kurzform, liegt der Vorteil darin, dass pro Maschine bzw. pro technischer Anlage ein sogenannter Maschinenpate ernannt wird. Vom Betrieb wird dann eine Art Steckbrief erstellt und an jeder Anlage angebracht.

Wie möchte ich es ändern (inkl. Umsetzungsdauer kurz-/mittel-/langfristig)?

Bringt man an jeder Maschinen den Steckbrief der Maschinenpatenschaft an, sieht jeder Mitarbeiter genau, wer für welche Anlage und dessen Zustand verantwortlich ist.

Der Aufbau des Steckbriefs kann z.B. wie folgt sein:

Maschinentyp:	XYZ007
Interne Maschinennummer:	MA007
Seriennummer:	000815007

Abbildung 30: Maschinen-Steckbrief (Quelle: Christian Flick / Mathias Weber)

Darunter kann eine Anmerkung als kurzer Satz stehen, der z.B. wie folgt lt.:

„Verantwortlich für die Wartung und Sauberkeit dieser Maschine und des umliegenden Arbeitsplatzes ist unser Kollege Max Mustermann".

Auch ist es denkbar, ein Foto von dem jeweiligen Mitarbeiter im Steckbrief zu integrieren, ggf. ein Bild, auf dem der jeweilige Mitarbeiter direkt vor der Maschine steht o.ä.

Möchte man hier noch einen Bezug zum Wert der Anlage herstellen, kann auch im Steckbrief genannt werden, wann die Anlage angeschafft wurde und welchen Wert diese Maschine bei dem Ankauf hatte. Ein Beispielsatz wie: „Diese Anlage hat bei Neuanschaffung rund 250.000 EUR gekostet. Diese Anlage ist pfleglich zu behandeln und sichert unsere Arbeitsplätze sowie Wettbewerbsfähigkeit.".

Welchen Nutzen bringt die Änderung (Prozessoptimierung / Kostensenkung / ROI, Pro/Contra)?

Effizienzsteigerung	

Einerseits zeigt man damit in der Geschäftsleitung, dass man dem einzelnen Mitarbeiter hohe Verantwortung für eine teure und komplexe Anlage überträgt und anderseits kann auch der direkte Zustand einer jeweiligen Maschine einem klaren Verantwortlichen zugeordnet werden.

Durch diese Maßnahme entsteht mit der Zeit eine feste Verbindung des Mitarbeiters zum eigenen Arbeitsbereich und zur persönlich zugeordneten Maschine. Ein Ziel dieser Umsetzung ist das gefühlte Betriebserlebnis, dass man sein Arbeitsgerät ernst nimmt sowie wertschätzt und ebenso die Geschäftsleitung diese Wertschätzung an die Mitarbeiter transportiert.

Wird ein solcher Vorschlag erfolgreich und konsequent umgesetzt, ist davon auszugehen, dass die Motivation bei den ausgewiesenen Mitarbeitern steigen wird, eine festere Verbindung zwischen Arbeitsplatz und Mitarbeiter entsteht, die Anlagen in einem optimierten Wartungszustand und Pflegezustand sind und aus Sicht des Arbeitsgebers die Maschinen länger und störungsfreier im Einsatz bleiben können, was die Wirtschaftlichkeit belegbar erhöht.

KVP		mittel		Personalmanagement

Mitarbeitergespräche mit Zielvereinbarungen führen

Durch die Führung von Mitarbeitergesprächen mit klaren und messbaren Zielvereinbarungen Ziele erreichen und Mitarbeiter spürbar mehr motivieren und fördern

Was möchte ich ändern?

Mitarbeitergespräche im Unternehmen sollten als fester Standard integriert werden, welcher darauf abzielt, klare Zielvereinbarungen zu treffen, um gemeinsamen Unternehmenserfolg voranzubringen. Dieser höhere Standard an Mitarbeitergesprächen soll die häufig sehr einfachen und kurzen Monologe, welche in vielen Firmen als Austauschgespräch mit Personal verwendet werden, kurzfristig ersetzen. Es bringt beiden Seiten im Unternehmen eine höhere Motivation und eine faire messbare Bewertungsgrundlage für individuelle Ziele.

Welche Mehrwerte kann man hiermit u.a. schaffen?
- Eine bessere strategische Ausrichtung im eigenen Unternehmen.
- Bessere Zielidentifikation im Team.
- Ergebnisorientierteres Arbeiten.
- Mitarbeitermotivation steigt deutlich.
- Kreativität der Mitarbeiter wird gefördert und Potenziale werden genutzt.

Wie möchte ich es ändern (inkl. Umsetzungsdauer kurz-/mittel-/langfristig)?

Führt man das Steuerungsinstrument der Zielvereinbarungen kreativ und motivierend in einem Unternehmen ein, schafft man Offenheit und viel Klarheit, da eine faire bewertbare Grundlage für alle Mitarbeiter entsteht. Die Übernahme von Verantwortung stärkt die Zugehörigkeit und das eigene Selbstwertgefühl aller Teammitglieder. Ob man diese Zielvereinbarungsgespräche mit den Mitarbeitern nun pro Quartal führt, halbjährlich oder einmal pro Jahr, ist abhängig von der Unternehmensphilosophie, Mitarbeiterstärke und der Komplexität der Firmenziele.

Bei der Implementierung von Zielvereinbarungen sind diverse Rahmenbedingungen zu beachten:

- Ziele sollten SMART sein (spezifisch, messbar, anspruchsvoll/attraktiv, realistisch und terminiert).
- Bonusanreize sind dienlich (materielle oder immaterielle Anreize).
- Mitarbeiterschulungen sollten geboten werden.
- Volle Unterstützung und Einbringung auf allen Entscheidungsebenen.
- Gründlich Konzeptphase vor dem Start der Implementierung in der Firma.

Da häufige Fehler bei der Implementierung bekannt sind, sollten auch diese Punkte im Vorfeld bedacht werden:
- Konsequente Nachverfolgung von Zielen fehlt und wird nicht kontrolliert.
- Abgleichung und Abstimmung erfolgt nicht in der gesamten Firmenleitung.
- Ziele passen nicht zur Unternehmensausrichtung der nächsten Jahre.
- Ziele werden einseitig und/oder nicht im friedlichen Miteinander vereinbart.
- Maßnahmen werden vereinbart, sollen dann aber unbedacht Ziele ersetzen.

Beispielhaft können wir zu diesem Thema die nachstehenden Anbieter, Dienstleister oder Literatur empfehlen. Hier finden Sie bei Bedarf kompetente Unterstützung und aussagekräftiges Informationsmaterial.

Anbieter / Dienstleister / Informationsmaterial
Zielvereinbarungen und Jahresgespräche, Hailka Proske / Eva Reiff, ISBN 3648035061

Welchen Nutzen bringt die Änderung (Prozessoptimierung / Kostensenkung / ROI, Pro/Contra)?

Effizienzsteigerung

Der Nutzen dieser Mitarbeitergespräche mit Zielvereinbarungen ist kurzum gesagt in den folgenden wesentlichen Punkten zu finden:
- Der Informationsfluss wird verbessert.
- Der Kommunikationslevel von themenrelevanten Belangen wird gestärkt.
- Das Potenzial der Mitarbeiter kann aktiv gefördert und genutzt werden.
- Die Unternehmensmarktposition kann gestärkt, gehalten und ggf. ausgebaut werden.
- Die Zielerreichung wird oftmals beschleunigt.

BVW	niedrig		Personalmanagement

Mitarbeiter-Ideen aufgreifen für individuelle Schulungen

Bedürfnisse für Schulungen ernst nehmen

Was möchte ich ändern?

Als Beispiel ist die Höhensicherung ein sensibles Thema. Allein seitens des Gesetzgebers gibt es viele Vorschriften und Normen, die für Unternehmen zu berücksichtigen sind. Dies betrifft zum einen die Anforderungen an die Persönliche Schutzausrüstung gegen Absturz (PSAgA), zum anderen Schulungen für den richtigen Umgang mit dem Equipment sowie regelmäßige Prüfungen des Materials.

Wie möchte ich es ändern (inkl. Umsetzungsdauer kurz-/mittel-/langfristig)?

Neben den ohnehin notwendigen Maßnahmen bieten sich in diesem Bereich interessante Verbesserungspotentiale. Wer wüsste besser, wo die individuellen Bedarfe für Schulungen liegen, als Ihre Mitarbeiter selbst. „Standard-Schulungen" wie Höhensicherungs-Grundkurse oder Erweiterungskurse, die die Rettung mit einbeziehen, stellen zwar den Gesetzgeber zufrieden und sorgen für grundlegende Kenntnisse – aber wie sagt man so schön: „Übung macht den Meister".

Fordern Sie Ihre Mitarbeiter auf, Ihnen ihren zusätzlichen Schulungsbedarf mitzuteilen. Eine Investition, die sich für Sie auszahlt: Die Mitarbeiter sind so auf individuelle Situationen der Sicherung und Bergung in Ihrem Betrieb bestens eingestellt, können schneller und kompetenter reagieren, kommen besser und zügiger mit ihrer PSAgA zurecht – das spart Zeit und erhöht die Sicherheit.

Beispielhaft können wir zu diesem Thema die nachstehenden Anbieter, Dienstleister oder Literatur empfehlen. Hier finden Sie bei Bedarf kompetente Unterstützung und aussagekräftiges Informationsmaterial.

Anbieter / Dienstleister / Informationsmaterial

Carl Nolte Technik GmbH, www.carlnolte.de

Welchen Nutzen bringt die Änderung (Prozessoptimierung / Kostensenkung / ROI, Pro/Contra)?

ROI	nicht prognostizierbar	

Ganz individuell stellt sich z. B. die Carl Nolte Technik auf die Bedürfnisse ihrer Seminarteilnehmer ein. In Kleingruppen, mit Wunschterminen – bei Bedarf auch samstags, damit der laufende Betrieb des Kunden nicht gestört wird. Explizit geforderte Trainingssituationen werden vorab geklärt und auch Spezialequipment wie ein Schwenkarm zur Simulation eines Seiteneinstiegs in ein Silo extra für den Kunden bereitgestellt. Die eigens konstruierte Höhensicherungs-Trainingsstation wird ständig erweitert. Dabei fließen die Bedürfnisse und Wünsche der Kunden mit ein. Somit wird ein Höchstmaß an individueller Schulung umgesetzt.

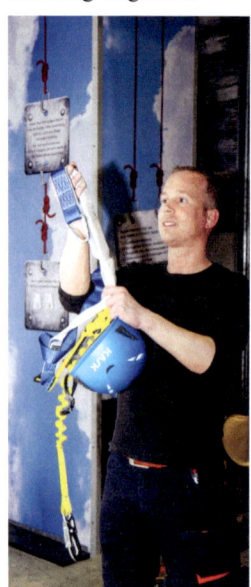

Abbildung 31: Höhensicherungstraining (Quelle: Carl Nolte Technik GmbH)

Auch in anderen Unternehmensbereichen können ähnliche Mitarbeiter-Ideen aufgegriffen werden und wie in diesem Beispiel konsequent erfolgreich durch Schulungen gelebt werden.

| KVP  | hoch 🕒 | Personalmanagement |

Mitarbeitermotivation in der Produktion

Durch strategische Werkzeuge in der Personalentwicklung die Zufriedenheit und Leistungsbereitschaft der Mitarbeiter steigern

Was möchte ich ändern?

Insbesondere Mitarbeiter, die in einer Serienproduktion in der verarbeitenden bzw. herstellenden Industrie eingesetzt werden, sind einer überdurchschnittlichen Monotonie ihrer Aufgaben mit wenig bis keiner Abwechslung ausgesetzt. Neben einer möglicherweise zu einseitigen körperlichen Belastung führt dies in vielen Fällen zu einer Demotivation und damit in Folge zu proportional abnehmenden Leistungswerten, was nicht im Sinne des Unternehmens sein kann. Bspw. kann an dieser Stelle der Bediener einer Maschine genannt werden, der täglich die exakt gleichen Handgriffe in hoher Anzahl durchführen muss.

Wie möchte ich es ändern (inkl. Umsetzungsdauer kurz-/mittel-/langfristig)?

Es existieren im Bereich der Personalentwicklung drei zu empfehlende Instrumente, um genau dieser Problematik effektiv zu begegnen:

Job-Rotation (Wechsel)

Eine simple Methode, für Abwechslung in den Arbeitsaufgaben zu sorgen, ist die Rotation. Hier werden die Aufgaben in regelmäßigen Zeiträumen gewechselt, um einen Belastungsausgleich herbeizuführen. Im Beispiel des Maschinenbedieners wäre vorstellbar, dass er einen halben Tag an seiner „Stamm-Maschine" agiert und die andere Tageshälfte an einer anderen Maschine, die abweichende Handgriffe erfordert und bestenfalls eine andere körperliche Haltung mit sich bringt. Bei dem Bediener der zweiten Maschine entsprechend umgekehrt.

Job-Enlargement (Verbreiterung)

Hierbei werden dem Mitarbeiter andere Arbeitsschritte anvertraut, die auf dem gleichen Qualifikationsniveau wie die Haupttätigkeit liegen. In unserem Beispiel könnte dem Maschinenbediener zusätzlich die Aufgabe gegeben werden, das Rüsten der Maschinen bei Erzeugniswechsel durchzuführen. Das Ziel dieses Werkzeugs ist die Reduktion der Eintönigkeit, in physischer wie auch in psychischer Hinsicht.

Job-Enrichment (Bereicherung)

Mit diesem Instrument lassen sich Mitarbeiter, denen man anspruchsvollere Aufgaben zutraut, in erheblichem Maße motivieren. Es ist gekennzeichnet durch eine Arbeitsbereicherung bedingt durch ein höheres Niveau der Aufgaben. Diese werden interessanter und verantwortungsvoller. Der Maschinenbediener im genannten Beispiel könnte je nach Kompetenz zusätzliche Aufgaben wie etwa die CNC-Maschinenprogrammierung erhalten. Dieses Werkzeug lässt sich nur dann einsetzen, wenn der Mitarbeiter dem Anspruch der höheren Aufgaben gewachsen ist.

In allen drei Fällen ist zu beachten, dass die Vorgaben aus dem Arbeitsschutzgesetz und anderer Rechtsquellen, z.B. zu den Arbeitszeiten, eingehalten werden.

Je nach Mitarbeiteranzahl in den betreffenden monotonen Bereichen lassen sich diese Methoden mittel- bis langfristig durchführen. Sie sind in Produktions- und Ressourcenplanung entsprechend einzubeziehen.

Welchen Nutzen bringt die Änderung (Prozessoptimierung / Kostensenkung / ROI, Pro/Contra)?

Effizienzsteigerung

Unternehmen, die sich gezielt und individuell diesen drei Instrumenten bedienen, werden nach aller Erfahrung positive Veränderungen in den Produktivitätskennzahlen messen können. Dies lässt sich aus einer höheren Motivation der eingesetzten Mitarbeiter ableiten. Darüber hinaus ist eine langfristige Reduktion von krankheitsbedingten Ausfällen wahrscheinlich, zumindest im Kontext von berufsbedingt stark strapazierten Bereichen wie der Hals- und Lendenwirbelsäule.

Besonders das Job Enrichment dient dazu, das Bedürfnis von Mitarbeitern nach Anerkennung optimal zu befriedigen.

BVW 	niedrig		Personalmanagement

Rekrutierungsprämie einführen

„Mitarbeiter werben Mitarbeiter" aktiv leben und bei guten Empfehlungen auch mit einer Prämie belohnen

Was möchte ich ändern?

Headhunter und Recruiter leisten gute Arbeit in der Personalbeschaffung, bedeuten jedoch auch hohe Kosten für das Unternehmen. Als Zusatz zum Rekrutierungsprozess könnte man ein Prämiensystem im Unternehmen einführen, in dem Bestands-Mitarbeiter für die erfolgreiche Empfehlung von Bekannten/Freunden etc. für eine Vakanz vom Arbeitgeber erhalten.

Wie möchte ich es ändern (inkl. Umsetzungsdauer kurz-/mittel-/langfristig)?

Ein solches Prämiensystem könnte einfach und inhaltlich transparent aufgebaut sein. Empfiehlt ein Mitarbeiter eine ihm bekannte Person, schont dies nicht nur die Unternehmenskasse, da keine Vermittlungsprovisionen für Headhunter oder auch für teure Stellenanzeigen in Zeitungen anfallen, sondern es kann auch davon ausgegangen werden, dass eine solche Empfehlung im Punkt Zuverlässigkeit, Talentfähigkeit und Arbeitsqualität grundsätzlich wertvolle Vorabinformationen liefern kann.

Die Prämie kann z.B. eine Einmalzahlung sein, oder aber auch ein Präsent bzw. Gutschein von einem entsprechenden Dienstleister.

Beispielhaft können wir zu diesem Thema die nachstehenden Anbieter, Dienstleister oder Literatur empfehlen. Hier finden Sie bei Bedarf kompetente Unterstützung und aussagekräftiges Informationsmaterial.

Anbieter / Dienstleister / Informationsmaterial
www.magmapool.de
www.mitarbeiter.werbepraemien.com

Welchen Nutzen bringt die Änderung (Prozessoptimierung / Kostensenkung / ROI, Pro/Contra)?

ROI prognostiziert	1 – 3 Jahre	

Pro-Argumente

- Günstige Möglichkeit der Fachkräftegewinnung.
- Mund-zu-Mund-Propaganda kann in diesem Fall auch fachlich sehr wertvoll sein.
- Arbeitsqualität und Zuverlässigkeit kann gesicherter vorab eingeschätzt werden.

Contra-Argumente

- Ggf. können Bestandsmitarbeiter nicht alle gewünschten Fähigkeiten für den neuen Mitarbeiter einschätzen.
- Bei guten Bekannten und Freunden kann man nicht immer objektiv über alle Fähigkeiten urteilen, insofern könnte es eine falsche Bewertung darstellen.

| BVW | ●────○ | niedrig |  | Personalmanagement |

Rentner als Minijobber-Aushilfe im Unternehmen beschäftigen

Unterstützung in der betrieblichen Intervallpflege, bei Botenfahrten und sonstigen Hilfestellungen

Was möchte ich ändern?

In Zeiten von hohen Leistungsspitzen kann jede helfende Hand im Unternehmen wertvoll sein. Gerade ehemalige Mitarbeiter, die sich gerne noch wenige Stunden pro Woche etwas im vertrauten ehemaligen Berufsumfeld einbringen möchten, können hier einen beidseitigen Mehrwert schaffen. Im Sektor Betriebspflege (Fahren eines Reinigungsfahrzeugs für Hallenböden etc.), Transport- und Botenfahrten (Expresslieferung per Firmenfahrzeug) oder aber auch anderen kleinen Hilfestellungen (hausinterne Postverteilung etc.) bietet es sich an, einen erfahrenden ehemaligen Mitarbeiter stundenweise wieder ins betriebliche Geschehen einzubinden.

Der Vorteil liegt auch darin, dass diese Fachkräfte alle Abläufe, Abteilungen und unternehmensbezogenen Besonderheiten kennen. Dass bei der Beschäftigung auf die gesundheitlichen individuellen Rahmenbedingungen Rücksicht genommen werden muss, ist zu berücksichtigen. Auch sollte deutlich sein, dass nicht jeder Rentner noch Interesse an einer weiteren Teilzeitbeschäftigung hat, oder diese auch noch gesundheitsbedingt erfüllen kann. Dies muss von Fall zu Fall besprochen und allseitig abgestimmt bzw. entschieden werden.

Wie möchte ich es ändern (inkl. Umsetzungsdauer kurz-/mittel-/langfristig)?

Nach interner Bedarfsfestlegung kann ein Stellenprofil bzw. eine Stellenbeschreibung erstellt werden. Auf dieser Basis kann gezielt Kontakt zu ehemaligen Fachkräften bzw. Mitarbeitern in Rente aufgenommen werden, um alle Details abzustimmen. Als vertraglicher Rahmen würde sich in solchen Fällen ggf. eine Beschäftigung auf Basis eines Minijobs anbieten.

Beispielhaft können wir zu diesem Thema die nachstehenden Anbieter, Dienstleister oder Literatur empfehlen. Hier finden Sie bei Bedarf kompetente Unterstützung und aussagekräftiges Informationsmaterial.

Anbieter / Dienstleister / Informationsmaterial

Mini-Jobs, Aushilfen, Teilzeit 2016, Andreas Abels / Dietmar Besgen / Wolfgang Deck, ISBN 3083176163

Welchen Nutzen bringt die Änderung (Prozessoptimierung / Kostensenkung / ROI, Pro/Contra)?

ROI prognostiziert	1 – 3 Jahre	

Mit dieser Beschäftigungsweise entsteht für beide Seiten ein Gewinn. Der ehemalige Mitarbeiter, der sich noch wirtschaftlich einbringen möchte, wird stundenweise noch im altbekannten Prozess des Unternehmens eingebunden. Der Arbeitgeber hat somit den Vorteil, einen preiswerten und erprobten Mitarbeiter auf Basis einer geringfügigen Beschäftigung im Team zu haben.

Dass bei einem solchen Teilzeitarbeitsverhältnis besonders stark auf die gesundheitlichen Rahmenbedingungen des jeweiligen Rentners geachtet werden muss, sollte sich von selbst verstehen. Jedoch darf auch nicht erwartet werden, dass bei einem Mitarbeiter mit einem hohen Lebensalter der Belastungsgrad eines jungen Kollegen erreicht werden kann.

BVW		mittel		Personalmanagement

Selbstleuchtende Flucht- und Notausgangsschilder

Die betriebliche Sicherheitsausstattung für den Fall von akuten Notfällen optimieren

Was möchte ich ändern?

Flucht- und Notausgangsschilder wie auch Rettungspläne werden in vielen Fällen nicht in allen Unternehmen ausreichend angebracht. Hierbei ist eine ausführliche Begehung der Räumlichkeiten zu empfehlen, bei denen man alle Kennzeichnungen auf den aktuellsten Stand bringen kann, bzw. im ersten Schritt einen aktuellen Status feststellt.

Wie möchte ich es ändern (inkl. Umsetzungsdauer kurz-/mittel-/langfristig)?

Im Nachgang einer solchen Statusfeststellung können dann Maßnahmen ergriffen werden, die einem aktuellen gesetzlichen und zeitgemäßen Stand entsprechen. In diesem Kontext ist zu empfehlen, dass man selbstleuchtende Varianten von Beschilderungen verwendet, denn diese laden sich tagsüber durch das Tageslicht auf und geben am Abend und in der Nacht die Leuchtkraft ohne externen Energiegeber wieder zurück.

Beispielhaft können wir zu diesem Thema die nachstehenden Anbieter, Dienstleister oder Literatur empfehlen. Hier finden Sie bei Bedarf kompetente Unterstützung und aussagekräftiges Informationsmaterial.

Anbieter / Dienstleister / Informationsmaterial
EverGlow® GmbH Sicherheitsleitsysteme, www.everglow.de
BRADY GmbH SETON Division, www.seton.de/Notausgangschilder
WESA Software GmbH, www.wesa-software.de
HNC-Datentechnik GmbH, www.hnc-datentechnik.de

Welchen Nutzen bringt die Änderung (Prozessoptimierung / Kostensenkung / ROI, Pro/Contra)?

ROI	nicht prognostizierbar	

Bei diesem Verbesserungskonzept steht der Mitarbeiterschutz im Vordergrund. Jeder Unternehmer wird wollen, dass bei akuten Notfällen (Brandgefahr, allgemeine Rauchentwicklung etc.) jeder Mitarbeiter unbeschadet und schnellstmöglich das Werksgelände verlassen kann.

BVW	● ○	niedrig		Personalmanagement

Täglicher Cateringwagen als Ersatz für Werkskantine

Als Kantinenersatz das Angebot eines täglichen Cateringwagens für die Mitarbeiter anbieten, um die allgemeine Motivation zu steigern und eine werkseigene Versorgung offerieren zu können

Was möchte ich ändern?

In Kooperation mit einem regionalen Bäckerbetrieb kann ein täglicher Bäckereiwarenservice im Betrieb angeboten werden. Hierbei ist ein Bäckerwagen, aus dem direkt vom Betriebshof aus verkauft wird, sehr dienlich. Zu einer fest vereinbarten Uhrzeit kommt dieser Wagen dann täglich zur Firma und wird sich hierdurch auch schnell im Betrieb etablieren.

Wie möchte ich es ändern (inkl. Umsetzungsdauer kurz-/mittel-/langfristig)?

Nachdem der Bedarf im eigenen Unternehmen erkannt wurde, bleibt noch die Suche nach einem qualifizierten Lieferanten. In diesem Fall bietet es sich an, einen regionalen Anbieter anzusprechen, der auch einen Cateringwagen z.B. für den Wochenmarkt zur Verfügung hat. Ein täglicher Turnus wird vereinbart, der auch ein gewisses Warensortiment beinhaltet, ein fester Stellplatz auf dem Betriebsgelände und folgerichtig eine feste Standzeit. Betriebliche interne Aushänge für die Belegschaft runden die Information zur neuen täglichen Versorgungsquelle dann positiv ab.

Beispielhaft können wir zu diesem Thema die nachstehenden Anbieter, Dienstleister oder Literatur empfehlen. Hier finden Sie bei Bedarf kompetente Unterstützung und aussagekräftiges Informationsmaterial.

Anbieter / Dienstleister / Informationsmaterial

http://www.zeit.de/zeit-magazin/essen-trinken/2014-11/baeckerei-brot-backen-handwerk-deutschland-karte

www.baeckereiverzeichnis.de

Welchen Nutzen bringt die Änderung (Prozessoptimierung / Kostensenkung / ROI, Pro/Contra)?

Effizienzsteigerung

Betrachtet man in diesem Konzept die Hauptnutzen, sind diese wie folgt zu nennen:
- Grundsätzliche Werksverpflegung über einen externen Dienstleister ohne Mehrkosten für das Unternehmen.
- Variabler Einsatz zu gewünschten Zeiten und an verschiedenen Standorten möglich.
- Entfall von einer defizitären Kleinstkantine mit teuren Nebenkosten für die Unternehmung.
- Alternative für Snackautomaten mit monotoner und oftmals ungesunder Ernährung.

| KVP | ～～ | mittel | ⏱ | Personalmanagement |

Unternehmensleitbild entwickeln und festlegen

Durch die Implementierung eines Unternehmensleitbildes eine klare Struktur und Wertekultur in die Unternehmung einbringen

Was möchte ich ändern?

In einem Unternehmensleitbild findet man eine klare Richtung für Umgangsformen, Unternehmensvorgaben für das Miteinander, aber auch für eine klare Marschroute im Sektor „Go´s" und „No-Go´s" für jeden Mitarbeiter, planbar und ersichtlich. Ein Leitbild in einer Unternehmung kann zwar auch bürokratisch, starr und z.T. etwas unaufrichtig für einen externen Betrachter wirken, jedoch bietet es auch sehr viele Chancen für ein generell besseres Miteinander.

Wie möchte ich es ändern (inkl. Umsetzungsdauer kurz-/mittel-/langfristig)?

Möchte man ein individuelles Unternehmensleitbild aufstellen, benötigt dieses etwas Zeit zur Entwicklung. Diese wird benötigt, um hausintern festlegen, wofür man steht, was man möchte und was man nicht dulden wird. Wie viele Freiheiten soll es geben, aber auch wie viele Grenzen muss es geben, damit eine grundsätzliche faire Arbeitsbasis stets vorhanden bleibt. Aufgrund der Vielschichtigkeit kann man keine festen Punkte vorgeben, die zu jeder Firma passen können, jedoch sollen hiermit ein paar Beispielrichtlinien eines Unternehmensleitbildes genannt sein:

- Wir sorgen für den Erfolg unserer Kunden
- Wir leben Qualität und sorgen für stetige Verbesserung.
- Wir streben partnerschaftliche Lieferantenbeziehungen an.
- Wir sind nachhaltig erfolgreich.
- Wir verbinden Ökonomie mit Ökologie.
- Wir verbessern das Unternehmen stetig und jeder Mitarbeiter ist ein Teil dieses Prozesses.
- Wir verbessern und hinterfragen alle Prozesse zum Wohl des Unternehmens und zum Wohl unserer Mitarbeiter.
- Wir kritisieren nur konstruktiv und Kommunikation wird offen, aber respektvoll gelebt.
- Verbindlichkeit ist stets ein MUSS.

Beispielhaft können wir zu diesem Thema die nachstehenden Anbieter, Dienstleister oder Literatur empfehlen. Hier finden Sie bei Bedarf kompetente Unterstützung und aussagekräftiges Informationsmaterial.

Anbieter / Dienstleister / Informationsmaterial

Corporate Identity. Unternehmensleitbild – Organisationskultur, Waldemar F. Kiessling / Peter Spannagl, ISBN 3934214606

Welchen Nutzen bringt die Änderung (Prozessoptimierung / Kostensenkung / ROI, Pro/Contra)?

ROI	nicht prognostizierbar	

Pro-Argumente

- Klare Leitkultur.
- Faire und offene Rahmenbedingungen.
- Gute und transparente Wertestruktur zur Orientierung im Unternehmen.

Contra-Argumente

- Ggf. für trendige und junge Unternehmen zu starr.
- Inhaltlich könnten diese Punkte bei Nichteinhaltung auch gegen das Unternehmen genutzt werden.

| BVW | ●⌒○ | niedrig |  | Personalmanagement |

Warn- und Sicherheitsaufsteller bei Bauarbeiten im Betrieb nutzen

Durch frühzeitige Warnung vor Unfallschwerpunkten gezielt Betriebsunfälle vermeiden

Was möchte ich ändern?

Bauarbeiten an Hallen, in Fertigungsbereichen und bei großen Wartungsarbeiten an Maschinen usw. bieten ein Unfallrisiko, welches frühzeitig erkennbar gemacht werden sollte, damit Mitarbeiter dies schnellstmöglich sehen und auch einschätzen können. Hierbei gilt es, Rutschgefahr, Stolpergefahr und auch Sturzrisiken gezielt und präventiv zu vermeiden, damit Betriebsunfälle stetig minimiert werden können.

Wie möchte ich es ändern (inkl. Umsetzungsdauer kurz-/mittel-/langfristig)?

Sogenannte Sicherheitsbaken oder auch Warnaufsteller sind einfach, schnell in der Bedienung und lassen sich an zentralen Orten im Betrieb lagern, wenn diese temporär nicht genutzt werden. Die Investitionskosten hierfür sind überschaubar und versprechen guten Nutzen bei Unfallschwerpunktvorwarnungen im Unternehmen, denn nichts ist wichtiger, als der Schutz der Mitarbeiter und die Vermeidung von Betriebs- und Arbeitsunfällen.

Beispielhaft können wir zu diesem Thema die nachstehenden Anbieter, Dienstleister oder Literatur empfehlen. Hier finden Sie bei Bedarf kompetente Unterstützung und aussagekräftiges Informationsmaterial.

Anbieter / Dienstleister / Informationsmaterial
BRADY GmbH SETON Division, www.seton.de/D92190000/Sicherheitsbaken-mobil.html

Welchen Nutzen bringt die Änderung (Prozessoptimierung / Kostensenkung / ROI, Pro/Contra)?

| ROI | nicht prognostizierbar | 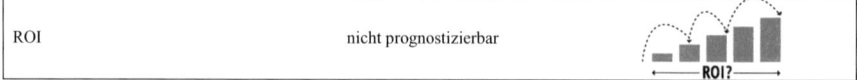 |

Der Hauptnutzen ist der Mitarbeiterschutz verbunden mit der Unfallvermeidung im Unternehmen. Die Sicherheitsbaken können zusätzlich vor Produktionsausfällen schützen, die bei z.B. rein materiellen Unfällen entstehen und schützen das Betriebsinventar (u.a. Flurfördergeräte) zusätzlich vor unnötigen Beschädigungen, was wiederum die Langlebigkeit dieser kostenintensiven Geräte fördert.

| BVW ●────○ | niedrig |  | Personalmanagement |

Wie man Mitarbeiter zur Mitwirkung aktiviert

Aus der Praxis: Mit der Eisbecheraktion zum Erfolg

Was möchte ich ändern?

Die Realität in vielen Unternehmen: Die Geschäftsleitung delegiert die Durchführung von Projekten an einen Arbeitskreis. Dieser soll die gesamte Mitarbeiterschaft informieren und einbeziehen. Was folgt, ist ein Aushang, schwarz auf weiß, schmucklos, Arial 10 Punkt, zweizeilig. Dazu eine Mail wahllos an den gesamten Firmenverteiler. Leider wundern sich die Verantwortlichen im Anschluss, dass sich niemand persönlich angesprochen fühlt und keine Resonanz auf die Bitte, sich einzubringen und Ideen zu liefern, erfolgt.

Wie möchte ich es ändern (inkl. Umsetzungsdauer kurz-/mittel-/langfristig)?

Es geht auch anders. Das hat die Ökoprofit-Aktion der Firma Carl Nolte Technik aus Greven gezeigt. Im Rahmen der Ökoprofit-Initiative arbeiten Unternehmen, Kommunen und Experten Hand in Hand zusammen, um die Firmen ökonomisch und ökologisch zu stärken. Kurz: um monetär bewertbare, umweltschonende Maßnahmen zu initiieren. Ein wichtiger Teil des Projektes ist die Mitarbeitermotivation.

Stellen Sie sich vor, Ihre Abteilung wird in einen Besprechungsraum gebeten. Es gibt Eis. Um den Eisbecher liegt eine Banderole mit der doppelsinnigen Aufschrift „Das Eis schmilzt – tun wir was dagegen." Sie genießen Ihr Eis und nebenbei erläutert das Projektteam, warum Ihre Mitwirkung gefragt ist und was Sie tun können. Das ganze finden Sie noch einmal kurz zusammengefasst auf der ausgefalteten Banderole: Für die Ökoprofit-Zertifizierung muss Ihr Unternehmen Potentiale zum Energie- und Ressourcensparen eruieren. Für den Umweltschutz und Einsparungen in barer Münze. Einige Punkte sind schon umgesetzt – und nun für Sie sichtbar: Das Projektteam hat an Stellen, wo bereits gespart wird, Aufkleber mit der Aufschrift „Hier sparen wir schon … der Umwelt zuliebe" platziert. Diese Aufkleber wurden übrigens schnell und einfach über die Etikettenfunktion von Word ausgedruckt. Kleiner Aufwand, große Wirkung. So wird Ihnen z. B. bewusst, dass überall schon Bewegungsmelder installiert sind, die Strom für die Beleuchtung sparen und vieles mehr. Jetzt kommen Sie ins Spiel: Auch Sie erhalten Aufkleber mit der Aufschrift „Hinterlass Deine Spur. Ich bin ein Ideengeber". Platzieren Sie diese an Stellen, die optimiert werden können! So könnten die

Kollegen Papier doppelseitig bedrucken, um Material zu sparen. Ein Hinweis an der Steuerung der Klimaanlage könnte auf eine sparsame Einstellung hinweisen. Eine Idee kommt zur anderen.

Abbildung 32: Eisbecher aus Ökoprofit-Initiative (Quelle: Carl Nolte Technik GmbH)

Abbildung 33: Aufkleber aus Ökoprofit-Initiative (Quelle: Carl Nolte Technik GmbH)

Damit auch Sie etwas davon haben, schreiben Sie auf den beiliegenden Zettel, dass Sie dort Ihre Idee platziert haben und stecken ihn in den internen Postkasten. Denn die Ideen fließen nicht nur ins Ökoprofit-Projekt ein, sondern auch ins betriebliche Vorschlagswesen. Eine Win-Win-Situation für alle.

Beispielhaft können wir zu diesem Thema die nachstehenden Anbieter, Dienstleister oder Literatur empfehlen. Hier finden Sie bei Bedarf kompetente Unterstützung und aussagekräftiges Informationsmaterial.

Anbieter / Dienstleister / Informationsmaterial

Carl Note Technik GmbH, www.carlnolte.de

Welchen Nutzen bringt die Änderung (Prozessoptimierung / Kostensenkung / ROI, Pro/Contra)?

| ROI | nicht prognostizierbar | 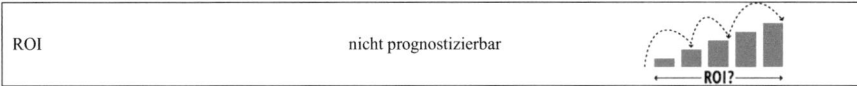 |

In diesem Stil können durch spielerische, visuelle und haptische Anreize Mitarbeiter motiviert werden. Die persönliche Ansprache ist hier ein ebenso wichtiger Aspekt wie die Möglichkeit, aktiv tätig zu werden – im Projekt der Carl Nolte Technik durch das tatsächliche, physische Platzieren der Aufkleber. Das Fazit des Unternehmens, das für seine Kunden in den Bereichen Schlauchtechnik, Drucklufttechnik, Arbeitsschutz und Industrietechnik auch mit kleinsten Details für interne Verbesserungen sorgt: Eine Aktion, die Wirkung gezeigt hat. Bei allen Beteiligten. Lassen Sie Ihre Phantasie spielen.

Außendarstellung

BVW	mittel		Außendarstellung

Einführung eines einheitlichen und hochwertigen Corporate Designs
Für eine professionelle Außenwirkung und Kundenwahrnehmung sorgen

Was möchte ich ändern?

Viele mittelständische Unternehmen haben ihr äußeres Erscheinungsbild in Bezug auf Schriftzüge am Gebäude, Briefbögen, Visitenkarten, Websites etc. bislang mit geringer Priorität behandelt, was sich in unterschiedlich auftretenden Logo-Varianten, nicht einheitlichen Schrifttypen und nicht zeitgemäßen Werbematerialien ausdrückt. Liefen die Geschäfte bis dato zufriedenstellend, so gab es keinen Handlungsdruck, etwas zu verändern.

Oft hört man in diesem Zusammenhang „Unsere Kunden kennen uns.". Das mag grundsätzlich je nach Branche stimmen, doch Wachstum ist in vielen Fällen und zukünftig vermehrt nur dann möglich, wenn neue Kundensegmente akquiriert werden. Und ein bestehender technologischer oder qualitativer Vorsprung kann heutzutage sehr schnell schwinden. Dann geht es für potentielle Kunden in ihren Auswahlkriterien neben der real vorhandenen Kompetenz auch um die Außenwirkung der Unternehmen, denn diese lässt, ähnlich Kleidung und Verhalten eines Außendienstmitarbeiters, auf Professionalität schließen.

Wie möchte ich es ändern (inkl. Umsetzungsdauer kurz-/mittel-/langfristig)?

Das Selbstverständnis eines Unternehmens sollte sich in seiner Außenwirkung spiegeln. Das Design trägt erheblich zur Markenbildung bei, so etabliert man sein Unternehmen in den Köpfen der Kunden und der Wiedererkennungswert sowie die Unverwechselbarkeit, gerade auch in Bezug zum Wettbewerb, steigen. Ein weiteres wichtiges Merkmal ist, dass ein professionelles Erscheinungsbild rein psychologisch höhere Preise als bei Marktbegleitern rechtfertigt, da dem Unternehmen ein höheres Produkt- oder Dienstleistungsniveau zugetraut wird und eine höhere Glaubwürdigkeit besteht.

Dabei spielt es keine Rolle, ob es sich um ein kleines, mittleres oder großes Unternehmen handelt. Auch ein Handwerksbetrieb mit drei Mitarbeitern kann durch ein überzeugendes Bild nach Außen Professionalität und Kompetenz transportieren.

Grundsätzlich sollte ein Corporate Design an jeder Stelle in jeder Publikation eines Unternehmens Anwendung finden. Dazu gehören Logo, Schriftart und -stil, Farben und auch eine Bildsprache. Beispiele für Anwendungsfälle sind:

- Gebäudebeschriftung, Stelen
- Briefbogen, Schriftverkehr, Rechnungen
- Visitenkarten
- Image- und Produktbroschüren
- Messestand
- Website, Microsites
- E-Mail-Signatur
- Firmen-PKWs, Montagefahrzeuge
- Bekleidung der Mitarbeiter (z.B. gestickte Hemdkragen und Poloshirts in der Produktion)
- Anzeigen
- Präsentationen
- Geschäftsberichte
- Produktverpackungen
- Werbemittel / Give-aways

Um die Einhaltung der festgelegten Gestaltungslinie zu fördern und zu unterstützen, ist die Erstellung eines sogenannten Corporate Design Handbuchs, auch als „CD-Manual" betitelt, anzuraten. Hier sind sämtliche Vorgaben und Einschränkungen textlich und bildlich definiert, die neuen Mitarbeitern und zusätzlichen Werbeagenturen einen Leitfaden bieten sollten.

Eine konkrete Maßnahme als Ergebnis eines betrieblichen Verbesserungsvorschlags wäre es, eine auf Corporate Design spezialisierte Kommunikationsagentur mit der Bewertung des vorhandenen Erscheinungsbildes und Vorschlägen für eine zeitgerechte Neuausrichtung zu beauftragen. Die Seriosität der Agentur ist, als Ratschlag, dann vorhanden, wenn diese nicht gleich neu gestaltete Logos präsentiert, sondern Sie erst einmal im Rahmen eines Workshops umfassend danach befragt, welche Unternehmensziele Sie verfolgen, welche Zielgruppen Sie haben, wie Sie bei Ihren Kunden wahrgenommen werden möchten. Diese strategische Ausrichtung ist bereits Teil der Corporate Identity und wichtige Grundlage für das erst in zweiter Instanz entstehende Corporate Design.

Beispielhaft können wir zu diesem Thema die nachstehenden Anbieter, Dienstleister oder Literatur empfehlen. Hier finden Sie bei Bedarf kompetente Unterstützung und aussagekräftiges Informationsmaterial.

Anbieter / Dienstleister / Informationsmaterial

SDSt – Selbständige Design-Studios e.V., www.sdst.info

Welchen Nutzen bringt die Änderung (Prozessoptimierung / Kostensenkung / ROI, Pro/Contra)?

| ROI | nicht prognostizierbar | 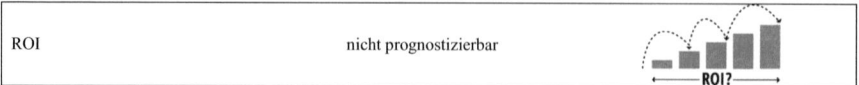 |

Selbstverständlich ist die Erstellung eines Corporate Designs mit all seinen Einzelmedien eine sehr kostenintensive Angelegenheit. Und in erster Linie ist es nicht möglich, ein konkretes Return-of-Invest zu berechnen. Allerdings ist mittel- und langfristig gesehen der Aufbau eines professionellen und dem gewünschten Image des Unternehmens angemessenen Corporate Designs alternativlos. Die Wahrnehmung als etablierte Marke, assoziiert mit positiven Eigenschaften wie modernster Technologie, höchsten Qualitätsansprüchen und bestem Kundenservice, ermöglicht eine erfolgreiche Zukunft für ein mittelständisches Unternehmen und eine deutliche Abgrenzung von den Mitbewerbern.

BVW	niedrig		Außendarstellung

Kennzeichenhalter mit Firmenwerbung

Verwendung von Kennzeichenhaltern mit Unternehmenswerbung an allen Firmenfahrzeugen

Was möchte ich ändern?

Dezente Werbung an Firmenfahrzeugen ist einfach umsetzbar, denn man kann als Unternehmen Kennzeichenhalter mit eigener Werbung anfertigen lassen. Hierbei ist es nicht mehr nötig, große Mengen abzunehmen, auch Kleinstauflagen sind kostenbezogen relativ günstig umsetzbar. Die Werbung sorgt für eine direkte Zuordnung zur gesamten Fahrzeugflotte des Unternehmens. In vielen Beispielen platzieren die entsprechenden Unternehmen auf der Halterung die Website-Adresse (z.B. www.beispielfirma.de / dann mittig bzw. zentriert angeordnet).

Wie möchte ich es ändern (inkl. Umsetzungsdauer kurz-/mittel-/langfristig)?

Nachdem die interne Entscheidung für Handling und Optik getroffen wurde, kann die Bestellung an einen entsprechenden Kennzeichenhalterlieferanten übertragen werden. In den häufigsten Fällen übernehmen die Anbringung auch gerne die Fahrzeuglieferanten bzw. entsprechenden Autohändler. In Absprache kann dann z.B. vereinbart werden, dass bei jeder Neuzulassung direkt vorne und auch hinten ein entsprechender Halter angebracht wird.

Beispielhaft können wir zu diesem Thema die nachstehenden Anbieter, Dienstleister oder Literatur empfehlen. Hier finden Sie bei Bedarf kompetente Unterstützung und aussagekräftiges Informationsmaterial.

Anbieter / Dienstleister / Informationsmaterial

REAL GARANT SHOP GmbH, www.realgarant-shop.de/Kennzeichenhalter/

GUTSCHILD.de, www.gutschild.de/kennzeichenhalter-individuell-bedrucken/

Welchen Nutzen bringt die Änderung (Prozessoptimierung / Kostensenkung / ROI, Pro/Contra)?

| ROI | nicht prognostizierbar | 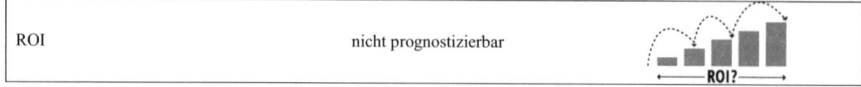 |

Der Primärnutzen von diesem Vorschlag liegt in der optischen Vereinheitlichung von Firmenfahrzeugen, was eine generelle Corporate Identity (CI) auch in allen sinnvollen Unternehmensfacetten andenkt. Hierdurch tragen die Fahrzeuge auch keine fremde Werbung mehr, denn oftmals wird dort händlerseitig direkt deren Werbung platziert. Die dezente Eigenwerbung zum Unternehmen ist kostengünstig, unaufdringlich und somit auch legitim.

BVW		mittel		Außendarstellung

Microsites als obligatorische Komponente bei Anzeigenkampagnen

Erst Lead-Generierung und Erfolgsmessung legitimieren die Investition in Anzeigen.

Was möchte ich ändern?

Schaltet man Print-Anzeigen, um z.B. auf Produktinnovationen, Messetermine oder allgemein auf das Unternehmen aufmerksam zu machen, ist im Normalfall keine Überprüfung der Wirksamkeit der Anzeige und damit auch keine Return-of-Invest-Rechnung der Anzeigenkosten möglich. Es erfolgt eine unkontrollierte Streuung der Werbung ohne Erkenntnisse über die Zielerreichung.

Maximal erfährt man auf Nachfrage beim persönlichen Kundenkontakt, wie dieser aufmerksam auf das Unternehmen wurde. In den seltensten Fällen wird dies übergeordnet nachgehalten, um eine sogenannte Response-Messung der Anzeige vorzunehmen.

Wie möchte ich es ändern (inkl. Umsetzungsdauer kurz-/mittel-/langfristig)?

Durch Verbindung von Print-Anzeigen mit einer kleinen Website lassen sich ideal Leads generieren und Rückläufer der Anzeige messen. Konkret würde man eine sogenannte Microsite gestalten und programmieren lassen, die unter einer bestimmten sinnhaften Domain erreichbar ist. Im besten Fall bezieht sich die Domain auf das zu pushende innovative Produkt oder Thema, das auch Gegenstand der Anzeige ist.

Diese Microsite ist somit losgelöst von der eigentlichen Unternehmens-Website und kann gesondert auf die Alleinstellungsmerkmale des Anzeigenthemas hinweisen. Es handelt sich darüber hinaus in der Regel um eine „One-Page-Website", d.h. sämtliche Informationen sind auf einer Seite komprimiert zusammengestellt und erlauben dem Betrachter einen optimalen Überblick. Des Weiteren ermöglicht ein kurzgehaltenes Kontaktformular eine schnelle Anfrage nach weiteren Informationen oder nach einem Rückruf. Die hier auflaufenden „Leads" lassen sich dann in einer Datenbank oder einem CRM-System sammeln und für die weitere Bearbeitung durch den Vertrieb vorhalten.

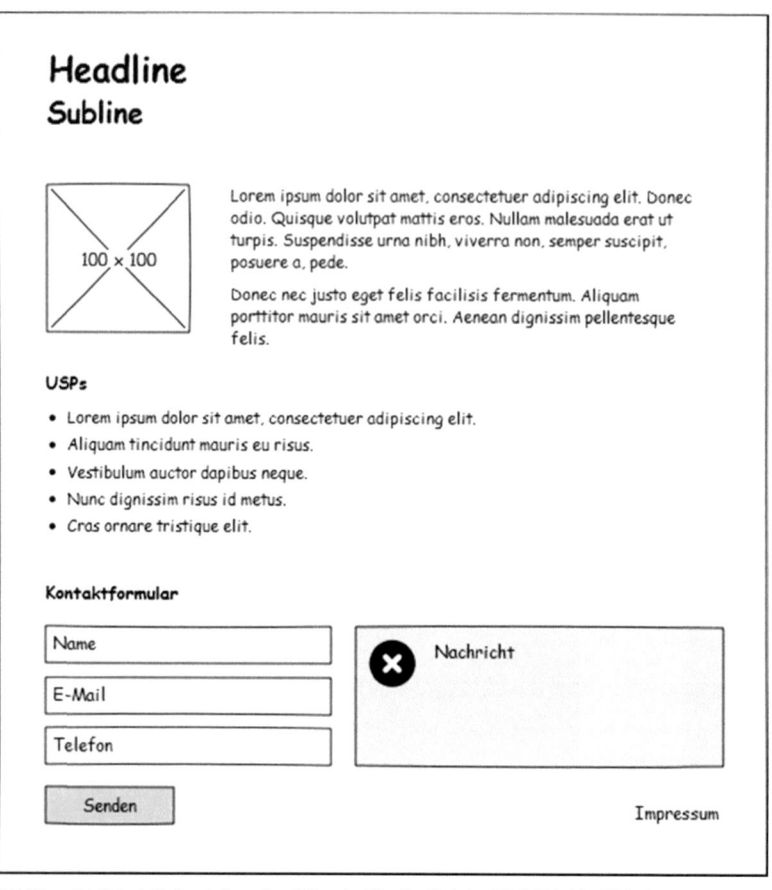

Abbildung 34: Beispielhafter Aufbau einer Microsite (Quelle: Christian Flick / Mathias Weber)

Die Messung der Konversion, also der Rückläufer aufgrund der Anzeige, lässt sich mithilfe der Einbindung eines WebControlling-Dienstes wie eTracker oder Google Analytics vornehmen. Hier kann eine zeitraumbasierende Analyse der Aufrufe und deren Herkunft (Anzeige, Google etc.) vorgenommen werden.

In der Print-Anzeige selbst sollte die Microsite dann über die Nennung der Domain sowie der Platzierung eines dorthin verweisenden QR-Codes verbunden werden.

Ein Zusatznutzen ist, dass die Microsite auch in Google auffindbar ist und damit ggf. auch außerhalb der Anzeige speziell für die in der Kampagne fokussierte Thematik zur Akquise von Kunden beiträgt.

In einem betrieblichen Verbesserungsvorschlag sollte darauf hingewiesen werden, Print-Anzeigen oder auch TV-/Radio-Spots und Großflächenkampagnen stets mit einer Microsite aus den genannten Gründen zu verknüpfen.

Beispielhaft können wir zu diesem Thema die nachstehenden Anbieter, Dienstleister oder Literatur empfehlen. Hier finden Sie bei Bedarf kompetente Unterstützung und aussagekräftiges Informationsmaterial.

Anbieter / Dienstleister / Informationsmaterial
eTracker WebControlling, www.etracker.de
Google Analytics, www.google.com/analytics

Welchen Nutzen bringt die Änderung (Prozessoptimierung / Kostensenkung / ROI, Pro/Contra)?

ROI prognostiziert	1 – 3 Jahre	

Wie bereits beschrieben erlaubt die Microsite eine konkrete Messung des Erfolgs einer Anzeige in Form von Interessenten und Kontaktanfragen. Sukzessive werden damit Werbekampagnen inklusive deren eingesetzte Budgets immer zielgerichteter und damit lohnenswerter.

Die Kosten für die Erstellung einer Microsite liegen in der Regel im niedrigen vierstelligen EUR-Bereich und damit deutlich unter den üblichen Anzeigengebühren in Fachzeitschriften. Der monetäre Einsatz ist durch die Konversionsmessung und den Rückschluss auf erzielte Neukundenumsätze exakt im ROI berechenbar.

BVW		niedrig		Außendarstellung

Roll-Ups als kostengünstiger Werbeträger im mobilen Einsatz

Mit wenig finanziellem Aufwand die eigenen USPs an den Kunden transportieren

Was möchte ich ändern?

Gerade für kleine und mittlere Unternehmen ist Werbung ein sehr kostenintensiver Faktor. Image- und Produktbroschüren sowie Websites führen schnell zu einem fünfstelligen Budget. Dennoch möchten auch diese Unternehmen ihre innovativen Produkte und Dienstleistungen sowie Alleinstellungsmerkmale auf Messen, Infotagen oder auch im eigenen Hause gegenüber Kunden optimal präsentieren.

Wie möchte ich es ändern (inkl. Umsetzungsdauer kurz-/mittel-/langfristig)?

Ein sogenanntes Roll-Up, im deutschen auch Rollbanner genannt, kann als Werbedisplay mobil und aufmerksamkeitsstark Einsatz finden. Üblicherweise kann eine Fläche von 85 x 215 cm bedruckt werden. Somit ist man in der Lage, seine Werbebotschaft buchstäblich auf Augenhöhe der Zielgruppe zu transportieren.

Dabei ist ein Roll-Up schnell aufbaubar und einfach transportierbar. Eingesetzt werden kann ein solches z.B. auf Messen und Ausstellungen oder auch im Eingangsbereich sowie im Besprechungsraum des eigenen Unternehmens.

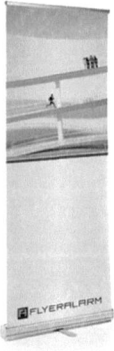

Abbildung 35: Roll-Up (Quelle: Flyeralarm GmbH)

Die Lieferzeiten liegen bei ca. einer Woche. Vorab sollte das Layout durch eine Werbeagentur oder einen betriebsinternen Mediengestalter erstellt werden. Eine zeitnahe Einführung im Unternehmen ist somit realisierbar.

Beispielhaft können wir zu diesem Thema die nachstehenden Anbieter, Dienstleister oder Literatur empfehlen. Hier finden Sie bei Bedarf kompetente Unterstützung und aussagekräftiges Informationsmaterial.

Anbieter / Dienstleister / Informationsmaterial

www.flyeralarm.com/Roll-Up

www.diedruckerei.de/Rollup-Systeme-inkl.-Druck.htm?websale8=diedruckerei&ci=008970

Welchen Nutzen bringt die Änderung (Prozessoptimierung / Kostensenkung / ROI, Pro/Contra)?

| ROI | nicht prognostizierbar | |

Roll-Ups sind bereits mit Produktionskosten von unter 100 EUR erhältlich. Damit ergibt sich ein hervorragender Kosten-Nutzen-Faktor.

Als betrieblicher Verbesserungsvorschlag wäre die Einführung von Roll-Ups insbesondere in kleinen und mittleren Betrieben sehr empfehlenswert, um die Außendarstellung und Vermarktung bei überschaubarer Investition zu optimieren.

| KVP |  | mittel | ⏱ | Außendarstellung |

Social Media als gewichtiger Baustein von Marketing und Kundenkommunikation

Facebook, Twitter, YouTube & Co. zur Reputationssteigerung nutzen

Was möchte ich ändern?

Viele Unternehmenslenker und Entscheider werden immer häufiger mit sozialen Medien wie Facebook konfrontiert. Industrie- und Handelskammern, Branchenverbände und kommunale Wirtschafsförderer schreiben dazu in ihren Mitgliedsblättern, es werden vermehrt Seminare und Vorträge zu diesem Thema angeboten.

Dennoch stellt sich die Frage, insbesondere für reine B2B-Unternehmer: Warum sollte ich nach bisher einseitiger Werbeaktivität zum Kunden nun eine bidirektionale Werbekommunikation eingehen? Möchte ich überhaupt mit einem Endkunden in den Dialog treten? All das sind neue und ungewohnte Überlegungen. Sinnvoll und ernsthaft angegangen, kann ein Engagement in sozialen Medien zu einer positiven Unternehmensreputation beitragen und das Image steigern.

Wie möchte ich es ändern (inkl. Umsetzungsdauer kurz-/mittel-/langfristig)?

Der richtige initiale Schritt ist nicht etwa, wie es zu vermuten wäre, erst einmal eine kostenfreie Facebook-Fanpage, einen Twitter-Account oder einen YouTube-Channel anzulegen. Korrekt ist, ein zielorientiertes Konzept für eine angemessene Social Media-Strategie zu verfassen.

Soziale Medien dienen nicht nur dazu, Neuigkeiten über das Unternehmen und innovative Produktneuheiten, zu verbreiten. Es geht primär um die Interaktion mit seiner Zielgruppe. Diese kann sehr unterschiedlich ausgeprägt sein:

- Ein beispielhafter Hersteller von LEH-Produkten, die im Supermarkt erhältlich sind, kann über soziale Medien z.B. an Gewinnspielen teilnehmen lassen, zu Produktvorschlägen aufrufen („Croudsourcing") und die sozialen Plattformen als Service-Anlaufstelle für Konsumenten sehen. In diesem Anwendungsfall, in dem man es mit dem Endverbraucher zu tun hat, ist ein sensibler Umgang mit kritischen Stimmen notwendig. Beschwert sich ein Kunde z.B. auf der Facebook-Seite über eine Eigenschaft des erworbenen Produktes, so sollte der vorgesehene Redakteur der Social Media-Kanäle rhetorisch in der Lage sein, mit Einwandbehandlung so auf die Kritik einzugehen, dass sich der Kunde und auch alle öffentlich mitlesenden Benutzer ernst genommen fühlen und im besten Fall Hilfestellung für das konkrete Problem leisten kann.

Hat man dies optimal im Griff, ist man in der Lage, aus einem Malus, der Beschwerde eines Kunden, einen Bonus zu erzeugen. Das höchste erreichbare Ziel wäre es, wenn nicht der Redakteur des Unternehmens auf eine Beschwerde eingehen muss, sondern andere „Fans" Partei für das Unternehmen oder das Produkt ergreifen. Dies wäre ein Höchstmaß an Reputation in den sozialen Medien.

- Eine gänzlich andere Zielgruppe hätte ein Zulieferbetrieb im Automotive-Sektor. Seine einzelnen Produkte in Form von Komponenten sowie sein Markenname sind dem Konsumenten möglicherweise nicht bekannt. Mit seinen Kunden, deren Anzahl überschaubar ist, spricht er permanent. In diesem Szenario könnte der Sinn von Social Media-Aktivitäten in gegenseitigem Kontakt mit jungen Menschen liegen, denen eine Ausbildung, ein duales Studium oder Praktika im Unternehmen vorgestellt werden soll. Ähnlich wie im gleichnamigen Kapitel in diesem Buch steht hier das „Employer Branding" im Fokus.

Dies ist eine wichtige Einordnung von geplanten Social Media-Maßnahmen und sollte die konkreten Ziele und Umsetzungsschritte ableiten.

Abbildung 36: Facebook-Fanpage von RWE (Quelle: facebook.com/vorweggehen)

Die eigentliche Arbeit, das initiale Anlegen von Social Media-Kanälen, die grafische Gestaltung, das Verfassen wertigen Contents und die permanente redaktionelle Betreuung können zwar grundsätzlich inhouse durch zu schulende Mitarbeiter vorgenommen werden, allerdings ist zumindest das Hinzuziehen einer spezialisierten Agentur anzuraten. Diese könnte bei der strategischen Ausrichtung der Aktivitäten und den ersten Bewegungen mit wertvollen Praxisratschlägen unterstützen.

Für das Einstellen von Inhalten, das Beantworten von Kommentaren in mehrere Plattformen wie Facebook, Twitter, Google Plus und YouTube bietet es sich an, ein sogenanntes „Engagement Tool" einzusetzen. Hierbei handelt es sich um Software-Werkzeuge, die eine gleichzeitige Arbeit in mehreren Kanälen in nur einer Oberfläche vereinen und auch Annehmlichkeiten wie vorab geplante Beitragsveröffentlichungen ermöglichen.

Möchte man, gerade als B2C-Vermarkter, die laufende Betreuung seiner Konsumentenkommunikation in den sozialen Medien auslagern, so ist hier möglicherweise die personelle und inhaltliche Bündelung mit einem After-Sales-Service per Telefon ratsam. Ein beispielhafter renommierter Dienstleister in diesem Segment ist im Folgenden genannt.

Beispielhaft können wir zu diesem Thema die nachstehenden Anbieter, Dienstleister oder Literatur empfehlen. Hier finden Sie bei Bedarf kompetente Unterstützung und aussagekräftiges Informationsmaterial.

Anbieter / Dienstleister / Informationsmaterial
Engagement Tools:
SocialCom®, www.socialcom.de
HootSuite, www.hootsuite.com/de
Outsourcing Social Media-Betreuung:
buw digital GmbH, Teil der buw Unternehmensgruppe, www.buw-digital.de

Welchen Nutzen bringt die Änderung (Prozessoptimierung / Kostensenkung / ROI, Pro/Contra)?

ROI	nicht prognostizierbar	

Je nach Entscheidung für eine Umsetzung durch einen Dienstleister oder eine interne Lösung können jährliche Kosten im vier- bis fünfstelligen EUR-Bereich anfallen. Eine Return-of-Invest-Rechnung ist in erster Linie nicht berechenbar, da es keinen unmittelbaren und in Zusammenhang stehenden Mehrumsatz geben wird.

Allerdings sollte der Part Social Media als fester Bestandteil im Marketingbudget eingeplant werden, um die entsprechende Imagesteigerung und -festigung auf professioneller Basis durchführen zu können.

Wikipedia Unternehmenseintrag erzeugen

Ist eine Firma in einer gewissen marktführenden Unternehmensgröße, bietet es sich an, einen Wikipedia-Eintrag zum Unternehmen zu erstellen

Was möchte ich ändern?

Als Unternehmen mit vielen Patenten, innovativen Produkten, einer führenden Marktrolle und auch hohen Bekanntheitsgrad sollte angestrebt werden, einen eigenen Wikipedia-Eintrag zu erhalten, den man als Autor auch selbst pflegen und weiterentwickeln kann.

Wie möchte ich es ändern (inkl. Umsetzungsdauer kurz-/mittel-/langfristig)?

Nach Klärung der Relevanzkriterien für einen Unternehmenseintrag bei Wikipedia, kann mit der textlichen und inhaltlichen Planung begonnen werden. Die Inhalte sollten komprimiert, zeitlich schlüssig formuliert und natürlich wahrheitsgemäß sein.

Anbieter / Dienstleister / Informationsmaterial
Wikipedia, www.wikipedia.de
Relevanzkriterien, https://de.wikipedia.org/wiki/Wikipedia:Relevanzkriterien
Musterseite: https://de.wikipedia.org/wiki/Siemens

Welchen Nutzen bringt die Änderung (Prozessoptimierung / Kostensenkung / ROI, Pro/Contra)?

Effizienzsteigerung

Folgende Nutzen bestehen für ein Unternehmen:
1. Imagemehrwert für das jeweilige Unternehmen.
2. Komplettierung einer Werbe- und Marketingstrategie.
3. Informationstransfer von wichtigen Informationen zum Unternehmen.
4. Sehr gute Auffindbarkeit des Eintrags in Suchmaschinen.

Weitere Themen

| BVW | mittel |  | Weitere |

Anschaffung von Kaffee- und Snackautomaten für Mitarbeiter und Kunden/Lieferanten

Durch die Bereitstellung von Snacks und Heißgetränken bietet ein Unternehmen seinen Mitarbeitern einen greifbaren und schnell akzeptierten Vorteil für die Pausen

Was möchte ich ändern?

Nicht in jedem Unternehmen ist genug Potenzial und Nutzen für eine eigene Werkskantine vorhanden. Insofern sucht man ggf. hausintern nach Alternativen, die auch vorhanden sind. Zum Beispiel durch die Anschaffung von Snackautomaten und Getränkeautomaten, welche durch kompetente Dienstleister aufgestellt und aufgefüllt werden können.

Hierbei soll ein grundsätzlicher Besucherservicestandard geboten werden und auch den Mitarbeitern eine zusätzliche Versorgungsquelle geboten werden. Dies ist sowohl als Motivationsgrundlage dienlich, als auch ein Zeichen von Wohlfühlatmosphäre und guter Wertschätzung für die Team-Mitglieder.

Wie möchte ich es ändern (inkl. Umsetzungsdauer kurz-/mittel-/langfristig)?

Hochwertige und leistungsstarke Kaffeevollautomaten sind in der Anschaffung und allgemeinen Unterhaltung nicht sonderlich günstig. Schnell gibt man zwischen 2.000 bis 5.000 EUR für ein Profigerät aus. Falls dies nicht in das jeweilige Firmenbudget passt und man dadurch auch ggf. die Entscheidungsträger nicht für das Projekt verschrecken möchte, gibt es die Überlegung eines Leihgerätes mit Wartungs- und Servicevertrag.

Hierbei sind die hohen Fixkosten bei der Anschaffung nicht mehr vorhanden, im Gegenzug jedoch eine monatliche Mietkostenpauschale.

Die gleiche Betrachtung gilt auch für einen Snackautomaten. Hierbei gibt es zahlreiche Dienstleister, die solche Automaten an die Firmen vermieten und stetig neu befüllen. Ebenso wird hierbei die fachgerechte Automatenwartung abgedeckt.

Die Umsetzung ist denkbar einfach, denn man muss nur einen Servicedienstleister kontaktieren, der dann in einem Telefonat oder auch Vor-Ort-Gespräch eine umfangreiche Beratung bieten kann. Ob ein Snackautomat, eine Snackbox oder auch ein Getränkeautomat angeschafft werden soll, kann im Nachgang beim Unternehmen geklärt werden. Der

Aufsteller übernimmt i.d.R. alle Kosten für den Automaten und für die stetige Wiederauffüllung.

Beispielhaft können wir zu diesem Thema die nachstehenden Anbieter, Dienstleister oder Literatur empfehlen. Hier finden Sie bei Bedarf kompetente Unterstützung und aussagekräftiges Informationsmaterial.

Anbieter / Dienstleister / Informationsmaterial
Kaffee Partner Automatenservice, www.kaffee-partner.de
Klix Automatenservice, www.klix-kaffeeautomaten.de/getraenkeautomaten/snackautomat/
Automatenservice HERDA, www.automaten-herda.de

Welchen Nutzen bringt die Änderung (Prozessoptimierung / Kostensenkung / ROI, Pro/Contra)?

ROI prognostiziert	1 – 3 Jahre	

In der Nutzenbetrachtung zeigt sich häufig ein guter Mehrwert für die Mitarbeiter, denn in den Pausen können Snacks, Kaltgetränke und Heißgetränke gegen Geldeinwurf im Automaten entnommen werden. Zusätzlich unterstreicht es auch, dass dem Unternehmer das Wohlbefinden des Teams wichtig ist. Ein kleiner Zusatzbaustein in einer konsequenten Motivationsförderung in Firmen.

BVW	niedrig		Weitere

Begrüßungsmonitor im Eingang- und Empfangsbereich installieren

Zur persönlichen Besucherbegrüßung und für die Mitteilung von wichtigen Unternehmensneuigkeiten einen Flachbildschirm in der Nähe der Zentrale installieren

Was möchte ich ändern?

Um wichtige und angekündigte Gäste vor der persönlichen Begrüßung im Unternehmen willkommen zu heißen, bietet es sich an, einen Flachbildschirm in Zentralennähe zu installieren, damit Besucher namentlich angekündigt werden können. Dies ist eine unausgesprochene, aber sehr gut wahrnehmbare Wertschätzung für den jeweiligen Gast und kann für positive Erstimpulse in Dialogen und Verhandlungen führen. Ebenso kann man über genau diesen Monitor auch wichtige Firmenneuigkeiten kommunizieren. Dieses könnte z.B. der Neubau eines zusätzlichen Werks o.ä. sein.

Wie möchte ich es ändern (inkl. Umsetzungsdauer kurz-/mittel-/langfristig)?

Die Installation eines solchen Flachbildschirms ist relativ schnell umsetzbar. Häufig wird dieser dann mit einem Computer in der Zentrale verbunden, worüber dann auch die darzustellenden Daten und Updates gesteuert werden können. Für die reine Installation und Ausführung empfiehlt sich entweder eine sachkundige Radio- und Fernsehtechnikfachfirma, oder aber alternativ ein Technik- und Instandhaltungsteam aus dem eigenen Unternehmen.

Beispielhaft können wir zu diesem Thema die nachstehenden Anbieter, Dienstleister oder Literatur empfehlen. Hier finden Sie bei Bedarf kompetente Unterstützung und aussagekräftiges Informationsmaterial.

Anbieter / Dienstleister / Informationsmaterial

VICOM audiovisuelle Medientechnik GmbH & Co,
www.vicom.de/display-monitors.html

neos art GmbH, www.neos-art.com/begruessungsmonitor

Welchen Nutzen bringt die Änderung (Prozessoptimierung / Kostensenkung / ROI, Pro/Contra)?

| ROI | nicht prognostizierbar | 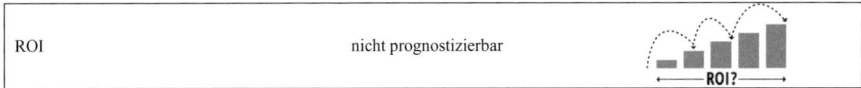 |

Durch die in einer Basisvariante sehr überschaubaren Investitionskosten und schnell durchführbaren Installationsarbeiten sollte eine relativ kurzfristige Entscheidung erzielbar sein, ob dieses Konzept im eigenen Unternehmen umgesetzt werden soll.

In der Nutzenargumentation lassen sich sowohl die positive Besucherbegrüßung nennen, die Besucherinformationsweitergabe, die optionale Wegeleitung für Besuchergruppen und natürlich auch die mediale Weiterleitung von wichtigen Betriebsinformationen, falls diese für die Öffentlichkeit bestimmt bzw. nutzbar sind.

| BVW | niedrig |  | Weitere |

Besucherführungssysteme und Besucherausweise verwenden

Bei externen Besuchern eine klare Erkennung und auch Kommunikation bei Führungen ermöglichen

Was möchte ich ändern?

Gerade bei externen Gästen im Unternehmen ist bei Rundgängen und Betriebsbesichtigungen wichtig, dass diese Besucher durch Ausweise eindeutig und sichtbar autorisiert werden und auch alle Ansagen und Erklärungen klar und deutlich verstehen können.

Wie möchte ich es ändern (inkl. Umsetzungsdauer kurz-/mittel-/langfristig)?

Die Anschaffung von Besucherausweisen ist relativ schnell umsetzbar. Nach der Anschaffung kann man diese jedem Gast aushändigen und bei Verlassen des Unternehmens wieder einsammeln. Hierdurch ist klar zu erkennen, dass es sich um einen gewollten und autorisierten Besucher des Unternehmens handelt.

Durchleuchtet man die Qualität von Betriebsführungen in größeren Gruppen, findet man häufig das Problem, dass innerhalb des laufenden Fertigungsbetriebs aufgrund des betrieblichen Lärms nur bedingt eine verständliche Kommunikation zwischen Gast und Gastgeber herstellbar ist. Um genau diese Schwachstelle zu beseitigen, bietet es sich an, ein sog. Besucherführungssystem anzuschaffen. Dies besteht i.d.R. aus einem Transportkoffer für die Aufbewahrung und Ladung der Akkus bei Nichtnutzung, aus einer Mikrofoneinheit und aus ca. 8-15 Übertragungseinheiten mit In-Ear-Kopfhörern. Somit kann der Gastgeber in normaler Tonlage in das Mikrofon sprechen und es erfolgt eine automatische und gute funkgestützte Übermittlung an die jeweiligen Gäste mit „Knopf im Ohr".

Beispielhaft können wir zu diesem Thema die nachstehenden Anbieter, Dienstleister oder Literatur empfehlen. Hier finden Sie bei Bedarf kompetente Unterstützung und aussagekräftiges Informationsmaterial.

Anbieter / Dienstleister / Informationsmaterial

beyerdynamic GmbH & Co. KG,

www.beyerdynamic.de/landingpages/synexis/gefuehrte-besichtigungen.html

ID Ausweissysteme GmbH, www.idausweissysteme.com/produkte/besucherausweise/

Welchen Nutzen bringt die Änderung (Prozessoptimierung / Kostensenkung / ROI, Pro/Contra)?

ROI	nicht prognostizierbar	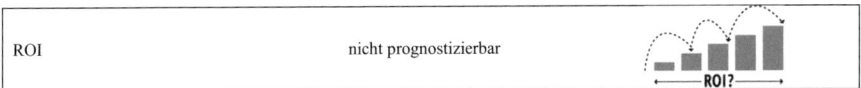

Der Vorteil bei dieser Nutzenbetrachtung ist, dass die Gäste gut als solche zu erkennen sind, da diese einen Besucherausweis tragen. Ungewollte, nicht autorisierte Gäste werden somit leicht sichtbar von autorisierten Gästen unterschieden, was die betriebliche Sicherheit und den Schutz von sensiblen Informationen und auch allgemeinem Diebstahl im gleichen Zuge erhöht.

Durch die Besucherführungsanlage werden Betriebsbesichtigungen effizienter und angenehmer für alle Beteiligten. Als Abrundung eines professionellen Gesamteindrucks von renommierten Firmen stellt dies einen guten Eigenwert bei der Entscheidungsfindung für eine solche Anschaffung dar.

Einsatz von Stoßschutzkanten

Mit selbstklebenden oder magnetischen Schutzkanten wichtiges Inventar und auch Mitarbeiter vor Unfällen schützen

Was möchte ich ändern?

Scharfe Kanten z.B. an Türelementen, schlecht einsehbaren Bereichen oder auch schwer sichtbaren Regalelementen usw. können durch die nachträgliche Anbringung von einem Rammschutz oder Schutzprofil besser erkennbar gemacht werden.

Wie möchte ich es ändern (inkl. Umsetzungsdauer kurz-/mittel-/langfristig)?

Untersucht man potentielle Gefahrenschwerpunkte in der Firma, lassen sich gewisse Bereiche schnell ermitteln, die besser kenntlich gemacht werden sollten. Dies dient neben der Prävention vor Mitarbeiterunfällen auch dem Schutz von wichtigem Inventar. Wie häufig sieht man in verschiedenen Unternehmen angefahrene Lagerregalelemente, stark verkratzte Flurfördergeräte, aber auch Bereiche, bei denen man förmlich zukünftige Unfallgefahren (Quetschungen, Schnittverletzungen etc.) erahnen kann. Genau hier gibt es Optimierungsbedarf, den man schnell, einfach und kostengünstig beheben kann. Magnetische Einheiten, als auch Klebeeinheiten können somit sowohl an Metallen, als auch an Kunststoffen befestigt werden.

Beispielhaft können wir zu diesem Thema die nachstehenden Anbieter, Dienstleister oder Literatur empfehlen. Hier finden Sie bei Bedarf kompetente Unterstützung und aussagekräftiges Informationsmaterial.

Anbieter / Dienstleister / Informationsmaterial

Stein HGS GmbH,

www.absperrtechnik24.de/Rammschutz+und+Schutzprofile/Schutzprofile/

Welchen Nutzen bringt die Änderung (Prozessoptimierung / Kostensenkung / ROI, Pro/Contra)?

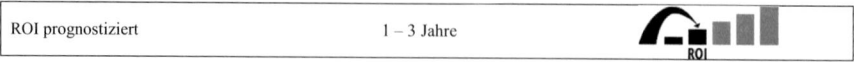

Im Hauptnutzen ist hierdurch die Prävention vor Betriebsunfällen zu sehen. Im zweiten und nachgelagerten Blick darf hier auch als Nebennutzen der Schutz des Betriebsinventars erwähnt werden.

BVW	niedrig		Weitere

Fachbüchersammlung und Firmenbibliothek im Unternehmen

Durch die Gründung einer Firmenbüchersammlung bzw. kleinen Firmenbibliothek einen Fachwissenstransfer für alle Mitarbeiter anbieten

Was möchte ich ändern?

Fachbücher werden häufig von einzelnen Mitarbeitern bestellt, anteilig nach Themendringlichkeit gelesen und verbleiben dann i.d.R. im Büro des Einzelnen. Die Fachbücher an einem zentralen Ort in der Firma zu sammeln, zu katalogisieren und an andere Mitarbeiter ausleihen zu können, wäre ein guter Mehrwert für alle Seiten.

Wie möchte ich es ändern (inkl. Umsetzungsdauer kurz-/mittel-/langfristig)?

Sammelt man sämtliche Literatur in einer Art Firmenbibliothek, kann diese in eine Bücherinventarliste eingetragen werden. Ggf. kann man pro Fachbuch auch eine einzelne Leserliste erstellen. Mitarbeiter können dann die Bücher leihen, innerhalb der Einzellisten sehen, wer das Buch bereits gelesen hat und bei Bedarf auch an die Teammitglieder Rückfragen zu Buchinhalten stellen.

Dies fördert die Gruppendynamik und den themenrelevanten Fachdialog im Unternehmen. Das generelle Handling und die Verwaltung kann als Selbstläufer organisiert werden oder aber z.B. auch durch die Auszubildenden mit übernommen werden. Dies ist abhängig von der jeweiligen Firmengröße und der Firmenstruktur (Beispiele: Mehrere Firmenstandorte, Einwände durch die Personalleitung, Einwände durch den Betriebsrat etc.).

Beispielhaft können wir zu diesem Thema die nachstehenden Anbieter, Dienstleister oder Literatur empfehlen. Hier finden Sie bei Bedarf kompetente Unterstützung und aussagekräftiges Informationsmaterial.

Anbieter / Dienstleister / Informationsmaterial

www.bibliotheksportal.de

Welchen Nutzen bringt die Änderung (Prozessoptimierung / Kostensenkung / ROI, Pro/Contra)?

ROI	nicht prognostizierbar	

Pro-Argumente

- Andere Mitarbeiter werden auf diverse Themen aufmerksam.
- Der Dialog zu Sonder- und Randthemen wird gefördert.
- Anteilige weitere Motivationssteigerung für Mitarbeiter.
- Themenrelevante Kommunikationssteigerung im Unternehmen.

BVW		niedrig		Weitere

Feinstaubfilter für Drucksysteme

Durch die Verwendung von Feinstaubfiltern bei Druckern ein besseres Raumklima erzeugen

Was möchte ich ändern?

Laserdrucker und andere Drucksysteme erzeugen Feinstaub, welcher über die Lüftungen in den Raum abgegeben wird. Genau dieser Feinstaubausstoß sollte minimiert werden, damit eine positive Arbeitsatmosphäre erhalten bleibt.

Wie möchte ich es ändern (inkl. Umsetzungsdauer kurz-/mittel-/langfristig)?

Durch die Nutzung von Feinstaubfiltern wird der Feinstaubausstoß hocheffizient reduziert. Tests haben gezeigt, dass dieser Ausstoß bis zu 90% minimiert werden kann, wenn man einen entsprechenden Filter vor den Lüftungsschacht am Drucker anbringt. Die Lüfterfunktion des Druckers wird hierdurch nicht beeinträchtigt.

Beispielhaft können wir zu diesem Thema die nachstehenden Anbieter, Dienstleister oder Literatur empfehlen. Hier finden Sie bei Bedarf kompetente Unterstützung und aussagekräftiges Informationsmaterial.

Anbieter / Dienstleister / Informationsmaterial

tesa Clean Air®, www.tesa-clean-air.com

Welchen Nutzen bringt die Änderung (Prozessoptimierung / Kostensenkung / ROI, Pro/Contra)?

ROI	nicht prognostizierbar	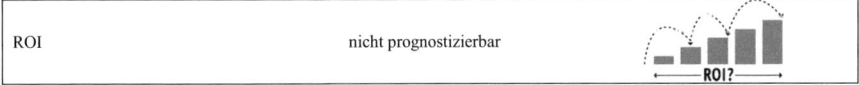

Die größten Vorteile von Feinstaubfiltern für Drucker sind:

- Besseres Raumklima
- Bessere Arbeitsatmosphäre
- Besserer Schutz der Mitarbeiter

| BVW | niedrig |  | Weitere |

Feuerlöscher zielgerichtet warten und verwalten

Wartung und allgemeine Bestandsverwaltung von Feuerlöschern in mittleren und großen Industriebetrieben zentral steuern

Was möchte ich ändern?

Um die hohe Anzahl von notwendigen Feuerlöschern in einem Betrieb mit großen Hallen- und Büroflächen gut verwalten zu können, bietet es sich an, diese in einem speziellen Fluchtplan mit einzuzeichnen und zu verwalten. Hierbei ist neben der allgemeinen Bestandskontrolle auch die Einhaltung der Wartungsintervalle gemeint, was wiederum dafür Sorge trägt, dass die Löschgeräte im Einsatzfall einwandfrei funktionieren.

Wie möchte ich es ändern (inkl. Umsetzungsdauer kurz-/mittel-/langfristig)?

Bei der Umsetzung eines solchen Konzepts kann man zwei Wege gehen. Der eine Weg ist das interne Handling sowie die interne Kontrolle der Bestände und Nachhaltung der Wartungsintervalle. Der zweite Weg ist eine komplette Übergabe an einen professionellen Dienstleister, der die regelmäßige fachkundige Wartung mit anbietet. Entscheidet man sich für den internen Weg, sollte man eine Bestandsliste aller Löschgeräte anlegen und die fortlaufenden Nummern synchron zur Liste (z.B. mit Klebeetiketten) auf den Feuerlöschern kennzeichnen. Zusätzlich bietet es sich an, die Positionen der Feuerlöscher auf einem Gebäudeplan und/oder auf einem Flucht- und Rettungsplan mit einzeichnen zu lassen. In der Bestandsliste sollten die Anschaffungszeitpunkte des jeweiligen Löschers mit genannt sein, die nächsten Wartungen, aber auch die bereits erfolgten Wartungen. Somit hat man eine gute und klar übersichtliche Grundlage, welche zur betrieblichen Sicherheit mit beitragen wird.

Beispielhaft können wir zu diesem Thema die nachstehenden Anbieter, Dienstleister oder Literatur empfehlen. Hier finden Sie bei Bedarf kompetente Unterstützung und aussagekräftiges Informationsmaterial.

Anbieter / Dienstleister / Informationsmaterial

Minimax GmbH & Co. KG, www.minimax.de/de/dienstleist/wartung/

Welchen Nutzen bringt die Änderung (Prozessoptimierung / Kostensenkung / ROI, Pro/Contra)?

| ROI | nicht prognostizierbar | 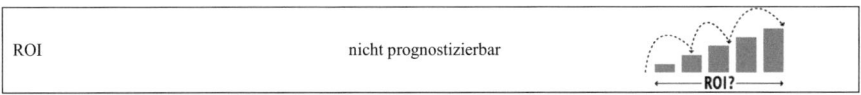 |

Die regelmäßigen Prüfungen von Brandschutzeinrichtungen sind Grundlage eines geforderten und schutzbietenden Sicherheitskonzepts des Unternehmens. Schafft man eine transparente Übersicht aller notwendigen Wartungen, aller vorhandenen Sicherheitseinrichtungsgegenstände und auch der jeweiligen Positionierungen im Industriebetrieb, so wird bestmöglich dafür gesorgt, dass rechtliche Bestimmungen eingehalten werden und im Notfall auch kein Mitarbeiter zu Schaden kommen wird.

Die termingerechte Überprüfung von z.B. Wasserlöschanlagen, Gaslöschanlagen, Schutzanlagen für Küchentechnik, Brandmeldeanlagen und auch Feuerlöschgeräten ist jedoch von Profis durchzuführen und insofern empfiehlt sich hier auch der Kontakt mit einem kompetenten und erfahrenden Dienstleister.

Anmerkung

Ein solches Konzept kann natürlich noch deutlich ausgeweitet werden und z.B. im Inventar- und Wartungsbestand auch einen Defibrillator, Notfalltragen, Verbandskästen, Augenspülflaschen usw. mit verwalten. Dies ist abhängig von der Ausrichtung, Größe und der jeweiligen Ist-Situation der Unternehmung.

BVW	niedrig		Weitere

Fußmattenmietservice im Unternehmen integrieren

Durch Schutz und Sauberkeit mit einer perfekten Lösung vielseitig punkten

Was möchte ich ändern?

Durch die Integration von gemieteten Fußmatten höhere Hygiene, einen besseren Betriebseindruck und eine höhere Sicherheit bzw. Unfallvorbeugung im eigenen Unternehmen gewährleisten.

Wie möchte ich es ändern (inkl. Umsetzungsdauer kurz-/mittel-/langfristig)?

Hochwertige Mietfußmatten sorgen zuverlässig für Sauberkeit und Arbeitsschutz. Ein beispielhafter Anbieter für diesen Service ist zum Beispiel Fa. MEWA, die mit speziellen Fuß- und Borstenmatten die Finanzen im hauseigenen Unternehmen schonen, weil keine Investitionskosten nötig sind. Man arbeitet mit einem Mehrwegsystem, bei dem man die Matten nach Größe, Menge und Einsatzgebiet mietet und gleichzeitig einen automatischen Tausch und die notwendige Reinigung im Vertrag integriert.

Da Anbieter eines Fußmattenservice eine breite Auswahl und lange Erfahrung in diesem Geschäftsfeld aufweisen können, kann sowohl eine gute Servicedienstleistung in Beratung als auch Ausführung geboten werden. Auch ein umweltschonendes Waschen der Matten wird gewährleistet, was auch durch eine flexible Bedarfsplanung z.B. je nach Saison im Service-Portfolio abgerundet wird. In einem persönlichen Beratungsgespräch im jeweiligen Unternehmen kann dann individuell festgestellt werden, in welchen Unternehmensbereichen der Einsatz der Matten wirtschaftlich und sicherheitstechnisch sinnvoll ist. Häufig ist dies der Fall im Haupteingang, in Verkaufsräumen, in Rezeptionsbereichen, in der Werkstatt, in Büroräumen allgemein, vor Getränkeautomaten und Aufenthaltsräumen, vor Treppen, vor dem Aufzug/Lift oder auch bei Lieferanteneingängen oder Nebeneingängen.

Beispielhaft können wir zu diesem Thema die nachstehenden Anbieter, Dienstleister oder Literatur empfehlen. Hier finden Sie bei Bedarf kompetente Unterstützung und aussagekräftiges Informationsmaterial.

Anbieter / Dienstleister / Informationsmaterial

Mewa Textil-Service AG & Co. Management OHG, www.mewa.de

CWS-boco Deutschland GmbH, www.cws-boco.de

Welchen Nutzen bringt die Änderung (Prozessoptimierung / Kostensenkung / ROI, Pro/Contra)?

| ROI prognostiziert | 1 – 3 Jahre | 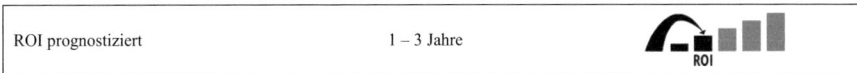 |

Die Vorteile von diesem Tauschsystem sind vielseitig, liegen jedoch primär in den folgenden Punkten:
- Guter und professioneller Gesamteindruck eines Unternehmens, Imagemehrwerte
- Auffangen von Nässe wird stets sichergestellt, Unfallvorbeugung
- Spürbare und signifikante Verminderung von Rutschgefahr jeglicher Art
- Hygienelevel im Betrieb wird erhöht
- Der eigentliche Fußboden wird sowohl in der Verwaltung als auch im Betrieb geschont
- Fixkosteneinsparung wegen Entfall von hohen Anschaffungskosten
- Sicherheitssteigerung in vielen Bereichen
- Spezielle Matten werden eingesetzt, die sowohl Faserborstenkombinationen für Nässe und Schmutz haben, höhere Effizienz im Vergleich zu einer Standardmatte
- Diverse Ausführungen und Sondervarianten sorgen für eine optimale Integration in der jeweiligen einsetzenden Firma
- Rückseitenbeschichtungen auf den Fußmatten für die Fixierung am Boden
- Klare Kostentransparenz für den Abnehmer
- Flexible und saisonbedingte Mengen- und Bedarfsplanung erlaubt

| BVW | | niedrig | | Weitere |

Hygienekonzept und Schädlingsabwehrplan für Unternehmen erstellen

Durch die Erstellung eines Hygienekonzepts einen optimalen und hygienischen Produktionsbetrieb mit hohen Qualitätsansprüchen gewährleisten

Was möchte ich ändern?

Schädlingsprävention und Schädlingsbekämpfung im Unternehmen sind ein wichtiger Part für jede Firma, die einen hohen Qualitätsanspruch hat. Es gilt zu vermeiden, dass Insekten, Flug-Insekten, Mäuse, Ratten, Wildtauben im Übermaß, Wühlmäuse etc. im Betrieb einziehen und den Betriebsalltag anteilig mit bestimmen. Gerade Insekten und Ratten können Krankheiten übertragen, vor denen Mitarbeiter zu schützen sind. Auch die Verunreinigungen und allgemeinen Rückstände dieser Schädlinge können in einem Betrieb, der empfindliche und hochwertige Ware produziert, sehr unangenehm werden. Dies gilt es präventiv abzuwehren oder im Bedarfsfall auch konkret zu bekämpfen.

Wie möchte ich es ändern (inkl. Umsetzungsdauer kurz-/mittel-/langfristig)?

Insekten bzw. Fluginsekten können durch elektronische Fallen mit UV-Licht angelockt werden und verbleiben auf einer Klebefolie. Mäuse und Ratten können sowohl im Innenbereich, als auch im Außenbereich vom jeweiligen Betrieb durch Köderfallen bekämpft werden. Durch stetige Kontrollen, ausgeführt durch spezialisierte Dienstleister, kann kurzfristig jedes Schädlingsproblem erfolgreich abgestellt werden.

Anbieter / Dienstleister / Informationsmaterial

Rentokil Initial GmbH, www.rentokil.de

Welchen Nutzen bringt die Änderung (Prozessoptimierung / Kostensenkung / ROI, Pro/Contra)?

ROI prognostiziert	1 – 3 Jahre	

Als kompetentes und erfolgreiches Unternehmen ist ein grundsätzlicher hoher Hygienezustand notwendig. Gerade im Bereich von Nahrungs- und Lebensmittelproduktionen, als auch im kosmetischen Produktsektor etc.

Durch stetige Kontrollen eines Dienstleisters kann sich das Unternehmen auf firmeneigene Kernpunkte konzentrieren und mittels eines guten und angepassten Hygienekonzepts das Thema Schädlingsbekämpfung und Schädlingsprävention von der eigenen Aufgabenliste streichen.

BVW		niedrig		Weitere

Inventaretiketten für Maschinen und Anlagegüter

Durch die Verwendung von Inventaretiketten an Maschinen und allen restlichen hochwertigen Anlagegütern eine klare Zuordnung über Inventarnummer und Anschaffungsjahr ermöglichen

Was möchte ich ändern?

Damit Anlagegüter klar zugeordnet werden können, bietet es sich an, diese mit speziellen Sicherheitsetiketten bzw. Inventaretiketten zu versehen. Diese zeigen i.d.R. ein Firmenlogo des eigenen Unternehmens, eine Zeile für das jeweilige Anschaffungsjahr und als Ergänzung eine Spalte für die buchhalterische Anlagenummer. Die Etiketten sind mehrschichtig und hinterlassen bei gewaltsamer Ablösung eine Sicherheitskennzeichnung. Dies ist auch perfekt als Diebstahlschutz für tragbare und sehr verlustempfindliche Anlagegüter geeignet.

Wie möchte ich es ändern (inkl. Umsetzungsdauer kurz-/mittel-/langfristig)?

Durch die Anschaffung und Ineinsatznahme von Inventaretiketten ist eine klare Zuordnung aller Anlagegüter im Unternehmen schaffen. Somit sind auch Folgekosten zuordnen und das Alter der jeweiligen Anlage ist sofort einzuschätzen und zu bewerten. In Zusammenarbeit mit Betriebsleitung, Buchhaltung und der Einkaufsabteilung kann ein solches Projekt zeitnah und schnell im Unternehmen integriert werden. Ob die Spezialetiketten online bestellt werden oder aber bei der bekannten erprobten lokalen Druckerei des Vertrauens, ist in diesem Fall nur in der Preisbewertung wichtig.

Beispielhaft können wir zu diesem Thema die nachstehenden Anbieter, Dienstleister oder Literatur empfehlen. Hier finden Sie bei Bedarf kompetente Unterstützung und aussagekräftiges Informationsmaterial.

Anbieter / Dienstleister / Informationsmaterial

print-ID GmbH & Co. KG,www.ident24.de/barcodesysteme/Etiketten/Inventaretiketten/

Inventaretiketten24.de

Welchen Nutzen bringt die Änderung (Prozessoptimierung / Kostensenkung / ROI, Pro/Contra)?

| ROI | nicht prognostizierbar | 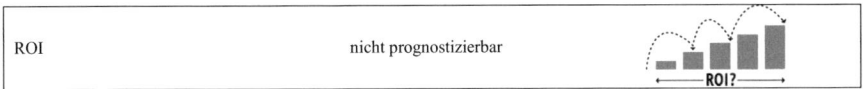 |

Die Vorteile von Anlageetiketten bzw. Inventaretiketten sind wie folgt zu nennen:
- Schnelle Zuordnung von Maschinen zum Anlagespiegel des Unternehmens machbar.
- Schnelle Bestimmung des Alters der jeweiligen Anlage möglich (bei aufwendigen Reparaturen von Vorteil).
- Diebstahlschutz bzw. Diebstahlerschwerung.
- Schnelle Ausbuchung aus dem Anlagenbestand bei Entsorgung möglich.
- Schnelle Zuordnung zur jeweiligen Abteilung im Unternehmen möglich.
- Folgekosten wie Reparaturen können direkt der Anlage zugeordnet werden.

| BVW | niedrig |  | Weitere |

Maschinenbelegungspläne und Effizienzstatistiken

Durch die Nutzung dieser Analysewerkzeuge die interne betriebliche Anlageneffizienz steigern

Was möchte ich ändern?

Um die hausinterne Maschineneffizienz bewerten, steuern und regulieren zu können, benötigt ein Unternehmen aussagekräftige Unterlagen und Analysewerkzeuge. Hierfür sollte man detaillierte Maschinenbelegungspläne im Unternehmen aufbauen und stetig nutzen.

Wie möchte ich es ändern (inkl. Umsetzungsdauer kurz-/mittel-/langfristig)?

Durch einen Maschinenbelegungsplan die interne Anlageneffizienz zu bewerten, ist grundsätzlich leicht, jedoch benötigt man dafür eine Vorgehensweise zur Erstellung dieser Unterlage und auch wertige sowie aktuelle unternehmensbezogene Daten. Hat man diese beiden Schritte im eigenen Projektteam umgesetzt, wird der neue Maschinenbelegungsplan i.d.R. eine grafische Darstellung beinhalten, welche durch Zahlen mit faktischen Auslastungswerten (mengenbezogen und zeitbezogen) ergänzt wird. Hierdurch bekommt man die Übersicht, wie oft eine Maschine z.B. von Stillstandzeiten betroffen ist, wodurch diese Standzeiten erfolgten (z.B. keine maschinenbezogene Fertigungsauslastung, Anlagenschäden, Anlagenwartungen) und welche Art von Fertigungsaufträgen pro Maschine in einer wählbaren Zeitperiode abgearbeitet worden sind.

Beispielhaft können wir zu diesem Thema die nachstehenden Anbieter, Dienstleister oder Literatur empfehlen. Hier finden Sie bei Bedarf kompetente Unterstützung und aussagekräftiges Informationsmaterial.

Anbieter / Dienstleister / Informationsmaterial

NETRONIC Software GmbH,

www.netronic.de/maschinenbelegungsplan-mit-excel-daten.html

Welchen Nutzen bringt die Änderung (Prozessoptimierung / Kostensenkung / ROI, Pro/Contra)?

| ROI | nicht prognostizierbar | 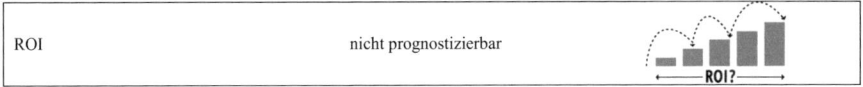 |

Der Nutzen dieser Effizienzsteuerungstools bzw. Maschinenbelegungspläne liegt auf der Hand, ist allerdings in Kurzform genannt der, dass die Anlagen für ein produzierendes Unternehmen viel Geld kosten. Insofern sollten diese auch weitestgehend in Aktivität stehen, denn eine Produktionsanlage erwirtschaftet nur Geld, wenn diese auch stetig und effizient genutzt wird. Bei einem großen Anlagenpark ist die genaue Auslastung pro Maschine für die betriebliche Leitung und auch für die Arbeitsvorbereitung nicht immer sofort einschätzbar. Mittels des Einsatzes und der richtigen Nutzung (bezogen auf Datenaktualität und Datenvollständigkeit) dieser Maschinenbelegungspläne kann eine unternehmenseigene Bemessungsgrundlage für die Anlageneffizienzsteuerung geschaffen werden.

BVW	niedrig		Weitere

Mehrwegputztücher mit Rückholservice verwenden

Durch die Nutzung von Mehrwegputztüchern ökonomisch und ökologisch richtig handeln

Was möchte ich ändern?

Putzlappen bzw. Putztücher sind schnell genutzt und landen auch häufig noch schneller im Restmüll. Leider dann inkl. Schmierstoffen, Fetten oder sonstigen Verschmutzungen. Als Alternative hierzu gibt es Dienstleister, die Mehrwegputztücher anbieten. Hier ist dann auch das Beistellen von Sammelboxen (bei Bedarf inkl. selbstschließender und mit Rollen ausgestatteter Tonnenspannvorrichtung) integriert. Die Putztücher werden dann in gewünschter Monatsmenge angeliefert und im Betrieb in den Tonnen gesammelt. Je nach Betriebsgröße werden diese z.B. monatlich vom Anbieter wieder abgeholt, gegen eine Leertonne getauscht und anschließend werden die benutzten Tücher professionell vom Dienstleister gereinigt. Im Reinigungsprozess werden Fremdstoffe ausgewaschen und fachgerecht entsorgt. Die gereinigten Putztücher gelangen dann wieder in den Wechselkreislauf und werden erst nach kompletter Unbrauchbarkeit vom Anbieter entsorgt. Dieses schont die Umwelt und ist sowohl wirtschaftlich, als auch ökologisch zu empfehlen.

Wie möchte ich es ändern (inkl. Umsetzungsdauer kurz-/mittel-/langfristig)?

In diesem Geschäftsfeld gibt es einige sehr große Anbieter, die mit ähnlichen Serviceangeboten am Markt auftauchen. Hierbei bietet es sich an, ausführliche Vorabgespräche über Preise und Serviceleistungen zu führen, anschließend einen Rahmenvertrag mit dem Wunschlieferanten zu schließen und den Service somit im eigenen Betrieb harmonisch zu integrieren. Die Mehrwerte werden relativ schnell das Bestandspersonal von den Vorteilen überzeugen, so dass mit wenig Widerstand zu dieser Neuerung im Unternehmen zu rechnen sein wird.

Beispielhaft können wir zu diesem Thema die nachstehenden Anbieter, Dienstleister oder Literatur empfehlen. Hier finden Sie bei Bedarf kompetente Unterstützung und aussagekräftiges Informationsmaterial.

Anbieter / Dienstleister / Informationsmaterial
MEWA Textil-Service AG & Co. Management OHG, www.mewa.de
BIM Textil-Service GmbH, www.bim.de
bardusch GmbH & Co. KG, www.bardusch.de

Welchen Nutzen bringt die Änderung (Prozessoptimierung / Kostensenkung / ROI, Pro/Contra)?

ROI prognostiziert	1 – 3 Jahre	

Pro-Argumente
- Eventuelle Einsparung zur aktuellen Einwegsituation zu erzielen.
- Besserer Umweltschutz wegen Mehrwegsystem und fachgerechter Entsorgung der Rückstände (Schmiere, Öle, Sand, Staub etc.).
- Durch die Tonnenverschließvorrichtungen hoher Brandschutz bei Audits etc.
- Durch spezielle Tücher bessere Reinigungsergebnisse.

Contra-Argumente
- Eventuelle Mehrkosten zur aktuellen Einweglösung, detaillierte Vorplanung nötig.
- Lagerfläche und Standfläche wird für die Sammelboxen im Betrieb benötigt.
- Vertragliche Bindung per Rahmenvertrag kann auch stetige Mehrkosten für das Unternehmen bedeuten, die vorher nicht vorhanden waren.

BVW	niedrig		Weitere

Nachbarschaftswache mit Prämie

Durch ein Mehraugenprinzip einen besseren Einbruchsschutz hervorrufen

Was möchte ich ändern?

Der proaktive Dialog mit den Nachbarn eines Unternehmens kann dafür sorgen, dass bei Auffälligkeiten wichtige Informationen und direkte Meldungen an den Wachschutz oder an die Polizei schneller fließen.

Wie möchte ich es ändern (inkl. Umsetzungsdauer kurz-/mittel-/langfristig)?

Innerhalb der unmittelbaren Nachbarschaft kann man im direkten Dialog bekanntgeben, welcher Wachschutz für das eigene Unternehmen arbeitet und unter welcher Hotline man diesen außerhalb der Geschäftszeiten erreichen kann. Des Weiteren kann man die Nachbarn um Wachsamkeit bei Auffälligkeiten bitten, um Einbruchprävention zu betreiben und generell das Gebäude auch vor Vandalismus besser zu schützen.

Mit Hilfe eines Prämiensystems kann man wertvolle Tipps auch belohnen und damit einen materiellen kleinen Anreiz schaffen, die die Wachsamkeit zusätzlich fördern kann.

Beispielhaft können wir zu diesem Thema die nachstehenden Anbieter, Dienstleister oder Literatur empfehlen. Hier finden Sie bei Bedarf kompetente Unterstützung und aussagekräftiges Informationsmaterial.

Anbieter / Dienstleister / Informationsmaterial

Basiswissen Sachkundeprüfung Bewachungsgewerbe § 34a GewO: Grundlagen für Lehrgang und Selbstunterricht für die Sachkundeprüfung vor der IHK (Lehrbücher und Praxiswissen für das Bewachungsgewerbe), André Busche, ISBN 3940723312

Welchen Nutzen bringt die Änderung (Prozessoptimierung / Kostensenkung / ROI, Pro/Contra)?

| ROI | nicht prognostizierbar | 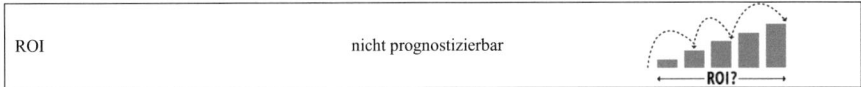 |

Pro-Argumente

- Nachbarschaftlicher Grundgedanke wird auch bei Unternehmen gelebt.
- Schneller Informationsfluss bei Auffälligkeiten an Polizei oder Wachschutzunternehmen.
- Geringere Einbruchsrate im Gebiet der eigenen Firma.
- Gruppendynamik und Zugehörigkeitsgefühl innerhalb der benachbarten Unternehmen.

BVW		niedrig		Weitere

Patentverwaltung durchführen

Vorhandene Patente professionell verwalten und wichtige neue Entwicklungen schützen

Was möchte ich ändern?

Gerade im Bereich des Know-how-Schutzes sollte ein führendes Unternehmen dafür sorgen, dass alle wichtigen Entwicklungen mit einem Patentschutz abgesichert werden. Ebenso wichtig ist die Verwaltung, Kontrolle und Nachhaltung bei vorhandenen Patenten.

Wie möchte ich es ändern (inkl. Umsetzungsdauer kurz-/mittel-/langfristig)?

In einem renommierten Unternehmen mit z.B. zahlreichen technischen Patenten für Fertigungswerkzeuge, Maschinen und sonstigen Innovationen werden zahlreiche Patente im Bestand vorhanden sein. Genau diese gilt es automatisiert und nachhaltig kontrolliert zu verwalten, damit keine signifikanten Patentinhalte oder Fristen aus dem Fokus geraten können. Es empfiehlt sich an dieser Stelle, bei einer hohen Vielfalt an diversen Patenten, eine spezielle Patentsoftware zu verwenden.

Beispielhaft können wir zu diesem Thema die nachstehenden Anbieter, Dienstleister oder Literatur empfehlen. Hier finden Sie bei Bedarf kompetente Unterstützung und aussagekräftiges Informationsmaterial.

Anbieter / Dienstleister / Informationsmaterial
Continux GmbH, www.continux.de
Serviva GmbH, www.serviva.com
ABP PATENT NETWORK GmbH, www.uptoip.com

Welchen Nutzen bringt die Änderung (Prozessoptimierung / Kostensenkung / ROI, Pro/Contra)?

ROI	nicht prognostizierbar	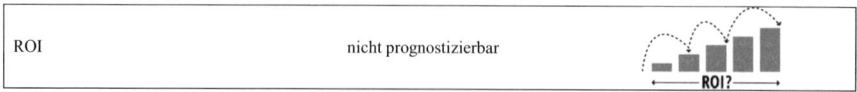

Das eigene Schutzrechte-Portfolio wird bestmöglich, strukturiert und automatisiert verwaltet. Dies führt dazu, dass hausinterne Schutzbereiche besser im Detail bekannt sind, Fristen termingerecht verwaltet werden und ebenso eine optimale Kontrolle von Schutzverletzungen erfolgen kann.

BVW	niedrig		Weitere

Soundsystem in Aufenthaltsraum und/oder Kantine integrieren

Durch die Integration eines festen Soundsystems bzw. einer Beschallungsanlage für Betriebsveranstaltungen und für Vorträge eine optimale Raumnutzbarkeit erzielen

Was möchte ich ändern?

In Unternehmen mit einer gewissen Firmengröße wird häufig der Pausenraum für Firmenveranstaltungen, Betriebsversammlungen oder auch sonstigen kleinen Feierlichkeiten genutzt. Hierzu leihen sich einige Unternehmen für jeden Anwendungsfall eine mobile Beschallungstechnik, die immer gegen Mietgebühr und mit Aufwand beschafft werden muss. Diese Lösung ist nicht optimal und könnte überdacht werden.

Wie möchte ich es ändern (inkl. Umsetzungsdauer kurz-/mittel-/langfristig)?

Optimiert man die Raumnutzbarkeit von solchen Aufenthaltsräumen, kann über eine fest verbaute Beschallungsanlage mit Boxen und Mikrofontechnik nachgedacht werden. Diese Technik erfordert folgerichtig eine einmalige Investition für das jeweilige Unternehmen, jedoch ermöglicht sie eine flexible, spontane und kostenfreie zukünftige Nutzung der Bestandsräume für Gruppenversammlungen jeglicher Art.

Beispielhaft können wir zu diesem Thema die nachstehenden Anbieter, Dienstleister oder Literatur empfehlen. Hier finden Sie bei Bedarf kompetente Unterstützung und aussagekräftiges Informationsmaterial.

Anbieter / Dienstleister / Informationsmaterial
Thomann GmbH, www.thomann.de
PIK AG, www.pik.de
Bose GmbH, www.bose.de
beyerdynamic GmbH & Co. KG, www.beyerdynamic.de

Welchen Nutzen bringt die Änderung (Prozessoptimierung / Kostensenkung / ROI, Pro/Contra)?

ROI prognostiziert	1 – 3 Jahre	

Betrachtung der wesentlichen Nutzungsvorteile:
- Bessere Klangbedingungen einer dem Raum angepassten Beschallungsanlage.
- Höhere Spontanität der Raumnutzung mit Beschallung möglich.
- Laufende Mietkosten werden ersetzt durch eine Einmalzahlung.
- Flexible Multifunktionsnutzung der Räume möglich (Musik, Durchsagen, Vorträge etc.).
- Professionellere Außenwirkung für externe Besucher (Kunden, Lieferanten etc.).

| BVW | ●⌒○ | niedrig |  | Weitere |

Trockenmittelbeutel zum Metallwarenschutz am Lager nutzen

Durch den Einsatz von Trockenmittelbeuteln metallische Lagerwaren vor Korrosion schützen

Was möchte ich ändern?

Häufig sind metallische Rohwaren und sonstige metallische Güter zur Weiterverarbeitung, die längerfristig gelagert sind, von Flugrostbildung und allgemeiner Korrosion bedroht. Im schlimmsten Fall kann man das Material z.B. aufgrund sog. Kaltbands im geplanten Fertigungsprozess nicht mehr verwenden. Es drohen hohe Verluste, denn das im Einkauf sehr kostenintensive Rohmaterial muss entsorgt werden und ggf. kann die eigene Produktionsabteilung im schlechtesten Fall nicht mehr weiterproduzieren. Die Korrosion kann durch ein im Herbst und Winter ungeheiztes Lagerhaus entstehen, aber auch durch in Folie eingeschweißte Ware, unter der sich Wasser bildet. Genau diese Nässebildung führt zur Gefahr von Flugrost am Material. Eine bessere Prävention sollte für solche Fälle gefunden werden.

Wie möchte ich es ändern (inkl. Umsetzungsdauer kurz-/mittel-/langfristig)?

Ist in einer Unternehmung bekannt, dass weniger häufig genutzte Lagerware (sog. „Langsamdreher") vor Flugrostbildung geschützt werden sollte, kann vor der finalen mittelfristigen oder langfristigen Einlagerung im Lagerhaus ein sog. großer Trockenmittelbeutel der Ware unterhalb der Schrumpffolie beigefügt werden. Kommt es dann im späteren Moment während des Lagerprozesses zu Nässebildungen durch Temperaturschwankungen, hilft genau dieser Trockenmittelbeutel dabei, die Nässe aufzunehmen und zu speichern. Die im Ursprungszustand losen Kügelchen im Trockenmittelbeutel verklumpen dann innerhalb des Beutels. Insofern wird hierdurch die Nässegefahr für das Rohmaterial beseitigt.

Beispielhaft können wir zu diesem Thema die nachstehenden Anbieter, Dienstleister oder Literatur empfehlen. Hier finden Sie bei Bedarf kompetente Unterstützung und aussagekräftiges Informationsmaterial.

Anbieter / Dienstleister / Informationsmaterial

ThoMar OHG Trockenmittelwerk, www.trockenmittel-shop.de

Welchen Nutzen bringt die Änderung (Prozessoptimierung / Kostensenkung / ROI, Pro/Contra)?

ROI	nicht prognostizierbar	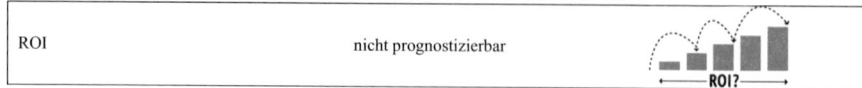

Der Hauptnutzen ist der Schutz der hochwertigen Rohware, was das eigene Unternehmen vor teurem Rohmaterialverlust und unnötigen Kosten schützt, da dieses Material durch Korrosion ansonsten unbrauchbar wird.

In der umfassenden Gesamtnutzenbetrachtung existiert auch ein Nebennutzen des Konzeptes: Zusätzlich sorgt man für die stetige Produktionsfähigkeit in der eigenen Fertigung. Hiermit ist gemeint, dass gerade weniger schnell „drehende" Rohmateriallagerbestände relativ häufig nicht leicht und schnell wiederzubeschaffen sein könnten, da diese industriell gesehen am Beschaffungsmarkt häufig recht „exotisch" in der Variante und allgemeinen Beschaffenheit sind.

BVW	niedrig		Weitere

Vernichtungs- und Sammelboxen für sensible Dokumente

Durch die Verwendung von Dokumenten-Vernichtungsboxen einen hohen Datenschutz im Unternehmen gewährleisten

Was möchte ich ändern?

Dokumente, Verträge, Preisinformationen, Kundendaten, technische Zeichnungen und viele weitere Daten werden oftmals nach dem Drucken und kurzen Sichten in den regulären Papiermüll geworfen. Dies stellt keinerlei Sicherheit für den Unternehmensdatenschutz dar und sollte kritisch hinterfragt werden.

Wie möchte ich es ändern (inkl. Umsetzungsdauer kurz-/mittel-/langfristig)?

Wenn somit hochsensible Daten in den Hausmüll gelangen, ist kein Datenschutz vorhanden. Falls diese Daten in die falschen Hände geraten, kann dies dem Unternehmen viel Ärger und auch in letzter Konsequenz Umsatz- und Imageverluste bringen.

Um sich hiervor zu schützen, bietet sich der Verbesserungsvorschlag an, Datensammelboxen im Unternehmen zu integrieren. Dies sind in der Regel mit einem Bügelschloss verschlossene Aluminiumsammelboxen, in denen man die Papierbelege oben durch einen Einwurfschlitz werfen kann. Diese Boxen werden normalerweise monatlich vom Fachentsorger abgeholt und der gesammelte Inhalt sicher und professionell vernichtet.

Beispielhaft können wir zu diesem Thema die nachstehenden Anbieter, Dienstleister oder Literatur empfehlen. Hier finden Sie bei Bedarf kompetente Unterstützung und aussagekräftiges Informationsmaterial.

Anbieter / Dienstleister / Informationsmaterial
Rhenus SE & Co. KG, www.aktenvernichtung.de
REISSWOLF Deutschland GmbH, www.reisswolf.de
Kobusch Aktenvernichtung, www.aktenschredder.de

Welchen Nutzen bringt die Änderung (Prozessoptimierung / Kostensenkung / ROI, Pro/Contra)?

| ROI | nicht prognostizierbar | 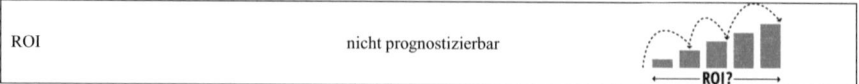 |

Die größten Vorteile von Aktenvernichtungsboxen sind:
- Hoher Datenschutz im gesamten Unternehmen.
- Große Mengen an Dokumenten können schnell fachgerecht entsorgt werden.
- Die automatische Lieferung und Abholung der Tonnen ist ein Selbstläufer und bietet hohen Komfort in der Unternehmung.

BVW 	niedrig		Weitere

Wartungs- und Reinigungspläne für Maschinen

Maschinen und technische Anlagen bewusst und regelmäßig reinigen und warten, damit diese störungsärmer und längerfristiger in Funktion bleiben können

Was möchte ich ändern?

Durch die interne Integration von festen Wartungs- und Reinigungsplänen für den unternehmenseigenen Maschinen- und Anlagenpark kann frühzeitig dafür gesorgt werden, dass weniger Maschinenstörungen, Maschinenausfälle und auch teure bzw. große Anlagenreparaturen anfallen werden.

Wie möchte ich es ändern (inkl. Umsetzungsdauer kurz-/mittel-/langfristig)?

Nachdem im Unternehmen ein fester und betrieblich sinnvoller Plan für die stetige Reinigung, Pflege und Wartung aller Produktionsanlagen aufgestellt wurde, muss dieser mit der Belegschaft geteilt werden, damit er anschließend in die tägliche hausinterne Routine integriert werden kann. Überträgt man die Sinnhaftigkeit und Wichtigkeit dieser Standardisierung an alle Mitarbeiter, so wird schnell erkannt, dass die pflegliche Behandlung dieser elementaren Produktionsanlagen die Wirtschaftlichkeit und Marktfähigkeit des Arbeitgebers maßgeblich mit steuern kann. Alles, was dazu beiträgt, dass ein Arbeitsplatz weiterhin rentabel und wirtschaftlich tragbar ist, sollte Argument genug sein, diesen Ansatz auch ernsthaft und täglich zu leben.

Beispielhaft können wir zu diesem Thema die nachstehenden Anbieter, Dienstleister oder Literatur empfehlen. Hier finden Sie bei Bedarf kompetente Unterstützung und aussagekräftiges Informationsmaterial.

Anbieter / Dienstleister / Informationsmaterial
Piepenbrock Unternehmensgruppe GmbH + Co. KG, www.piepenbrock.de/de/leistungen/instandhaltung.html
hekatec GmbH, MAGPlan Software, www.magplan.de
Lernmodule.de, www.lernmodule.de/norm/pdf/ReinigungWZM.pdf

Welchen Nutzen bringt die Änderung (Prozessoptimierung / Kostensenkung / ROI, Pro/Contra)?

ROI prognostiziert	4 – 6 Jahre	

Der primäre Vorteil bei der Umsetzung dieses Konzepts ist, dass technische Anlagen und Maschinen einer Unternehmung weniger Störungen und Stillstandzeiten haben. Ebenso dass eine Vielzahl von teuren und umfangreichen Anlagenreparaturen durch eine bessere stetige Wartung und Anlagenpflege entfällt. Dieses spart Kosten im Sektor Ersatzteile und natürlich im Bereich der allgemeinen Anlageneffizienz, denn eine Reparatur erfordert einen zeitlichen Anlagenstillstand, der nicht produktiv für ein Unternehmen ist. Anteilige Wartungen (Schmierungen und Anzeigenkontrollen etc.) können jedoch z.T. auch im laufenden Betrieb der Anlage gemacht werden. Dass dies nur unter höchsten Sicherheitsvorkehrungen für die Mitarbeiter zu realisieren ist, soll hiermit nochmal klar angemerkt sein.

KVP		niedrig	⏱	Weitere

youneo initiative als Wissensplattform im Unternehmen nutzen

Gerade bei kleineren bzw. startenden Unternehmen vermehrt auf externe Wissensmultiplikatoren setzen

Was möchte ich ändern?

Wissensplattformen für betriebswirtschaftliche Prozess- und Projektoptimierungen können hilfreiche Begleiter für wachsende kleine und mittlere Unternehmen sein. Hier wird im Beispiel der „youneo initiative" gezielt auf den Wissenstransfer per Video-Tutorials gesetzt. Dieser ist gratis und kann sowohl für den Entscheidungsträger wie auch für den gerade eingestiegenen Auszubildenden eine wertvolle Hilfe sein. Es können bei der youneo initiative gezielte Fragen zu betriebswirtschaftlichen oder auch kommunikationsbedingten Knotenpunkten gestellt werden, die dann als Projekt dort intern und kostenfrei ausgearbeitet werden und als Video-Tutorial namensneutral und allgemein gehalten veröffentlicht werden.

Wie möchte ich es ändern (inkl. Umsetzungsdauer kurz-/mittel-/langfristig)?

Aus den neuen Möglichkeiten der modernen Kommunikationstechnik erwuchs auch die youneo initiative, die aus betriebswirtschaftlich und technisch orientierten Mitgliedern besteht und zahlreiche Themenvideos erstellt hat. Zusätzlich ist „youneo" auch eine neutrale Möglichkeit, Fragen über Konflikte und sonstige betriebswirtschaftlich relevante Optionen zu stellen. Diese werden von einem kompetenten Team aus mehreren aktiven Mitgliedern und Gast-Referenten erörtert und als YouTube-Videos im Rahmen der Beantwortung von Leserfragen veröffentlicht. Natürlich wird hierbei stets Datenschutz beachtet und maximal ein Vorname des Fragestellers genannt.

Ebenso greift man auf das bekannte Prinzip zurück, einen versierten Menschen um speziellen Rat fragen zu können, der wertvoll sein kann, aber in jedem Fall hier kein Geld kostet. Diese positive Anonymität macht es oftmals jungen und weniger erfahrenen Menschen leichter, Fragen zu stellen um anschließend neutrale und konstruktive Antworten dazu zu erhalten. Ein mancher Berufsanfänger und/oder neuer Kollege scheut sich, in seinem Betrieb unvorbereitet gar den Vorgesetzten oder den Betriebsrat zu fragen, da die eigene Angst vorherrscht, man könnte als teamunfähig, schwierig oder zu kompliziert eingestuft und bewertet werden. Gerade hierbei hat sich das youneo-Team aus Melle und Umgebung mit seiner kostenfreien

Wissensplattform unter www.youneo.de bewährt. Zahlreiche Leserfragen gingen dort bereits ein und wurden bestmöglich und schnell beantwortet. Trotz der eigentlich regional gestarteten Initiative erfreuten sich sowohl das ehrenamtliche Redaktionsteam von youneo, als auch viele Zuschauer der Videos und Besucher der informativen Website über eine so gute breite Themenvielfalt und eine deutschlandweite Resonanz. Natürlich könnte man hierbei im Rahmen eines Verbesserungsvorschlags im betrieblichen Vorschlagswesen des eigenen Arbeitgebers vorschlagen, diese Plattform zu nutzen. Es wäre einfach zu erreichen, indem man z.B. in der Betriebszeitung diese Initiative nennt und dadurch positive Signale in die Entwicklung des eigenen Betriebsklimas sendet.

Beispielhaft können wir zu diesem Thema die nachstehenden Anbieter, Dienstleister oder Literatur empfehlen. Hier finden Sie bei Bedarf kompetente Unterstützung und aussagekräftiges Informationsmaterial.

Anbieter / Dienstleister / Informationsmaterial
youneo initiative, www.youneo.de
Blog Betriebliches Vorschlagswesen, www.betrieblichesvorschlagswesen.de
eBooks der Buchautoren, www.buchportfolio.de

Welchen Nutzen bringt die Änderung (Prozessoptimierung / Kostensenkung / ROI, Pro/Contra)?

Effizienzsteigerung	

Die Vorteile von der Nutzung der youneo-Leistungen ist, dass man als junges, agiles oder auch wachsendes Unternehmen kostenfrei Unterstützung erhält, wenn es um konkrete betriebliche Problemstellungen geht. Dies kann auch bei der Prozessverbesserung, bei konkreten Projektfortschritten und auch individuellen betriebswirtschaftlichen Herausforderungen dienlich sein.

Ebenso kann man hier mit anonymen Leserfragen auch als Mitarbeiter bei eigenen betrieblichen Knotenpunkten konkrete Fragen stellen und einen gezielten Lösungsvorschlag über eine Videoantwort im YouTube-Channel der Initiative erhalten.

Interviews

Interview mit „onepower – Der Einkaufspool"

Zur Person: Pascal Lampe ist Geschäftsführer der byNIRO GmbH mit Sitz in Unna. byNIRO betreibt den Einkaufspool „onepower", dessen Geschäftszweck im Wesentlichen darin besteht, Kontrakte mit attraktiven Konditionen durch Mengenbündelungen bei Zulieferern zu schließen und diese wiederum seinen angeschlossenen Kunden zur Verfügung zu stellen. Im Kapitel „Einkaufspool-Netzwerk nutzen, um Kostensenkungen aktiv zu beschleunigen" wird in diesem Buch bereits auf diese Optimierungsmöglichkeit im Industrieeinkauf hingewiesen.

Im folgenden Interview hat uns Herr Lampe Rede und Antwort gestanden zu weiterführenden Fragen, die Ihnen als interessiertem Leser einen optimalen Einblick in die Möglichkeiten als onepower-Kunde gewähren.

Herr Lampe, bitte erklären Sie uns kurz, wodurch die onepower entstanden ist.

Der Anfang wurde im Jahr 2006 gemacht, als das „Netzwerk Industrie RuhrOst e.V." (NIRO) gegründet wurde. Hier waren 65 Maschinenbauunternehmen aus dem Raum Unna in Nordrhein-Westfalen organisiert. Ein Projekt dieser Vereinigung sollte die Einkaufsbündelung unter den Mitgliedern darstellen. Hier wurde im Jahr 2007 der erste erfolgreiche Abschluss eines Lieferantenkontraktes im Bereich Energieeinkauf erzielt. Im ersten aktiven Jahr wurde bereits ein Umsatz in der Einkaufsbündelung von 850.000 EUR erreicht.

Schnell hatten die Bedingungen ihre Grenzen erreicht. Die Nutzung der Einkaufskonditionen war auf die Vereinsmitglieder beschränkt und darüber hinaus war deren Anzahl auf 80 limitiert. Im Jahr 2012 wurde daraufhin die Auslagerung der Einkaufsbündelung in die byNIRO GmbH beschlossen und durchgeführt. Eine wegweisende Entscheidung war in diesem Zusammenhang, die Mitgliedschaft, folglich die Nutzung sämtlicher Kontrakte für alle Unternehmen unter gleichen finanziellen Rahmenbedingungen zu öffnen, selbst für Mitbewerber der NIRO-Mitglieder.

In 2015 konnten wir einen Umsatz von 30 Mio. EUR ausweisen, bei 150 aktiven Kunden. Anfang 2016 haben wir dann zur weiteren Professionalisierung die Marke „onepower" etabliert, um dem gestiegenen Angebotsspektrum auch in der Außendarstellung gerecht zu werden. Des Weiteren haben wir als Schritt zu einer regionalen Ausweitung eine Dependance in Bayern eröffnet.

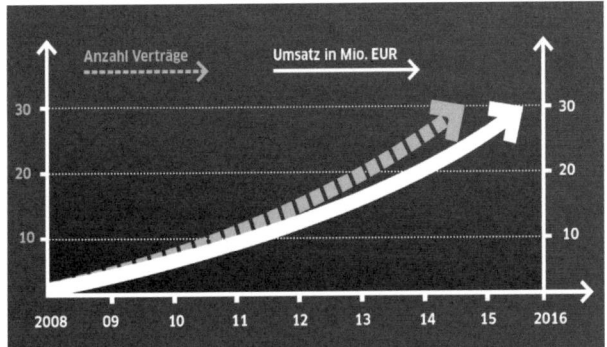

Abbildung 37: Anzahl der Verträge und Umsatz in Mio. EUR 2008 bis 2016 (Quelle: byNIRO GmbH)

Welche kurz- (5 Jahre) und mittelfristigen (10 Jahre) Ziele hat das Unternehmen?

In den nächsten fünf Jahren planen wir, unseren Umsatz auf 100 Mio. EUR zu steigern, bei einer Anzahl von ca. 500 Kunden. In gleichen Kontext ist eine bundesweite Abdeckung unserer Aktivitäten vorgesehen. Auf zehn Jahre gesehen, wäre die Erreichung von 250 Mio. EUR Umsatz bei einer Kundenverdoppelung auf 1.000 Kunden durch uns angestrebt. Generell möchten wir dabei den Kontakt mit unseren Bestandskunden weiterhin auf hohem Niveau partnerschaftlich pflegen und das Wachstum linear gestalten.

Welche Kernkunden möchten Sie ansprechen?

In unserem primären Fokus stehen Unternehmen einer Größe zwischen 25 und 1.000 Mitarbeitern. Den größten Nutzen unserer Dienstleistung erzielen produzierende Industrieunternehmen. Allerdings sind einzelne Segmente punktuell auch interessant z.B. für institutionelle Kunden wie Krankenhäuser oder auch Handelsunternehmen.

Was genau ist das Konzept?

Durch neu akquirierte Kunden sind wir in der stetigen glücklichen Lage, einen permanenten Benchmark für verschiedenste einkaufsrelevante Bereiche aufzubauen. Dies stellt eine Win-Win-Situation sowohl für unsere Kunden als auch unsere vertraglich gebundenen Lieferanten dar. Mit jedem weiteren Kunden steigt die Mengentendenz unserer Rahmenkontrakte, was dazu führt, dass darauf basierende Preisreduktionen automatisch für alle Kunden, auch die bestehenden, umgesetzt werden, und alle Kunden entsprechend profitieren. Hierdurch erzeugen wir eine Gruppendynamik, die positive Aspekte aufzeigt und gleichzeitig wie ein Dauer-Benchmark betrachtet werden kann.

Darüber hinaus reflektieren wir von uns aus alle drei Jahre unabhängig von externen Anlässen alle vorhandene Kontrakte und prüfen die Konditionen gegen den aktuellen Markt.

Gerade da unsere Kunden selbst Einkäufer sind, ist dies ein besonderer Ansporn für uns, die bestmöglichen Konditionen zu verhandeln. Jeder unserer Verträge hat, allgemein betrachtet, Benchmark-Charakter.

Welche Produktbereiche vertreten Sie hauptsächlich?

Das größte Portfolio bieten wir in den Hauptsegmenten Energie, indirekte Materialien und Dienstleistungen.

Könnten Sie anhand einer Beispielkalkulation aufzeigen, was die Mitgliedschaft bringen kann?

Nehmen wir ein Unternehmen mit 150 Mitarbeiter, das wir kürzlich für den Bereich Frachtkostenoptimierung gewinnen konnten. Hier standen zuletzt jährliche Frachtkosten von rund 150.000 EUR zu Buche. Durch unsere Kontrakte mit renommierten Speditionsunternehmen konnten wir dem Kunden eine jährliche Kostenreduktion in Höhe von 43% ermöglichen.

Wie groß ist das onepower Netzwerk (Kunden und Lieferanten)?

Derzeit führen wir rund 160 aktive Kunden und 23 feste Lieferanten bzw. Vertragspartner. Pro Jahr erzielen wir aktuell Lieferantenergänzungen zwischen 10% und 15%.

Gibt es auch Konkurrenzsituationen zwischen Lieferanten und Kunden (jeweils Wettbewerber)?

Lieferanten können wiederum bei onepower auch Kunde sein, dies stellt kein Problem dar. Eine stets neutrale und fachgerechte Bewertung sowie faire Behandlung ist fester Standard bei onepower.

Gibt es neben Preiseinsparungen weitere Vorteile für Ihre Mitglieder?

Hier sind in erster Linie eine ausführliche Prozessoptimierung zu nennen, eine bewusste Lieferantenreduzierung beim onepower-Kunden sowie eine deutliche Verbesserung der rechtlichen Rahmenbedingungen (z.B. in Haftungsfragen). Neben Preisverbesserungen erzielen unsere Kunden auch andere Konditionsvorteile wie z.B. Wegfall von Mindermengenzuschlägen und Verbesserung der Zahlungsbedingungen. Zusätzlich reduzieren sich Prozesskosten beim Kunden u.a. durch elektronische individuelle Kataloge. Darüber hinaus entfallen beim Kunden Handlingsaufwände für eigenes Benchmarking oder auch eigene Outsourcing-Aufwendungen.

Geben Sie auch Schulungen im Sektor Fachwissentransfer?

Durch die NIRO-Akademie (www.niro-akademie.de) wird ein breites Portfolio an Fachschulungen angeboten. Dieser Unternehmensbereich stellt eine eigenständige Einheit dar und kann von allen Unternehmen unabhängig von einer NIRO-Mitgliedschaft oder einer onepower-Beauftragung genutzt werden. Das Leistungsspektrum der angebotenen Schulungen erstreckt sich von Grundlagentrainings bis hin zu anspruchsvollen Führungsseminaren, aber auch fachspezifische Schulungen wie z.B. Einkaufs-Vertragsrecht werden offeriert.

Haben Sie aus Ihrer Sicht Marktbegleiter zum vorliegenden onepower-Konzept?

Derzeit gibt es kein vergleichbares gelebtes Konzept wie die Systematik von onepower. Selbstverständlich gibt es renommierte Einkaufsberatungen für Industrieunternehmen, die individuell beraten, z.B. Kirchhoff Consulting oder Kloepfel Consulting. Allerdings verfolgen diese Institutionen andere Ziele als unser Einkaufspool. Um eine ergänzende interaktive

Quelle zu nennen: Mercateo.de stellt eine Vergleichsplattform für industrielle Einkaufspreise dar.

Um den wesentlichen Unterschied zwischen einem klassischen Einkaufsberatungshaus und dem onepower-Einkaufspool darzustellen, so ist dies aus meiner Sicht, dass wir kein klassisches Beratungsunternehmen sind. Uns unterscheidet, dass wir keine kurzfristige Zusammenarbeit anstreben und, dass wir kein Geld verlangen, ohne Erfolge für den Kunden zu erzielen (weder Spesen noch Reisekosten noch sonstiges). Des Weiteren sind wir erfahrungsgemäß deutlich günstiger als eine Einkaufsberatung. Ebenso ist eines unserer Kernziele, ein strategisches gemeinsames Wachstum zu erreichen. Ein klarer Mehrwert ist auch, dass wir sowohl gewünschte Lieferanten kontaktieren, als auch ausschließlich ausführlich geprüfte Lieferquellen aufnehmen. Hier ist gemeint, dass neben den Konditionen auch die zu erwartende Langlebigkeit eines Lieferantenpartners geprüft wird. Auch das Qualitäts- und Servicelevel werden einer umfangreichen Prüfung unterzogen und fallen mit in diese Bewertung.

Herr Lampe, wir danken Ihnen für das Gespräch!

Abbildung 38: onepower (Quelle: byNIRO GmbH)

<u>Anmerkung zum Thema Einkaufsberatungen</u>

In Fällen von sehr schnellen und generalistischen betriebswirtschaftlichen Umsetzungswünschen kann eine Einkaufsberatung für ein Industrie-Unternehmen dennoch die perfekte und beste Wahl sein. Dies ist von jeder Unternehmensführung selbst auf die jeweiligen Wünsche im Bereich der Zielerreichungen, Zeitplanungen und Methodenwünsche abzugleichen und im Idealfall erst dann individuell vom Kunden zu entscheiden.

Kontakt

byNIRO GmbH

Pascal Lampe (Geschäftsführer)

Friedrich-Ebert-Straße 19

59425 Unna

Telefon 0 23 03 / 27 31 90

Fax 0 23 03 / 27 14 90

E-Mail pl@byniro.de

Internet www.one-power.de

Abbildung 39: Phasen im Einführungsprozess (Quelle: byNIRO GmbH)

Interview mit „VEA - Bundesverband der Energie-Abnehmer e. V."

Unser Interviewpartner ist Christian Otto, zuständig für Energiepolitik & Öffentlichkeitsarbeit im VEA - Bundesverband der Energie-Abnehmer e. V.

Herr Otto, bitte erklären Sie uns kurz, welche Schwerpunkte der VEA besitzt.

Der VEA beschäftigt sich seit seiner Gründung im Jahr 1950 mit der Energiekostenreduzierung. Zum einen bezogen auf den energiewirtschaftlichen Schwerpunkt (Einkauf, Rückerstattung, Sonderregelungen für die Industrie, Netzentgeltreduzierung, Steuerreduzierung, Fördermöglichkeiten u.v.m.) und zum anderen auf den energietechnischen Schwerpunkt (Audit, Effizienzmaßnahmen, Zertifizierung, KWKG, Erneuerbare Energien, Lastmanagement usw.).

Welche kurz- (5 Jahre) und mittelfristigen (10 Jahre) Ziele hat ihr Unternehmen?

Unser Verein verfolgt eine lineare und stetige Steigerung der Mitgliederanzahl. Unsere GmbH hat die Erweiterung des Dienstleistungsangebotes im Fokus. Diese Schritte planen wir sowohl mittelfristig, als auch langfristig.

Welche Kernkunden möchten Sie primär ansprechen?

Das Dienstleistungsangebot des VEA richtet sich an alle Unternehmen, die im Energiebereich Unterstützung wünschen. Der Mehrwert der VEA-Mitgliedschaft ist primär für den "Deutschen Mittelstand" unersetzbar. Größere Unternehmen haben die Möglichkeit, bestimmte Aufgaben im Energiebereich outzusourcen. Eine "Versicherung", immer auf dem aktuellen Stand zu sein, bietet der VEA für alle Unternehmen.

Welche Produktbereiche vertreten sie hauptsächlich?

Unser Team ist kompetenter Ansprechpartner in den Sektoren Strom, Erdgas und auch Fernwärme.

Könnten Sie anhand eines allgemeinen Beispiels sagen, warum es sich für ein Industrieunternehmen lohnt, die Zusammenarbeit mit dem VEA zu beginnen?

Wir bieten eine sehr hohe Beratungsqualität und viele umfassende Beratungsleistungen im Energiebereich. Dies sowohl wirtschaftlich als auch technisch. Wir arbeiten generell unabhängig und liefern ein überdurchschnittliches Preis-/Leistungsverhältnis am Markt.

Könnten Sie ggf. mit einem Rechenbeispiel die prognostizierten Einsparpotentiale für unsere Leser deutlich machen?

Generell gerne, jedoch ist genau das sehr individuell zu bewerten und pauschal auch mehr als schwer zu beziffern, da es auf die jeweilige Ausgangssituation beim Kunden und auch auf die aktuelle Marktlage ankommt. Grundsätzlich sparen wir unseren Mitgliedern Zeit und geben ihnen die Sicherheit, dass sie auf einen kompetenten Dienstleister setzen und somit auch keine signifikanten Marktbewegungen im Geschäftsfeld Energie verpassen.

Wie bewerten Sie die Entwicklung von Strom- und Gaspreisen im deutschen Markt (auf zeitlicher Basis der Jahre 2013-2016)?

Die Energiepreise sinken spürbar, jedoch ist die Kehrseite, dass die Steuern, die Abgaben und auch die Netzentgelte steigen. Durch die ebenso steigende Menge an erneuerbaren Energien wird der Strompreis auch weiter fallen. Die Netzentgelte werden allerdings weiter prognostiziert deutlich steigen. Beim Gaspreisindex sehen wir jedoch aktuell weniger Potenzial für spürbar sinkende Marktpreise. Auch in diesem Bereich steigen die Netzentgelte weiter an.

Lohnt es sich aus Ihrer Sicht, als Industriekunde kurzfristige Verträge (zum Beispiel mit der Laufzeit von 12 Monaten) zu schließen? Würden Sie von einem langfristigen Bedarfskontrakt (von z.B. 36 - 48 Monaten) eher abraten?

Auf keinen Fall würden wir unseren Kunden derzeit empfehlen, Strompreise langfristig abzuschließen. In unseren Augen ist das ein Fehler. Wir empfehlen für den mittelständischen Kunden eher kurze Laufzeiten und sich für die Folgejahre Zielpreise zu setzen. Wir bieten hier einen Preiswächter an, der bei Erreichung der jeweiligen Zielpreise den Kunden „weckt" bzw. auf den neuen Status aufmerksam macht. Langfristige Verträge würden wir aktuell nur empfehlen, falls es die verkaufsbezogenen Verträge und Preisvereinbarungen mit den eigenen Kunden dies jeweils zwingend einfordern und somit als kalkulatorische Grundlage unumgänglich wird, das Risiko von Preisveränderungen im Sektor Energie komplett selbst zu tragen.

Würden Sie die Eigenerzeugung von Strom aus heutiger Sicht für ein Unternehmen als wirtschaftlich reizvoll einstufen? Falls ja, in welchen Bereichen?

Eine Kraft-Wärme-Kopplung (KWK) ist für Unternehmen weiterhin interessant, wenn ganzjährig Wärme benötigt wird. Ein Krankenhaus ohne KWK sollte es eigentlich nicht mehr geben. Wenn sich die Technologie für Elektrospeicher schneller entwickelt, werden wir allerdings auch zukünftig neue Konzepte zur Einbindung von Photovoltaik-Technik (PV) in den industriellen Prozessen sehen. Zudem sind diese dann auch zusätzlich im Bereich der Regel- und Ausgleichsenergie zu vermarkten. Vor einer solchen wichtigen Unternehmensentscheidung empfehlen wir eine umfassende Beratung, die den eigenen individuellen Bedarf aufzeigt und somit für eine grundsätzliche und auch wirtschaftlich sinnvolle Entscheidung zwingend nötig ist.

Welche Formen der Beratung bietet der VEA?

Wir verfügen derzeit über zehn Geschäftsstellen in Deutschland mit insgesamt rund 80 Mitarbeitern. Unsere Fachberater stehen unseren Mitgliedern immer für eine Beratung vor Ort nach Absprache und Planung zur Verfügung.

Sehen Sie die Tätigkeit von externen Einkaufsberatungen oder auch Einkaufspools als inhaltlich ähnliche Tätigkeit an, oder hat die Zusammenarbeit mit dem VEA Mehrwerte, die einzigartig für die jeweiligen Kunden sein könnten?

Es gibt aus unserer Erfahrung heraus wenig signifikante Preisvorteile bei der Bündelung von Kundenmengen. Wichtig ist jedoch bei der Ausschreibung dieser Bedarfe, auch eine hohe Marktdurchdringung zu erzielen. Genau das bietet der VEA durch seine Ausschreibungsplattform „VEA-Online", die von zahlreichen Anbietern und auch Kunden stetig genutzt wird. Die Anbieter haben freien Zugang zu dieser professionellen Plattform. Der jeweilige Kunde zahlt die Ausschreibungskosten, welche wirtschaftlich sehr fair kalkuliert sind.

Aus unserer Sicht bieten wir einen guten Mehrwert zu den Einkaufspools und allgemeinen Einkaufsberatungsgesellschaften, denn wir sind einer der sehr wenigen ganzheitlichen Energieberater am Markt. Bei uns endet die Beratung nicht nach dem Einkauf, sondern fängt danach, aus unserer Erfahrung heraus betrachtet, erst richtig an.

Wir freuen uns auf jedes neue Mitglied und stehen für Rückfragen immer gerne zur Verfügung.

Herr Otto, vielen Dank für das informative Interview und dem VEA weiterhin viel Erfolg.

Kontakt
VEA - Bundesverband der Energie-Abnehmer e. V.
Christian Otto (Energiepolitik & Öffentlichkeitsarbeit)
Zeißstraße 72
30519 Hannover
Telefon 05 11 / 98 48 -157
Fax 05 11 / 98 48 -288
E-Mail cotto@vea.de
Internet www.vea.de
Online-Marktplatz www.vea-online.de
Energieeffizienznetzwerke www.reginee.de

Hinweis
Auf der folgenden Seite finden Sie eine Übersicht der Leistungen, die der VEA erbringt.

Bundesverband der Energie-Abnehmer e.V.
Zeißstraße 72 · 30519 Hannover

KOMPETENT. FAIR. UNABHÄNGIG.

Mit aller Energie für Ihren Erfolg

Energiesparen beginnt im Kopf: Lassen Sie unsere besten Köpfe für Sie arbeiten. Unsere Experten kennen den Markt wie kaum ein anderer. Und sie bieten Ihnen über die Basisleistungen des VEA e. V. hinaus die zahlreichen Zusatzleistungen der VEA Beratungs-GmbH.

Ganz individuell. Ganz persönlich. Ganz erfolgreich.

Das Ganze sehen

VEA e.V.

Markttransparenz
- Preisindikation zeigt aktuell mögliches Einsparpotenzial
- VEA-Extranet mit tagesaktuellen Infos exklusiv für Mitglieder
- Infos zu Energiesteuern und Abgaben
- Hintergrundwissen und wertvolle Informationen per E-Mail im VEA-Newsletter
- Beratungsgespräche auf regionalen Info- und Beratungstagen bieten einen Wissensvorsprung
- Interessenvertretung in Politik und Gesellschaft
- VEA-Rechtsberatung – eine mündliche Erstberatung/Jahr kostenfrei

Beschaffung
- VEA-Preiswächter: automatische Benachrichtigung über Zielpreiserreichung in zukünftigen Lieferperioden
- Prüfung der Lieferangebote auf Marktüblichkeit
- Unterstützung bei Verhandlungen mit aktuellen Lieferanten
- Aufzeigen von möglichen Beschaffungslösungen
- VEA-Online.de: Auktionen von Strom und Gas

Controlling
- Jährliche Rechnungsprüfung
- Prüfung der Lieferverträge auf energiewirtschaftlichen Inhalt und Üblichkeiten
- Prüfung von Netznutzungsverträgen
- Information zu Netzentgeltänderungen
- Prüfung von Preisänderungsmitteilungen
- Benchmark (Strom- und Erdgaspreise)

Energieeffizienz
- Beratung in allgemeinen energietechnischen Fragen
- Monatlicher und jährlicher Lastgangreport
- Prüfung Netzanschlussverträge
- Jährliche Überprüfung auf atypische Netznutzung

VEA GmbH

Markttransparenz
- Mehr Sicherheit durch VEA-Rechtsberatung
- Schulungen und Seminare zu aktuellen Energiethemen
- Energiesteuer-Workshops
- Antragstellung für Steuerbefreiung, -ermäßigung und -rückerstattung

Beschaffung
- VEA-Online.de: Ausschreibungen von Strom und Gas
- Ausschreibung von Energielieferungsverträgen nach VOL für öffentliche Auftraggeber
- Inhouse-Workshops zu strukturierter Energiebeschaffung und Portfolio-Management
- Risikooptimierte Strom- und Gas-Ausschreibungen mit Beratung zu börsenorientierten Beschaffungsstrategien
- Bewirtschaftung von Tranchenverträgen
- VEA-Aktiv: Einkauf durch einen von Ihnen bevollmächtigten Experten

Controlling
- Monatliche Rechnungsprüfung. Mögliche Fehler werden direkt angemahnt, bevor die Rechnung freigegeben wird
- Individuelle Auswertung und Benchmarks

Energieeffizienz
- Erstellung von Kosten sparenden Energiekonzepten
- Ganzheitliche energietechnische Unternehmensanalyse
- Beratung zur Anlagentechnik und zur energietechnischen Systemwahl sowie unabhängige Bewertung und Vergleich von Herstellerangeboten
- Beratung und Aufbau eines zertifizierten Energiemanagement-Systems (EnMS) nach DIN EN ISO 50001
- Einführung von alternativen Systemen nach SpaEfV und Energieaudits nach DIN 16247
- Bewertung der Energieträger und deren Alternativen inklusive regenerativer Energiequellen
- Spitzenlastoptimierung bei Strom und Gas, z.B. zur Realisierung der atypischen Netznutzung (inkl. Antragstellung)
- Maßnahmen zur Sicherung der Rückerstattung aus dem Ökosteuerspitzenausgleich

Interview mit „Hubert Niewels GmbH"

Christoph Niewels ist Geschäftsführer der Hubert Niewels GmbH in Bad Lippspringe. Im Rahmen des folgenden Interviews teilt Herr Niewels seine Erfahrungen, insbesondere im Bereich der energieeffizienten Technologieumstellung in der Industrie, mit unseren Lesern. Bitte beachten Sie hierzu auch das Kapitel „Heizungserneuerung im Unternehmen inkl. moderner Brenner- und Dunkelstrahler-Heiztechnik" in diesem Buch.

Herr Niewels, bitte erklären Sie uns kurz, was die Kernkompetenzen der Firma/Firmen Niewels sind.

In Kurzform genannt ist das die Planung und Ausführung innovativer Gebäudetechnik in Premiumqualität. Natürlich auch allgemeine Dienstleistungen rund um die Gebäudetechnik, welche aus Hilfestellung für Unternehmen bei der technischen Betriebsführung bezogen auf gebäudetechnische Anlagen oder komplette Übernahme dieser Betriebsführung bestehen. Natürlich gewährleistet unser Team auch die kurzfristige Durchführung von Instandsetzungsarbeiten rund um die Uhr. Dies wird ergänzt durch einen hochqualifizierten Bereitschaftskundendienst für die gesamte Gebäudetechnik, welcher ebenfalls rund um die Uhr für unsere Kunden erreichbar ist. Zu guter Letzt soll auch erwähnt sein, dass wir Energiedienstleistungen, bestehend aus Energie- und Anlageninspektionen kompetent ausführen, Energieinventuren vornehmen und ergänzend auch eine Erstellung von Sanierungskonzepten mit Aufgliederung der jeweiligen Einzelmaßnahmen in der Reihenfolge der Wirtschaftlichkeit ausarbeiten können.

Welche mittelfristigen Ziele hat ihre Firma?

Bereits seit nunmehr drei Jahren befinden wir uns in der Umsetzung der Zielplanung „Niewels 2020". Diese beinhaltet einen gut durchdachten und erfolgreichen Generationsübergang von Hubert Niewels (derzeit 64 Jahre, Stand 2016) auf die bereits im Unternehmen installierte Nachfolge-Geschäftsführung Christoph Niewels, Sascha Nicolai und Alfons Hagemeister. Ebenso gehört zu diesem Konzept die Erreichung der Marktführerschaft innerhalb unserer Branche in der Region Ostwestfalen (OWL). Selbstverständlich haben wir auch Ziele bezogen auf den gewünschten zukünftigen Umsatz. Hier planen wir die Erreichung einer Umsatzgröße, die eine vor drei Jahren geplante und strukturierte Betriebsorganisation wirtschaftlich macht und ebenso weiteres Wachstum für unsere Unternehmung im gesunden und linearen Bereich ermöglicht.

Welche Kernkunden in welcher Region und Reichweite möchten Sie ansprechen?

Weil wir nicht überregional tätig sein möchten, fokussieren wir uns nicht auf eine spezielle separate Kundengruppe, sondern sind dahingehend sehr breit aufgestellt. Unsere Kundschaft gliedert sich in die Sektoren Gesundheitswesen, in der wir zu unserer Freude bereits seit langer Zeit Marktführer in OWL für die gesamttechnische Ausstattung von Krankenhäusern sind. Danach ist der Bereich der Industriekunden zu nennen, den wir seit einiger Zeit erfolgreich mit einem strategischen Konzept begleiten und spürbar ausbauen konnten. Auch die sog. „Öffentliche Hand" und die Privatkunden gehören zu unserer Zielkundschaft.

Um sowohl für unsere Privatkunden z.B. ein Gäste-WC installieren zu können, aber auch für unsere Industriekunden eine große Energiezentrale mit Blockkraftheizwerk (BHKW), Absorberkälte und Hochdruckdampf zu planen und umzusetzen, haben wir innerbetrieblich entsprechende Fachabteilungen aufgebaut. Unsere umfangreiche Abteilung „Service und Privatkunden" ist z.B. für das Privatkundengeschäft verantwortlich, aber auch für alle Reparaturen im Großkundenbereich. Komplexere Großprojekte werden von unseren fachspezifischen Projektteams gelenkt und durch unser internes Ingenieurbüro begleitet.

Wir konzentrieren uns konsequent auf die Region OWL. Außerhalb dieser Region agieren wir nur in Ausnahmefällen und auf ausdrücklichen Wunsch unserer Kundschaft.

Was genau ist der Mehrwert einer modernen Heizungsanlage (aus Energie- und Kostenbetrachtung) für einen Gewerbebetrieb?

Der grundsätzliche und primäre Mehrwert einer modernen Heizungsanlage in einem solchen Betrieb besteht neben einer höchstmöglichen Betriebssicherheit auch in der Energieeffizienz und selbstverständlich in dem Imagegewinn durch umweltbewusstes Verhalten. Somit kann ein Unternehmer ökonomische Mehrwerte nutzen und die ebenso erkennbaren ökologischen

Begleitnutzen werbewirksam ausloben. Hier lässt sich der alte Leitsatz „Tue Gutes und rede drüber" mit ruhigen Gewissen in der Praxis anwenden.

Welche Heiztechnik ist aus Ihrer Sicht für mittlere und große Betriebe besonders zukunftsweisend?

Hier könnte man sicher einiges sagen und auch spontan empfehlen, jedoch pflegen wir die individuelle Einschätzung und Beratung, die dazu führt, dass unsere Kunden ein bestmögliches und maßgeschneidertes Endergebnis erhalten. Jeder Interessent aus unserem Kernkundensektor darf uns hierzu jederzeit ansprechen, um mit unserem Team ein individuelles Projekt zu besprechen und im Anschluss daran auch vorzuplanen.

Könnten Sie anhand einer Beispielkalkulation aufzeigen, was die Modernisierung einer Heizungsanlage für ein Unternehmen bringen kann? Ist auch eine kurze ROI-Betrachtung als Beispielkalkulation denkbar?

Leider kann auch dies nur sehr individuell geplant, berechnet und erstellt werden. Ein Blockheizkraftwerk kann z.B. für Betriebe, die ausschließlich witterungsabhängig Wärme benötigen, völlig uninteressant sein. Wenn damit aber ein hoher Warmwasserverbrauch verbunden ist, kann es eine Amortisationszeit von 6 bis 8 Jahren geben (bei max. 15 Jahren kalkulierbarer Laufzeit) und bei Betrieben mit Prozesswärmebedarf und möglichen Laufzeiten von bis zu 8.000 Betriebsstunden im Jahr kann eine Amortisation von unter 2 Jahren möglich sein. Genauso individuell ist der Einsatz von Gebäudeleittechnik, modernen Dampferzeugern, technologisch aktuellen Wärmeerzeugern, die Sanierung von Warmwasserbereitungsanlagen, der Einbau von Wärmerückgewinnungsanlagen in lüftungstechnischen Anlagen usw. zu betrachten. Wir leben konsequent den Gedanken, unseren Kunden individuelle, maßgefertigte und erprobte Lösungen anbieten zu können, damit eine bestmögliche Effizienz und Zufriedenheit für unsere Auftraggeber erzielt wird.

Wie groß ist ihr berufliches Netzwerk, das Sie nutzen?

Unser Firmennetzwerk besteht aktuell aus ca. 4.500 direkten Kontaktadressen von Kunden und Interessenten. Im Bereich der allgemeinen Lieferquellen und ausführenden, liefernden bzw. auch unterstützenden Lieferanten lässt sich eine aktuelle Zahl von rund 200 aktiven

Kontakten nennen. Hierbei setzen wir konsequent auf Lieferantenpartner, die ebenso qualitativ und zuverlässig arbeiten.

Bevorzugen Sie eher Großprojekte in der Umsetzung? Hat dies Vorteile?

Nein, das würde ich nicht pauschal so beantworten wollen. Vielmehr ist es wie bereits bei vorstehender Frage genannt, dass wir eine breite Kundengruppe haben und auch bewusst diesen strategischen Weg gehen möchten. Von der eigentlichen reinen Umsatzverteilung entfallen derzeit ca. 50% auf kleinere und ca. 50% auf größere Aufträge und laufende Projekte.

Geben Sie auch individuelle Kundenschulungen für technischen Fachwissenstransfer?

Im Bereich der gezielten Schulung von sog. Regieabteilungen unserer Industriekunden bezogen auf die stetige Instandhaltung und bestmögliche Wartung wird nach Wunsch individuell und vor Ort auch dieser Wissenstransfer von uns angeboten und durchgeführt.

Häufiger fallen bei uns externe Schulungsbedarfe im Fachbereich der Energiedienstleistungen an. Hier schulen wir als Beispiel jedes Jahr alle Hausmeister der Schulen und Bildungseinrichtungen eines großen Trägers zum Kernthema Energiemanagement. Durch ein gezieltes Benchmarking aller Liegenschaften veranstalten wir sozusagen einen energetischen Wettbewerb unter den Liegenschaften. Das gleiche machen wir erfolgreich mit Schulhausmeistern großer Kommunen, technischen Mitarbeitern großer Liegenschaften usw.
Herr Niewels, vielen Dank für das interessante und umfassende Interview.

Kontakt
Hubert Niewels GmbH
Christoph Niewels (Geschäftsführer)
Neuhäuser Weg 3a
33175 Bad Lippspringe
Telefon 0 52 52 / 1 06 -1
Fax 0 52 52 / 1 06 -201
E-Mail info@niewels.de
Internet www.niewels.de

Interview mit „SDS Transport & Logistik"

Bei SDS handelt es sich um ein Speditions- und Logistikunternehmen mit Sitz in Gütersloh, das 1995 gegründet wurde und zum Zeitpunkt des Interviews (Quartal 1/2016) über 68 Mitarbeiter verfügt. Das Interview wurde geführt mit dem Inhaber Michael Buchholz.

Herr Buchholz, bitte erklären Sie uns kurz, wo aus Ihrer Sicht der Unterschied zwischen guten und schlechten Logistikdienstleistern liegt.

Unsere Kollegen und uns zeichnen im Idealfall vor allem Pünktlichkeit sowie ordentlicher und fachgerechter Umgang mit der Ware aus. Der Auftraggeber sollte bei seinem Logistikdienstleister darauf bestehen, dass das Equipment in Form der Fahrzeuge sauber und verkehrssicher ist und sich ausreichend Ladungssicherung an Bord befindet.

Immer wichtiger wird es, dass die Fahrer in der Lage sind, bei Ladung und Entladung in verschiedenen Sprachen zu kommunizieren und auch allgemein eine gewisse Sozialkompetenz besitzen, um angemessen mit Kunden und deren Warenempfängern umzugehen.

Selbstverständlich sollten darüber hinaus das Sicherheits-Know-how der Fahrer sowie die dazugehörige Bekleidung sein. Im besten Fall weisen die Fahrer ein einheitliches Erscheinungsbild im Bereich der Berufskleidung passend zum Corporate Design des Logistikunternehmens auf.

Als weitere Servicemerkmale sind professionelle Dienstleister in unserer Branche jederzeit aussagekräftig, um z.B. per GPS-Ortung den Standort des Transports auf Nachfrage nennen zu können. Regelmäßige Schulungen und fachgebundenes Training der Fahrer (z.B. Sicherheit, digitales Tachohandling, Verhalten bei Unfällen) unterscheiden ebenfalls den seriösen Anbieter vom Rest.

Welche kurz- (5 Jahre) und mittelfristigen (10 Jahre) Ziele hat ihr Unternehmen?

Als kurzfristiges Ziel für mein Unternehmen ist zu nennen, dass wir kontinuierlich und linear wachsen möchten, damit wir weiter gesund und wettbewerbsfähig bleiben.

Mittelfristig gesehen, sind wir bestrebt, den technischen Stand zu halten und uns den aktuellen Trends in diesem Segment anzupassen. Selbstverständlich möchten wir auch zukünftige Anforderungen der Kundschaft stets erfüllen können. Dazu gehören z.B. größere Sattelzüge mit mehr Transportkapazität und angehängte Flurfördergeräte (Mitnahmestapler).

Des Weiteren planen wir aufgrund steigenden Bedarfs, die Lagerflächen für unsere Kunden zu erweitern und gleichermaßen unser Fachpersonal aufzustocken.

Welche Kernkunden möchten Sie ansprechen?

Bei uns stehen gewerbliche Kunden des Mittelstands im Fokus. Diese sind i.d.R. solvent und bevorzugen, genau wie wir, eine langlebige und kooperative Zusammenarbeit.

Was genau ist das besondere Konzept der Fa. SDS?

Neben dem üblichen Serviceumfang von Logistikunternehmen bedient unser Unternehmen das spezifische Segment der Messetransporte (mit Hebebühnen und Mitnahmestaplern etc.). Zusätzlich verfügt unser Betrieb über drei eigene Lagerhäuser, die wir mit eigenem kompetentem Personal verwalten.

Ein Alleinstellungsmerkmal unseres Unternehmens ist die Expertise für industrielle Outsourcingmaßnahmen. Wir beliefern unsere Kunden auf Wunsch just-in-time bis an die Maschine.

Welche Produktbereiche vertreten sie hauptsächlich?

Neben der Logistik selbst betreiben wir auch die Lagerhaltung für große namhafte Industrieunternehmen. Ansonsten sind wir als Ansprechpartner für beinahe alle denkbaren logistischen Herausforderungen die richtige Wahl.

Des Weiteren leistet unser Team auch Express- und Kurierfahrten (temperaturgeführt, Pharmatransporte usw.). Ebenso verfügen wir über eine hauseigene LKW-Waschanlage und auch über eine KFZ-Meisterwerkstatt.

Könnten Sie anhand eines allgemeinen Beispiels aufzeigen, warum es sich für ein Industrieunternehmen lohnt, die komplette Logistik an eine Fachfirma wie SDS zu übergeben?

Durch das Outsourcing des eigenen Lagers hat ein Industriekunde den Vorteil, bisher durch das Lager gebundene Nutzflächen im Unternehmen für andere Zwecke freizustellen, etwa für eine Erweiterung der Produktionskapazitäten. Dies ist in den meisten Fällen der ausschlaggebende Punkt für ein externes Lager.

Das fachliche Know-how von Speditionen kann darüber hinaus weitere Preis- und Prozessverbesserungen für einen Auftraggeber bringen. Ebenso kann sich das Stammpersonal des Kunden auf die eigentlichen Kernaufgaben der jeweiligen Industrieunternehmung konzentrieren.

Lagerschwankungen und Leerstände am externen Lager können schnell wieder anderweitig vergeben werden, wobei eigene Lagerleerstände indirekt Geld kosten und keinen temporären Nutzen erwirtschaften. Saisonale Schwankungen werden dadurch wirtschaftlich besser kompensiert.

Wie groß ist der Transportradius von SDS?

Wir sind europaweit tätig, allerdings ist Ost-Europa an dieser Stelle eher sekundär zu sehen. Der Fokus liegt auf West- und Mitteleuropa.

Existieren auch Konkurrenzsituationen zwischen Kunden, die Sie betreuen (jeweils Wettbewerber)? Wie gehen Sie damit in der Regel um?

Wir arbeiten stets fair und offen und hätten mit derartigen Konstellationen generell keinerlei Probleme. Jedoch liegen derzeit keine Konkurrenzsituationen dieser Art unter unseren Kunden vor.

Herr Buchholz, wir danken Ihnen für das Gespräch.

Kontakt

SDS Transport & Logistik

Michael Buchholz

Wiedenbrücker Straße 50

33332 Gütersloh

Telefon 0 52 41 / 9 09 90 -0

Fax 0 52 41 / 9 09 90 -99

E-Mail info@sds-trans.de

Internet www.sds-logistik.de

Interview mit „youneo initiative"

youneo.

Die beiden Autoren dieses Buches Christian Flick und Mathias Weber sind Teil der „youneo initiative" aus dem Raum Melle. Zu beachten ist in diesem Zusammenhang auch das Buchkapitel „youneo initiative nutzen". Das Interview führte Mathias Weber mit dem youneo-Gründer Christian Flick.

Herr Flick, was genau ist die youneo initiative?

Die youneo initiative wurde von mir im Jahr 2015 gegründet und in den ersten Schritten dahingehend seit Januar 2015 von mir alleine gegangen. Das Konzept ist eine offene Wissensplattform, die darauf abzielt, als Non-Profit-Initiative ein breites Themenfeld von betriebswirtschaftlichen Fragen zu beantworten. Diese werden dann als detailliertes Konzept von der youneo initiative ausgearbeitet, im Videostudio eingesprochen und abgefilmt, anschließend geschnitten und als Folgeschritt im eigenen youneo-Channel bei YouTube veröffentlicht. Dies hat den Vorteil, dass viele Interessenten diese Ausarbeitungen sichten können und somit ein agiler und kostenfreier Mehrwert entsteht.

Wer steckt hinter der youneo initiative?

In den ersten Gedanken hatte ich die Idee, diese Initiative alleine zu betreiben. Da ich aber ein Fan von Netzwerken und Wissenstausch im Team bin, habe ich versucht, ein breiteres Fachwissen bzw. ein Team von Mitgliedern zu akquirieren. Dies geschah dann im zweiten Schritt nach dem Grobkonzept, was dazu führte, dass beim Ausbau der youneo initiative (Ende 2015) direkt eine fünfköpfige kompetente Gruppe vorhanden war. Diese besteht aus mir, dem Gründer (Christian Flick) und aus den vier weiteren folgenden Mitgliedern: Mathias Weber, Falk Rothhaar, Felix Rullmann und Christoph Neu.

Hierdurch erhielten wir einen breiten Pool an verschiedenen Spezialistenprofilen, der sich von Industrieprozessen (Einkauf, Verkauf, Kundendienst), IT-Prozessen, Projektmanagement, Didaktik und Wissenstransfer bis hin zum technischen Fachwissen erstreckt.

Arbeitet man überregional oder eher regional?

Wir arbeiten in Ausnahmefällen auch überregional, haben jedoch generell den Wunsch, unsere Region Melle (was grob zwischen Osnabrück und Bielefeld liegt) und deren Wirtschaft zu bereichern und zu unterstützen. Dies liegt daran, dass wir alle in dieser Region leben und insofern auch mit unserer Heimat gerne und gut verbunden sind.

Kostet die youneo initiative für die Nutzer Geld?

Unsere Initiative ist kostenfrei und wird von uns allen rein ehrenamtlich betrieben. Alle Antworten auf z.B. Leserfragen und auch jedes von uns erstellte Konzept entsteht somit auf reiner Non-Profit-Basis. Einige unserer Nutzer haben den Wunsch genannt, uns etwas für unsere Arbeit und Unterstützung geben zu wollen, deshalb haben wir auf unserer Webseite www.youneo.de auch einen Spendenzweck hinterlegt. Falls jemand den Wunsch hat, hier etwas an uns indirekt zurückzugeben, tut er dies, indem er direkt an ein konkretes soziales Projekt spendet, welches krebskranken Kindern im Klinikalltag etwas Abwechslung und Aufheiterung bietet.

Welche Unterstützer haben Sie in dem Konzept?

Sowohl die Stadt Melle (Wirtschaftsförderung) unterstützt uns, als auch regionale Stadtmagazine und natürlich ein breites Netzwerk an verschiedenen Kontakten. Es ist nicht immer leicht, auf der Basis von nicht vergüteten Aktionen Helfer zu gewinnen, jedoch sind wir erstaunt, wieviel Menschen Freude daran haben, ein Teil einer wertvollen Aktion zu sein. Dafür sagen wir an dieser Stelle auch gerne noch einmal herzlichen Dank.

Welche kurz- und mittelfristigen Ziele hat das Team?

Unsere kurzfristigen Ziele haben wir bereits in diesem Jahr erfüllt, denn wir wollten ca. 100 Video-Tutorials bis Ende 2016 zu Leserfragen und allgemeinen betrieblichen Konzepten produziert und in unserem Video-Channel bei YouTube veröffentlicht haben. Dieses Ziel ist trotz aktueller Jahresmitte nun auch schon nahezu erreicht worden.

Die mittelfristigen Ziele sind, noch mehr kleine und mittlere Firmen proaktiv unterstützen zu können und somit allseitig einen Best-Practice Mehrwert zu erzeugen, der unserer Region hilft, die gute wirtschaftliche Position zu erhalten und natürlich weiterhin positiv auszubauen. Ebenso freuen wir uns über weitere Leserfragen, die auch mittelfristig noch thematisch breiter anwachsen sollten und somit noch mehr allgemeine Interessenten erreichen werden.

Gibt es die Konzepte von der youneo initiative nur als Video-Tutorials?

Generell ist das korrekt, denn wir erhalten z.B. Leserfragen als E-Mail und erstellen ein internes Konzept, welches dann als Video-Tutorial erstellt und somit auch als Video-Antwort veröffentlicht wird.

Jedoch ist uns auch klar, dass manche Konzepte aufgrund der Detailvielfalt in textlicher Form für Fachinteressenten (Unternehmer, Mitarbeiter usw.) besser in das eigene Unternehmen zu übertragen sind. Gerade aus diesem Grund betreiben wir auch noch einen separaten Blog für das Teilen von Verbesserungsvorschlags- und KVP-Konzepten und einen weiteren Blog für Einkaufsfachwissen.

Diese Blogs sind ebenso kostenlos und unter www.betrieblichesvorschlagswesen.de sowie www.einkaufwissen.de zu finden. Stetig wächst auch dort die Anzahl von neuen Konzepten, was dafür sorgt, dass die Besucherzahl erheblich angestiegen ist.

Ebenso haben wir Fachbücher zu diversen Themen veröffentlicht, die ab Mitte 2016 europaweit bei diversen renommierten und bekannten Quellen erhältlich sein werden. Diese Bücher haben dann den Vorteil für die jeweiligen Nutzer, dass die Konzeptvielfalt breiter ist und auch die inhaltliche Tiefe der Konzepte deutlich stärker ausgebaut dargestellt wird. Mein aktuelles Autorenprofil bei Amazon ist zu finden unter www.christian-flick.de, die eBook-Übersicht unter www.buchportfolio.de. Ebenso freue ich mich über wertvolle Anregungen und auch Netzwerkerweiterungen. Man kann mich gerne jederzeit per XING kontaktieren, das Profil ist unter www.christianflick.de zu finden.

Haben Sie vor, für diese Arbeitsleistung langfristig Geld zu verlangen?

Die youneo initiative wird kostenfrei bleiben. Es gibt zwar unabhängige Ideen für ein weiteres optionales Unternehmenskonzept in der Zukunft, jedoch wäre dies dann komplett von der eigentlichen Initiative losgelöst und unabhängig davon zu betrachten.

Welche Erfolge erwarten Sie mit dieser Initiative langfristig?

Mein Erfolgsverständnis bezogen auf die youneo initiative ist, dass wir viele Nutzer thematisch erreichen und auch bestmöglich unterstützen, helfen, anregen und fördern können. Aus meiner Sicht ist unser grundsätzliches Konzept derzeit einzigartig in Deutschland, unterstreicht aber auch das Positive am generellen „Netzwerken" zwischen Menschen und Unternehmungen.

Falls wir genau diesen guten Aspekt langfristig transportieren können, ist mein primäres langfristiges Ziel der Initiative auch perfekt erreicht worden. Ich freue mich über alles, was ich jetzt schon vorfinde und bin ebenso gespannt auf alles, was noch kommen wird.

Herr Flick, danke für die Informationen zu Ihrer Initiative.

<u>Kontakt</u>
youneo initiative – Christian Flick
(Ehrenamtliche private Organisation ohne jegliche Gewinnerzielungsabsicht)
Poststraße 1
49326 Melle
Telefon 0 54 28 / 92 86 85
Fax 0 54 28 / 92 87 09
E-Mail info@youneo.de
Internet www.youneo.de

Interview mit „Effizienz-Agentur NRW (EFA)"

Unser Interviewpartner ist Dr. Peter Jahns, Geschäftsleiter der Effizienz-Agentur NRW.

Herr Dr. Jahns, bitte erklären Sie uns kurz, was die Kernaufgaben der EFA NRW sind.

Die Effizienz-Agentur NRW (kurz EFA) ist seit 17 Jahren Impulsgeber und Motor für produzierende Unternehmen in Nordrhein-Westfalen zum Thema PIUS (Produktionsintegrierter Umweltschutz) und Ressourceneffizienz. 1998 wurde die Agentur auf Initiative des NRW-Umweltministeriums gegründet als externe Institution des Landes, die durch eine privatwirtschaftliche Trägergesellschaft im Auftrag des Landes betrieben wird.

Ziel der Arbeit der EFA ist die wirtschaftliche Steigerung der Ressourceneffizienz in produzierenden Unternehmen. Als neutraler Fachpartner bietet sie Industrie- und Handwerksbetrieben ein umfassendes Leistungsangebot zur Ermittlung von Einsparpotenzialen beim Rohstoff- und Energieverbrauch an, begleitet bei der Finanzierung und Umsetzung von Ressourceneffizienz-Maßnahmen und informiert über das Thema in Veranstaltungen und Schulungen.

Welche kurz- (5 Jahre) und mittelfristigen (10 Jahre) Ziele hat das Unternehmen?

Die EFA entwickelt ihr Leistungsangebot ständig weiter. So ist aktuell das Thema umweltgerechte Produkte auf der Agenda, dazu ist bereits ein Beratungsangebot entwickelt worden, und mit dem Effizienz-Preis NRW werden alle zwei Jahre Unternehmen für „Das ressourceneffiziente Produkt" ausgezeichnet. Der Aspekt soll allerdings noch stärker in den Unternehmen verankert werden, da hier ein großer „Hebel" für Ressourceneffizienz steckt. In fünf Jahren soll das Thema ebenso in der Unternehmerschaft angekommen sein wie heute die ressourceneffiziente Gestaltung der Produktionsprozesse.

Ein weiterer Schwerpunkt ist die Berücksichtigung der unternehmensübergreifenden Wertschöpfungskette, d.h. die Einbeziehung der vor- und nachgelagerten Be- und Verarbeitungsschritte bei Lieferanten und Kunden. Neben den technischen Problemstellungen und Abstimmungsprozessen stellt besonders die kommunikative Seite eine Herausforderung dar, da eine unternehmensübergreifende Zusammenarbeit grundlegendes Vertrauen voraussetzt. Hier möchte die EFA in 10 Jahren ein standardisiertes und breitenwirksames Angebot im Portfolio besitzen.

Welche Kernkunden möchten Sie ansprechen und mit welchen Zielen für ihre Kunde?

Unsere Kunden sind produzierende Unternehmen aus Industrie und Handwerk in NRW. Elementares Ziel ist die wirtschaftliche Steigerung der Ressourceneffizienz in diesen Unternehmen, d.h. die Verbesserung der Prozesse und/oder Produkte mit dem Folgeziel, weniger Material und Energie bei deren Herstellung und Nutzung einzusetzen.

Was genau ist das Konzept der EFA?

Die Effizienz-Agentur NRW bietet Unternehmen mit der Ressourceneffizienz-Beratung in den Bereichen Produktion, Produktentwicklung und Kostenrechnung einen einfachen Einstieg in eine ressourceneffizientere Wirtschaftsweise an, um Potenziale und Möglichkeiten zur Material-, Energie- und Kostenreduzierung aufzudecken und Maßnahmen erfolgreich umzusetzen.

Wenn ein Unternehmen sich für eines unserer Beratungsangebote zur Steigerung der Ressourceneffizienz entscheidet, sucht sich der Unternehmer – in Absprache mit der EFA – einen externen Berater, der dann die Analyse im Unternehmen durchführt. Während der Projektlaufzeit steht die Effizienz-Agentur NRW dem Unternehmen sowohl fachlich als auch qualitätskontrollierend als „Coach" zur Seite.

Für die weitere Umsetzung kann der Unternehmer das Angebot der PIUS-Finanzierung der Effizienz-Agentur NRW in Anspruch nehmen, in der gemeinsam mit dem Unternehmen geprüft wird, welches Förderprogramm des Landes, des Bundes oder der EU für anstehende Investitionen geeignet ist, die entweder im Rahmen der Beratung erarbeitet wurden oder direkt an die EFA herangetragen werden. Die EFA stellt den Kontakt zu den Fachansprechpartnern in den entsprechenden Institutionen her und steht dem Unternehmen bei der Antragsstellung mit Rat zur Seite.

Wer vergütet die EFA?

Die EFA ist im Auftrag des Landes NRW bzw. des NRW-Umweltministeriums tätig. Die Leistung der EFA selbst ist für die Unternehmen kostenfrei. Die Beratungsleistung des externen Beraters zahlt das Unternehmen. Oft kann diese Beratungsleistung bei Vorlage der entsprechenden Voraussetzungen anteilig durch Beratungsförderprogramme kofinanziert werden. Auch bei der Beantragung dieser Förderleistung unterstützt die EFA das Unternehmen kostenfrei.

Könnten Sie anhand einer Beispielkalkulation aufzeigen, was die Beratung bringen kann?

Beispielhaft einige Zahlen aus dem EFA-Beratungsangebot PIUS-Check, das als prozessorientierte Stoffstromanalyse in der Produktion ansetzt.

Jährliche Gesamteinsparungen aus den bisherigen ca. 850 PIUS-Checks:
- 1,9 Mio. Kubikmeter Wasser sparen die Unternehmen nach Umsetzung der Maßnahmen aus den individuellen PIUS-Checks insgesamt jährlich.
- 96 Mio. Kilowattstunden weniger Energie jährlich benötigen die PIUS-gecheckten Unternehmen insgesamt nach Umsetzung der Vorschläge.
- 17.600 Tonnen weniger Ausschuss pro Jahr „produzieren" die PIUS-gecheckten Unternehmen nach Umsetzung der Vorschläge insgesamt jährlich.

Durchschnittwerte pro Betrieb:
Allein bei den über 850 Produktionsanalysen mit dem Instrument „PIUS-Check" der EFA konnten in den Betrieben bei einer Investition von durchschnittlich 80.000 EUR jeweils Einsparungen im Ressourcenbereich (Material und Energie) von durchschnittlich 50.000 EUR sowie von 65 t CO_2 pro Betrieb erreicht werden.

Insgesamt werden durch die ca. 250 Beratungsprojekte der EFA jährlich in den Unternehmen Investitionen von über 140 Mio. EUR in umwelt- und ressourcenschonende Prozesse ausgelöst.

Wie ist das Verhältnis von abgelehnten und bewilligten Subventionsberatungen, wie sind die generellen Erfolgsaussichten?

Rund 80% der von der EFA formal und inhaltlich begleiteten Förderberatungen führen zu einem positiven Bescheid.

Gibt es neben Preiseinsparungen weitere Vorteile für Ihre Kunden?

Die meisten Förderprogramme setzen auf zinsverbilligte Darlehen, zunehmend werden Investitionen aber auch über Zuschüsse gefördert. Ein Beispiel ist das BMUB-Umweltinnovationsprogramm (UIP) des Bundesumweltministeriums (BMUB), das bei Investitionen in besonders innovative, erstmals großtechnisch angewendete Verfahren greift. Die EFA begleitet in NRW jährlich 3-5 Projekte in diesem Förderprogramm, über alle Zuschussprogramme sind es 10-15 Projekte im Jahr in NRW.

Preis- bzw. Kosteneinsparungen werden nicht primär durch Förderung erreicht, sondern durch Einsparung bei Material und Energie, was ja ein Kernziel der Beratungen ist – also Kostensenkungen durch geringeren Bedarf an Roh-, Hilfs- und Betriebsstoffen sowie Prozessenergie bei der Herstellung, durch geringeren Entsorgungsaufwand und/oder verbesserte Produkte. Zusätzlich steigt dadurch die Mitarbeitermotivation durch bessere Produktionsverhältnisse und Einbindung der Mitarbeiter. Darüber hinaus wird das Unternehmensimage verbessert. Des Weiteren werden ggf. gesetzliche Vorgaben leichter eingehalten und die erreichten Verbesserungen – zunehmend gerade im Bereich der Reduktion des CO_2-Ausstoßes – können auch in die Unternehmenskommunikation einfließen und die Nachhaltigkeitsberichterstattung unterstützen.

Die Umwelt profitiert von geringerem Ressourcenverbrauch: weniger Emissionen, geringere Umweltbelastung und verbesserter Klimaschutz.

Die Unternehmen steigern mit einer nachhaltigen Produktionsweise ihre Wettbewerbsfähigkeit und sichern oder schaffen dadurch Arbeitsplätze. Zudem sind sie dadurch krisenresistenter aufgestellt und können besser auf Marktveränderungen reagieren. NRW stärkt damit seine Position als Vorreiter in der Umweltwirtschaft, ähnlich wie es in den 80er-Jahren im nachsorgenden Umweltschutz der Fall war.

Geben sie auch Schulungen im Sektor Fachwissenstransfer?

Ja, neben der Beratung ist die Information über das Themenfeld Ressourceneffizienz eine unserer wichtigsten Aufgaben. Im Rahmen von Veranstaltungen, Schulungen und Workshops geben wir einen Überblick über aktuelle technische Entwicklungen, Best Practice Lösungen, Beratungsangeboten sowie Fördermöglichkeiten und bringen Fachleute und Entscheider zusammen. In der Lernfabrik für Ressourceneffizienz der Ruhr-Universität Bochum beispielsweise werden Fachkräfte unter Beteiligung der EFA geschult, Methoden anhand eines konkreten Kundenauftrags vom Bestellungseingang bis zum versandfertigen Produkt zu vermitteln und einzusetzen. Die Teilnehmer lernen dadurch, die Verschwendung von Ressourcen zu erkennen und Maßnahmen zur Verbesserung der Ressourceneffizienz zu ergreifen.

Spezielle Instrumente wie z.B. das von uns entwickelte webbasierte Instrument Eco-Cockpit zur CO_2-Bilanzierung eines Unternehmens werden Beratern und Unternehmen in Rahmen von Schulungen vermittelt.

Herr Dr. Jahns, wir danken Ihnen für das Gespräch!

<u>Kontakt</u>
Effizienz-Agentur NRW
Dr. Peter Jahns (Geschäftsleiter)
Dr.-Hammacher-Str. 49
47119 Duisburg
Telefon 02 03 / 3 78 79 -30
Fax 02 03 / 3 78 79 -44
E-Mail efa@efanrw.de
Internet www.ressourceneffizienz.de

Interview mit „Carl Nolte Technik GmbH"

CARL NOLTE TECHNIK

Unser Interviewpartner ist Cord Loof, Bereichsleiter Industrietechnik & Arbeitsschutz im Hause Carl Nolte Technik. Bitte beachten Sie in diesem Zusammenhang die Kapitel "Wie man Mitarbeiter zur Mitwirkung aktiviert", "Mitarbeiter-Ideen aufgreifen für individuelle Schulungen" und "Automat für persönliche Schutzausrüstung (PSA) im Betrieb integrieren" in diesem Buch.

Herr Loof, bitte erklären Sie uns kurz, wo aus Ihrer Sicht der Unterschied zwischen guter und weniger optimierter PSA liegt.

Zu diesem Thema gibt es zwei Betrachtungsweisen. Zum einen den hohen Qualitätsstandard weit über die Normgrenzen hinaus. Dies nicht nur unter technischen Gesichtspunkten, sondern auch unter der Betrachtung von Nachhaltigkeit und Schadstofffreiheit. Bei preisgünstigen PSA-Produkten kann es durchaus vorkommen, dass Serienteile in ihrem Produktlebenszyklus nicht mehr dem Stand des Baumusters entsprechen. Veränderungen der Rohmaterialien oder in den Fertigungsprozessen können die Ursache sein. Zum zweiten geht aus dem Begriff „Persönliche Schutzausrüstung" schon hervor, dass eine persönliche und somit individuell angepasste Schutzausrüstung den besten Schutz bietet. Und das von Kopf bis Fuß: vom angepassten Gehörschutz, bei dem der perfekte Sitz durch individuelle Abformung für optimalen Schutz sorgt, bis zum Bereich der PSAgA (Persönliche Schutzausrüstung gegen Absturz). So müssen Auffanggurte perfekt sitzen, um besten Schutz zu bieten. Und wenn dann in solch einem Produkt noch Besonderheiten wie z.B. Notfallschlaufen verbaut sind, um sich aus einer Notfallsituation selbst retten zu können, sprechen wir von optimierter PSA.

Welche kurz- (5 Jahre) und mittelfristigen (10 Jahre) Ziele hat Ihr Unternehmen?

Die Carl Nolte Technik verfolgt das Ziel, unsere Kunden ständig am technischen Fortschritt teilhaben zu lassen. Stetige Weiterbildungen unserer Mitarbeiterinnen und Mitarbeiter sorgen für eine optimale Beratung. Wir arbeiten mit den Technologieführern eng zusammen, bieten aber zugleich herstellerunabhängig immer die beste Lösung. Mit unserem eigenen Schulungsprogramm transportieren wir das Wissen zu den Entscheidern unserer Kunden. Mittelfristig arbeiten wir daran, der Wertschöpfungspartner für unsere Kunden zu sein. Nicht nur die Produkte zu optimieren, sondern auch die Prozessketten. Denn nicht nur die Bestückung selbst spielt eine Rolle, sondern auch der Aspekt, durch gezielte Versorgung die Entsorgung zu minimieren. So können wir den Betrieb des Kunden voranbringen – denn jeder Prozess im Unternehmen bzw. dessen Unterbrechung verursacht Kosten.

Welche Kernkunden möchten Sie im Sektor PSA ansprechen?

Die Carl Nolte Technik ist ein inhabergeführtes mittelständisches Unternehmen und sieht sich als Partner des Mittelstands. Durch unsere breitgefächerten Dienstleistungen bedienen wir ein ebenso breites Spektrum an Unternehmen. Wir machen keine Unterschiede, wie groß ein Unternehmen ist oder in welcher Branche es tätig ist, ganz im Gegenteil: Von jeder neuen Erfahrung profitiert jeder neue Kunde.

Bieten Sie auch Ausgabesysteme (Ausgabeschränke mit Chipsteuerung) und/oder allgemeine Kanban-Lösungen im Sektor PSA für ihre Kunden an?

Ja, von der kleinsten Shoplösung bis hin zu einem Multilieferantenportal bieten wir ein breites und stark individualisierbares Spektrum an Systemlösungen.

Bieten Sie Sonderveranstaltungen und Schulungen für ihre Kunden an, um das Thema PSA zu konkretisieren?

Wir möchten, dass unsere Kunden bestmöglich informiert sind. Daher geben wir unser Know-how gerne weiter. Der Veranstaltungskalender der Carl Nolte Technik beinhaltet neben Seminaren, Lehrgängen und Unterweisungen auch Messebesuche sowie Exkursionen für interessante Blicke hinter die Kulissen unserer Lieferanten. Unsere Schulungen bieten wir sowohl in unserem Hause an, wo eine eigene Trainingsstation für Absturzsicherung zur Verfügung steht, als auch vor Ort beim Kunden.

Könnten Sie anhand eines allgemeinen Beispiels sagen, warum es sich für ein Industrieunternehmen lohnt, die PSA zu individualisieren und auch im Sortiment beim Kunden zu erweitern?

Angepasster Gehörschutz dient nicht nur einem optimierten Schutz, sondern gilt auch als Wertschätzung, die ein Unternehmen seinen Mitarbeitern entgegenbringt. Gesunderhaltung ist ein großes Thema in vielen Unternehmen: von orthopädisch angepassten Schuhen über Korrektionsschutzbrillen bis zu allergenfreien Handschuhen. Die Gesundheitsvorsorge durch eine gute PSA ist nicht teuer, sondern bringt den Unternehmen durch verringerte Ausfallzeiten einen Zugewinn.

Was unterscheidet Ihrer Meinung nach der Service von Carl Nolte Technik im Vergleich zu allgemeinen Wettbewerbern Ihrer Branche?

Wir setzen konsequent auf Technologieführer, und finden für und mit dem Kunden die beste Lösung. Unsere Experten konzipieren die vielfältigen Dienstleistungen der Carl Nolte Technik und kümmern sich um die komplette Umsetzung.

Gibt es auch Konkurrenzsituationen zwischen Kunden, die Sie betreuen (jeweils Wettbewerber)? Wie gehen Sie damit in der Regel um?

Sicherlich gibt es Kunden, die untereinander im Wettbewerb stehen. Doch jedes Unternehmen ist einzigartig und individuell in seinen Strukturen. Es gibt weder Nachteile noch erkennbare Nutzen, die sich dadurch für eine der Seiten ergeben. Auch einen Nutzen im Sinne von Bedarfsbündelungen, den man vermuten könnte, stellt sich so gut wie nie ein. Es bleibt am Ende ein regionales Geschäft mit allem, was dazugehört.

Herr Loof, wir danken Ihnen für das Gespräch!

<u>Kontakt</u>
Carl Nolte Technik GmbH
Cord Loof (Bereichsleiter Industrietechnik & Arbeitsschutz)
Mergenthalerstr. 11-17
48268 Greven
Telefon 0 25 71 / 16 -0
Fax 0 25 71 / 16-499
E-Mail info@carlnolte.de
Internet www.carlnolte.de
Internet www.nolteshop.de
Internet www.psa-spezialshop.com

Lieferantenempfehlung MB | ConsultMe

Wer sind wir?

Wir verstehen uns als spezialisiertes Beratungsunternehmen zur Analyse von unternehmensbezogenen Betriebsprozessen und für die Erarbeitung detaillierter Verbesserungsvorschläge in den Bereichen Material, Energie und Organisation. Auf Wunsch betreiben wir detaillierte Analysen und präsentieren die von unseren Spezialisten ausgearbeiteten Strategien. Wir bieten Ihnen eine umfangreiche, maßgeschneiderte und professionelle Beratung. Unsere interdisziplinär zusammengesetzten Projektteams garantieren dabei einen optimalen Spezialisierungsgrad und umfassenden Erfahrungsschatz, wenn es um die begleitende Umsetzung Ihrer Maßnahmen geht.

Welche Leistungsbereiche bieten wir?

1. Prozessoptimierung in den Bereichen Energie-, Material-, Organisationseffizienz
2. Entwicklung und Erstellung von Messkonzepten
3. Sachverständigentätigkeit für die KfW-Energieeffizienzprogramme
4. Aktive Umsetzungsunterstützung bei der Realisierung Ihrer Maßnahmen und Projekte
5. Beratungsunterstützung bei der Implementierung von integrierten Managementsystemen (DIN ISO 9001, 14001, 5000x ff., 45001)
6. Stellung von Lead-Auditoren in den genannten Managementbereichen

Kontakt
MB | ConsultMe
Kammerkamp 2
D-33428 Marienfeld
Tel.: +49 5247/6032961
Fax.: +49 5247/6032962
E-Mail info@mb-consult.me
Internet www.mb-consult.me

Fazit

Fazit

Liebe Leser,

da wir als Autoren dieses Fachbuchs von der Motivation angetrieben sind, anderen Unternehmen und deren Mitarbeitern wertvolle Impulse für die eigene Firmenentwicklung liefern zu können, haben wir in der Vorplanung dieses Buchs seit mehreren Jahren gute Ansätze und Beispiele gesammelt, die in dieses Werk eingeflossen sind. Aktuell weisen wir bereits ca. 40 Jahre gesammelte Berufserfahrung in unterschiedlichen wirtschaftlich geprägten Führungstätigkeiten in Unternehmen auf.

Aus dieser Situation heraus ergab sich unsere Auffassung, dass theoretische und praktische Erfahrungen der ideale Grundstein für überlegte und vorausschauende Entscheidungen sind. Viele Erfahrungswerte, die gesammelt wurden, konnten im Nachgang noch einmal konstruktiv überdacht werden und insofern erhielten einzelne Themen in diesem Buch eine durchaus kritische Teilnote, die sich in hilfreichen Ratschlägen zur Fehlervermeidung ausdrückt.

Noch einmal soll an dieser Stelle darauf hingewiesen werden, dass die hier genannten Aspekte nur eine kleine Auswahl eines möglichen Ideenmanagements in mittelständischen Unternehmen abbilden können. Es ist davon auszugehen, dass jeder Leser dieser Publikation viele der Beispielkonzepte als wertvollen Anreiz im eigenen Unternehmen unter einer hohen Realisierungschance vorschlagen können wird.

Bitte verfolgen Sie als interessierter Leser auch die von den Autoren geführten Internet-Blogs unter www.betrieblichesvorschlagswesen.de und www.einkaufwissen.de, die ständig um weitere kostenfreie Impulsgeber für KVP- und BVW-Projekte erweitert werden und damit über dieses Fachbuch hinaus eine wertvolle Ideenquelle bilden. Für Ihre Anregungen und Rückfragen stehen die Autoren darüber hinaus gerne unter E-Mail info@youneo.de zur Verfügung.

Der recht häufig gestellten Frage an uns, warum man nebenberuflich so viel Arbeit in die Erstellung eines komplexen Buchs mit Best Practice-Ansätzen für KVP und BVW investiert, möchten wir Ihnen und unseren anderen Lesern sehr gerne eine Antwort liefern: Davon ausgehend, dass wir von vielen Menschen in den Jahren unserer beruflichen Tätigkeit etwas lernen und „mitnehmen" durften, ist es ein gutes Gefühl, mit diesem Buch etwas reinvestieren zu können, was wiederum anderen Personen wertvolle Impulse liefern wird. Ein aktiver

Wissenstransfer lässt nach unserem Empfinden win/win-Effekte entstehen, die eine allseitig bereichernde Wirkung erzielen.

Diese Publikation weist zahlreiche wirtschaftliche Aspekte auf, die den Fokus auf einer Zahl haben. Um diesen Zustand aufzugreifen, können wir nach eigener Recherche sagen, dass die Erstellung inklusive der Praxissammlung in Projekten sowie die Vorbereitung auf dieses Buch uns ca. 1.000 Arbeitsstunden abverlangt haben. Dies war jedoch aus unserer Betrachtung ein sehr gutes nicht-wirtschaftlich orientiertes Investment und somit wünschen wir allen Lesern und Freunden von persönlicher und betrieblicher Weiterentwicklung weiterhin viel Freude bei dem Streben, ein wertvoller Teil eines unternehmerischen Erfolgs zu sein.

Schlusszitat
„Es ist nicht genug zu wissen - man muss auch anwenden. Es ist nicht genug zu wollen - man muss auch tun."
Johann Wolfgang von Goethe

Freundliche Grüße aus Melle

Christian Flick   Mathias Weber